大数据与企业应用服务

张峰——主编

吉林科学技术出版社

图书在版编目（ＣＩＰ）数据

大数据与企业应用服务 / 张峰主编. -- 长春：吉林科学技术出版社，2023.3

ISBN 978-7-5744-0293-5

Ⅰ．①大… Ⅱ．①张… Ⅲ．①数据处理－应用－企业管理－研究 Ⅳ．① F272.7

中国国家版本馆CIP数据核字 (2023) 第063782号

大数据与企业应用服务

主　　编　张　峰
出 版 人　宛　霞
责 任 编 辑　管思梦
封 面 设 计　四川悟阅文化传播有限公司
制　　版　四川悟阅文化传播有限公司
幅 面 尺 寸　880mm×1230mm
开　　本　32
字　　数　228千字
印　　张　8.75
印　　数　1-1000册
版　　次　2023年3月第1版
印　　次　2023年3月第1次印刷

出　　版　吉林科学技术出版社
发　　行　吉林科学技术出版社
地　　址　长春市南关区福祉大路5788号出版大厦A座
邮　　编　130118
发行部电话/传真　0431—81629529　　81629530　　81629531
　　　　　　　　　　　　81629532　　81629533　　81629534
储运部电话　0431-86059116
编辑部电话　0431-81629510
印　　刷　成都市兴雅致印务有限责任公司

书　　号　ISBN 978-7-5744-0293-5
定　　价　75.00元

前　言

大数据是现代社会高科技发展的产物，相对于传统的数据分析，大数据是海量数据的集合，它以采集、整理、存储、挖掘、共享、分析、应用、清洗为核心，正广泛地应用于军事、金融、环境保护、通信等各个行业。

当前，发展大数据已经成为国家战略，大数据在引领社会经济发展中的新引擎作用更加明显。2014年"大数据"首次出现在我国的政府工作报告中。报告中提到"要设立新兴产业创业创新平台，在大数据等方面赶超先进，引领未来产业发展"。大数据概念逐渐在国内成为热议的词汇。

对一个企业来说，不断地为产品扩展销售渠道和提升服务质量是至关重要的。在进行大量数据分析的前提下，更好地分析数据，获取用户信息才能够更精准地获取市场动态，并且掌握市场对产品和服务的需求，从而优化产品及服务，提升产品的销售量。

大数据的战略意义，一方面在于掌握庞大的数据信息；另一方面则在于大数据与产业的结合，对海量数据进行专业化处理，实现数据的"增值"和应用的"价值"。随着资源整合和产业链拓展，大数据应用正在成为新的经济增长点，逐渐在智能家居、智能制造、智慧出行、智慧医疗、互联网金融等应用中找到用武之地。

在编写过程中，我们参阅了大量的相关资料，在此对这些资料的作者表示感谢！由于编者水平有限，书中难免出现疏漏之处，衷心希望广大读者批评指正。

编　者

2022 月 8 月

目　录

第一章　大数据基本概述

第一节　大数据的定义

一、认识大数据

（一）大数据介绍

大数据（Big Data）是指无法在一定时间范围内用常规软件工具进行捕捉、管理和处理的数据集合，是需要新处理模式才能具有更强的决策力、洞察发现力和流程优化能力的海量、高增长率和多样化的信息资产。

大数据是现代社会高科技发展的产物，它不是一种单独的技术，而是一个概念，一个技术圈。相对于传统的数据分析，大数据是海量数据的集合，它以采集、整理、存储、挖掘、共享、分析、应用、清洗为核心，正广泛地应用于军事、金融、环境保护、通信等各个行业。

大数据时代的概念最早是全球知名咨询公司麦肯锡提出的。麦肯锡认为："大数据的应用，重点不在于堆积数据，而在于利用数据，做出更好的、利润更高的决策。"因此，大数据的核心在于对海量数据的分析和利用。

按照麦肯锡的理念来理解，大数据并不是神秘而不可触摸的，它是一种新兴的产业，从提出概述至今，不断在推动着世界经济的转型和进一步的发展。例如，法国政府在 2013 年投入近 1150 万欧元，用于 7 个大数据市场研发项目。其目的在于通过发展创新型解决方案，并将其用于实践，来促进法国在大数据领域的发展。法国政府在《数字化路线图》中列出了 5 项将大力支持的战略性高新技术，大数据就是其中一项。

综上所述，从各种各样的大数据中，快速获得有用信息的能力，就是大数据技术。这种技术已经对人们的生产和生活方式有了极大的影响，并且还在快速的发展中，不会停下来。

（二）大数据的发展历程

大数据的发展主要历经了三个阶段：出现阶段、热门阶段和应用阶段。

1. 出现阶段（1980—2008）

1980 年未来学家阿尔文托夫勒在《第三次浪潮》中将"大数据"称为"第三次浪潮的华彩乐章"。1997 年美国宇航局研究员迈克尔·考克斯和大卫·埃尔斯沃斯首次使用"大数据"这一术语来描述 20 世纪 90 年代人们面临的技术挑战：模拟飞机周围的气流是不能被处理和可视化的。数据集之大，超出了主存储器、本地磁盘，甚至远程磁盘的承载能力，因而被称之为"大数据问题"。

谷歌（Google）在 2006 年首先提出云计算的概念。2007—2008 年随着社交网络的激增，技术博客和专业人士为"大数据"概念注入新的生机。"当前世界范围内已有的一些其他工具将被大量数据和应用算法所取代。"曾任《连线》杂志主编的克里斯安德森认为当时处于一个"理论终结时代"。一些政府机构和美国的顶尖计算机科学家声称，"应该深入参与大数据计算的开发和部署工作，因为它将直接有利于许多任务的实现。"2008 年 9 月，《自然》杂志推出了名为"大数据"的封面专栏，同年"大数据"概念得到了美国政府的重视，计算社区联盟（Computing Community Consortium）发表了第一个有关于大数据的白皮书《大数据计算：在商务、科学和社会领域创建革命性突破》，其中提出了当年大数据的核心作用：大数据真正重要的是寻找新用途和散发新见解，而非数据本身。

2. 热门阶段（2009—2012）

2009—2012 年，"大数据"成为互联网技术行业中的热门词汇。2009 年印度建立了用于身份识别管理的生物识别数据库；2009 年联合国全球脉冲项目研究了如何利用手机和社交网站的数据源来分析和预测从螺旋价格到疾病爆发之类的问题；2009 年美国政府通过启动 data.gov 网站的方式进一步开放了数据的大门，该网站的数据集被用于保证一些网站和智能手机应用程序来跟踪信息，这一行动激发了从肯尼亚到英国等国的政府相继推出类似举措；2009 年欧洲一些领先的研究型图书馆和科技信息研究机构建立了伙伴关系，致力于改善在互联网上获取科学数据的简易性；2010 年肯尼斯发表了大数据专题报告《数据，猥琐不再的数据》；2011 年 IBM 的沃森计算机系统在智力竞赛节目《危险边缘》中打败了两名人类挑战者，后来《纽约时报》称这一刻为大数据计算的胜利。"大数据时代已经到来"出现在 2011 年 6 月麦肯锡发布的关于"大数据"的报告中，正式定义了大数据的概念，之后逐渐受到各行各业的关注。

2012 年大数据一词越来越多地被提及，人们用它来描述和定义信息爆炸时代产生的海量数据，并命名与之相关的技术发展与创新。数据正在迅速膨胀，它决定着未来的发展。随着时间的推移，人们将越来越多地意识到数据的重要性。

2012 年美国政府在白宫网站发布了《大数据研究和发展倡议》，这一倡议标志着大数据已经成为重要的时代特征；2012 年 3 月 22 日，美国政府宣布以 2 亿美元投资大数据领域，这是大数据技术从商业行为上升到国家科技战略的分水岭；2012 年美国颁布了《大数据的研究和发展计划》，英国发布了《英国数据能力发展战略规划》，日本发布了《创建最尖端 IT 国家宣言》，韩国提出了"大数据中心战略"，其他一些国家也制定了相应的战略和规划。

3. 应用阶段（2013 至今）

2014 年"大数据"首次出现在我国的政府工作报告中。报告中提到，"要设立新兴产业创业创新平台，在大数据等方面赶超先进，引领未来产业发展。"大数据概念逐渐在国内成为热议的词汇。

2015 年国务院正式印发《促进大数据发展行动纲要》，其中明确指出要不断地推动大数据发展和应用，在未来打造精准治理、多方协作的社会治理新模式，建立运行平稳、安全高效的经济运行新机制，构建以人为本、惠及全民的民生服务新体系，开启大众创业、万众创新的创新驱动新格局，培育高端智能、新兴繁荣的产业发展新生态。

2015 年大数据的"十三五"规划出台，该《规划》通过定量和定性相结合的方式提出了 2020 年大数据产业发展目标。在总体目标方面提出，到 2020 年，技术先进、应用繁荣、保障有力的大数据产业体系基本形成，大数据相关产品和服务业务收入突破 1 万亿元，年均复合增长率保持在 30% 左右。

2016 年，我国大数据行业发展的相关政策细化落地，国家发改委、环保部、工信部、国家林业局、农业部等均出台了关于大数据的发展意见和方案。2017 年，我国大数据产业的发展正式从理论研究加速进入应用时代，与大数据产业相关的政策内容已经从全面、总体的指导规划逐渐向各大行业、细分领域延伸。此外，为了抓住产业机遇，推动大数据的产业发展，全国除港、澳、台外的 31 个省市自治区陆续出台相关政策，据不完全统计，截止到 2019 年 5 月，全国各地出台大数据相关政策共计 160 余条。

（三）大数据的影响

大数据的影响主要有以下4点。

1. 大数据对科学活动的影响

人类在科学研究上先后历经了实验、理论和计算三种范式。当数据量不断增长和累积到今天，传统的三种范式在科学研究，特别是一些新的研究领域已经无法很好地发挥作用，需要有一种全新的第四种范式来指导新形势下的科学研究。这种新的范式就是从以计算为中心转变到以数据处理为中心，确切地说也就是数据思维。

数据思维是指在大数据环境下，一切资源都将以数据为核心，人们从数据中去发现问题，解决问题，在数据背后挖掘真正的价值，科学大数据已经成为科技创新的新引擎。在维克托·迈尔舍恩伯格撰写的《大数据时代》一书中明确指出，"大数据时代最大的转变，就是放弃对因果关系的渴求，取而代之关注相关关系。"也就是说，只要知道"是什么"，而不需要知道"为什么"。这就颠覆了千百年来人类的思维惯例，可以说是对人类的认知和与世界交流的方式提出了全新的挑战。虽然第三范式和第四范式都是利用计算机来计算，但它们在本质上是不同的。第四范式彻底颠覆了人类对已知世界的理解，明确了一点：如果能够获取更全面的数据，也许才能真正做出更科学的预测，这就是第四范式的出发点，这也许是最迅速和实用的解决问题的途径。

因此大数据将成为科学研究者的宝库，从海量数据中挖掘有用的信息会是一件极其有趣而复杂的事情。它要求人们既要依赖

图 1-1　科学研究范式的发展过程

于数据，又要有独立的思考，能够从不同数据中找出隐藏的关系，从而提取出有价值的信息，如图 1-1 所示。

2. 大数据对思维方式的影响

人们处理的数据是从样本数据变成全量数据。面对大数据，传统的样本数据可能不再使用。大数据分析处理技术的出现使得人们对全量数据的处理变得简易可行。大数据时代带来了从样本数据到全量数据的转变。在大数据可视化时代，数据的收集问题不再是人们的困扰，使采集全量的数据成为现实。全量数据带给人们视角上的宏观与高远，这将使人们可以站在更高的层级看待问题的全貌，看见曾经被淹没的数据价值，发现藏匿在整体中有趣的细节。因为拥有全部或几乎全部的数据，就能获得从不同的角度更细致、更全面地观察、研究数据的可能性，从而使得大数据平台的分析过程成为惊喜地发现过程和问题域的拓展过程。

由于是全量数据，人们不得不接受数据的混杂性，而放弃对精确性的追求。传统的数据分析为了保证其精确性和准确性，往往采取抽样分析来实现。而在大数据时代，往往采取全样分析而不再采用以往的抽样分析。因此追求极高精确率的做法已经不再是人们的首要目标，速度和效率取而代之，如在几秒内就迅速给出针对海量数据的实时分析结果等。同时人们也应该容许一些不精确的存在，数据不可能是完全正确或完全错误的，当数据的规模以数量级增加时，对大数据进行深挖和分析，能够把握真正有用的数据，才能避免做出盲目和错误的决策。

人类通过对大数据的处理，放弃对因果关系的渴求，转而关注相关关系。

在以往的数据分析中，人们往往执着于现象背后的因果关系，总是试图通过有限的样本来剖析其中的内在机理。而在大数据的背景下，相关关系大放异彩。通过应用相关关系，人们可以比以前更容易、更便捷、更清楚地分析事物。例如，美国一家零售商在对海量的销售数据处理中发现每到星期五下午，啤酒和婴儿纸尿裤的销量同时上升。通过观察发现，星期五下班后很多青年男子要买啤酒度周末，而这时妻子又常打电话提醒丈夫在回家路上顺道为孩子买纸尿裤。发现这个相关性后，这家零售商就把啤酒和纸尿裤摆在一起，方便年轻的爸爸购物，大大提高了销售额。再如，谷歌开发了一款名为"谷歌流感趋势"的工具，它通过跟踪搜索词相关数据来判断全美地区的流感情况。这个工具会发出预警，告诉全美地区的人们流感已经进入"紧张"的级别。这样的预警对于美国的卫生防疫机构和流行病健康服务机构来说非常有用，因为它及时，而且具有说服力。此工具的工作原理为通过关键词（如温度计、流感症状、肌肉疼痛、胸闷等）设置，对搜索引擎的使用者展开跟踪分析，创建地区流感图表和流感地图（以大数据的形式呈现出来），然后把结果与美国疾病控制和预防中心的报告比对，从而进行相关性预测。

3. 大数据对社会发展的影响

在大数据时代，不管是物理学、生物学、环境生态学等领域，还是军事、金融、通信等行业，数据都在迅速膨胀，没有一个领域可以不被波及。"大数据"正在改变甚至颠覆着人们所处的整个时代，对社会发展产生了方方面面的影响。

在大数据时代，用户会越来越多地依赖于网络和各种"云端"工具提供的信息做出行为选择。从社会这个大方面上看，这有利于提升人们的生活质量、和谐程度，从而降低个人在群体中所面临的风险。例如，美国的网络公司 Farecast 通过对 2000 亿条飞行数据记录的搜索和运算，可以预测美国各大航空公司每一张机票的平均价格走势。如果一张机票的平均价格呈下降趋势，系统就会帮助用户做出稍后再购票的明智选择。反过来，如果一张机票的平均价格呈上涨趋势，系统就会提醒用户立刻购买该机票。通过预测机票价格的走势以及增降幅度，Farecast 的票价预测工具能帮助用户抓住最佳购买时机，节约出行成本。

现在，谷歌的无人驾驶汽车已经在加州行驶，人工智能使自动驾驶得以实现，这些都是基于大量数据解析的结果，背后都有大数据的功劳。

4. 大数据对就业市场的影响

大数据激发内需的剧增，引发产业的巨变。生产者具有自身的价值，而消费者则是价值的意义所在。有意义的东西才会有价值，如果消费者不认同，产品就卖不出去，价值就实现不了；如果消费者认同，产品就卖得出去，价值就得以实现。大数据可以帮助人们从消费者这里分析意义所在，从而帮助生产者实现更多的价值。

此外，随着大数据的不断应用，各行各业数据业务转型升级。例如，金融业原来的主业是做金融业务，靠佣金赚钱；而现如今清算、结算可能免费，转而利用支付信息的衍生信息增值业务赚钱。

二、大数据的特征

随着对大数据认识的不断加深，人们认为大数据一般具有4个特征：数据量大、数据类型繁多、数据产生速度快和数据价值密度低。

1. 数据量大

大数据中的数据量大，指的就是海量数据。由于大数据往往采取全样分析，因此大数据的"大"首先体现在其规模和容量远远超出传统数据的测量尺度，一般的软件工具难以捕捉、存储、管理和分析的数据，通过大数据的云存储技术都能保存下来，形成浩瀚的数据海洋，目前的数据规模已经从 TB 级升级至 PB 级。大数据之"大"还表现在其采集范围和内容的丰富多变，能存入数据库的不仅包含各种具有规律性的数据符号，还囊括了各种如图片、视频、声音等非规则的数据。2011 年，《科学》杂志上发表了一篇文章，对 1986—2007 年人类所创造、存储和传播的一切信息数量进行了追踪计算。其研究范围大约涵盖了 60 种模拟和数字技术，包括书籍、图画、信件、电子邮件、照片、音乐、视频（模拟和数字）、电子游戏、电话和汽车导航等。据全球知名研究机构 IDC 预测，到 2020 年全球数据总量将超过 40ZB（相当于 4 万亿 GB），这一数据量是 2011 年的 22 倍。而在过去几年，全球的数据量正以每年 58% 的速度增长，在未来这个速度会更快。

2. 数据类型繁多

大数据包括结构化数据、非结构化数据和半结构化数据。

结构化数据常指存储关系在数据库中的数据。该数据遵循某种标准，如企业财务报表、医疗数据库信息、行政审批数据、学生档案数据等。

非结构化数据常指不规则或不完整的数据，包括所有格式的办公文档、XML、HTML、各类报表、图片、图像、音频、视频信息等。企业中 80% 的数据都是非结构化数据，这些数据每年都按指数增长。相对于以往便于存储的以文本为主的结构化数据，越来越多的非结构化数据的产生给所有企业都提出了挑战。在网络中非结构化数据越来越成为数据的主要部分。值得注意的是，非结构化数据具有内部结构，但不通过预定义的数据模型或模式进行结构化。它可能是文本的或非文本的，也可能是人为的或机器生成的。它也可以存储在像 MYSQL 这样的非关系数据库中。

半结构化数据常指有一定的结构与一致性约束，但在本质上不存在关系的数据，如常用于跨平台传输的 XML 数据及 SON 数据等。

据 IDC 的调查报告显示，拜互联网和通信技术近年来的迅猛发展所赐，如今的数据类型早已不是单一的文本形式，音频、视频、图片、地理位置信息等多类型的数据对数据的处理能力提出了更高的要求。并且数据来源也越来越多样，不仅产生于组织内部运作的各个环节，也来自组织外部的开放数据。其中内部数据主要包含：政府数据，如征信、户籍、犯罪记录等；企业数据，如阿里巴巴的消费数据、腾讯的社交数据、滴滴的出行数据等；机构数据，如第三方咨询机构的调查数据。而开放数据主要包含网站数据和各种 App 终端数据，以及大众媒介数据等。

例如，智能语音助手就是多样化数据处理的代表。用户可以通过语音、文字输入等方式与其对话交流，并调用手机自带的各项应用，阅读短信、询问天气、设置闹钟、安排日程，乃至搜索餐厅、电影院等生活信息，收看相关评论，甚至直接订位、订票，智能语音助手则会依据用户默认的家庭地址或是所在位置判断、过滤搜索的结果。

3. 数据产生速度快

在数据处理速度方面，有一个著名的"1秒定律"，即要在秒级时间范围内给出分析结果，超出这个时间，数据就失去价值了。大数据是一种以实时数据处理、实时结果导向为特征的解决方案，它的"快"体现在两个层面。

数据产生的快。有的数据是爆发式产生的，如欧洲核子研究中心的大型强子对撞机在工作状态下每秒产生 PB 级的数据；有的数据是涓涓细流式产生的，但是由于用户众多，短时间内产生的数据量依然非常庞大，如点击流、日志、论坛、博客、发邮件、射频识别数据、GPS（全球定位系统）位置信息。

4. 数据处理的快

正如水处理系统可以从水库调出水进行处理，也可以处理直接对涌进来的新水流。大数据也有批处理（"静止数据"转变为"正使用数据"）和流处理（"动态数据"转变为"正使用数据"）两种范式，以实现快速的数据处理。

例如，电子商务网站从点击流、浏览历史和行为（如放入购物车）中实时发现顾客的即时购买意图和兴趣，并据此推送商品，这就是数据"快"的价值，也是大数据的应用之一。

5. 数据价值密度低

随着互联网以及物联网的广泛应用，信息感知无处不在，信息海量，但价值密度较低。如何结合业务逻辑并通过强大的机器算法来挖掘数据价值，是大数据时代最需要解决的问题。以监控视频为例，一部一小时连续不间断的监控视频中，可能有用的数据仅仅只有一两秒，但是为了能够得到想要的视频，人们不得不投入大量资金用于购买网络设备、监控设备等。

因此，由于数据采集不及时，数据样本不全面，数据不连续等缘故，数据可能会失真，但当数据量达到一定规模时，可以通过更多的数据达到更真实全面的反馈。

三、大数据技术应用与基础

大数据应用大数据的应用无处不在，从金融业到娱乐业，从制造业到互联网业，从物流业到运输业，到处都有大数据的身影。

●制造业：借助于大数据分析，制造商们可以进行预测性维护以及性能分析，从而改进战略决策。

●汽车业：利用大数据和物联网技术开发的无人驾驶汽车，在不远的未来将走入人们的日常生活。

●互联网业：借助于大数据技术可以分析客户行为，进行商品推荐和针对性广告投放。

●金融业：通过大数据预测企业的金融风险，并通过描绘用户画像，清楚用户的消费行为及在网活跃度等，以更好地掌控资金的投放。

●餐饮业：利用大数据实现餐饮O2O模式，彻底改变传统餐饮经营方式。

●电信业：利用大数据技术实现客户离网分析，及时掌握客户离网倾向，出台客户挽留措施。

●能源业：随着智能电网的发展，电力公司可以掌握海量的用户用电信息，利用大数据技术分析用户用电模式，可以改进电网运行，合理设计电力需求响应系统，确保电网运行安全。

●物流业：利用大数据优化物流网络，提高物流效率，降低物流成本。

●城市管理：可以利用大数据实现智能交通、环保监测、城市规划和智能安防。

●医药业：大数据可以帮助人们在医药行业实现流行病预测、智慧医疗、健康管理等，同时还可以帮助人们解读DNA，了解更多的生命奥秘。

●体育娱乐业：大数据可以帮助人们训练球队，帮助教练做比赛的阵容决定，投拍受欢迎题材的影视作品，并进行较为全面的结果预测。

●新闻业：利用数据挖掘新闻背后的更多事实，也可以将大数据可视化引入编辑，向公众呈现不一样的视觉故事。

图1-2 大数据在金融业中的应用

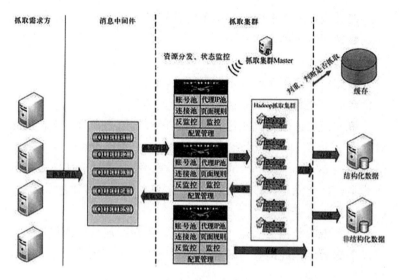

图 1-3 大数据中的爬虫抓取架构

1. 大数据关键技术

（1）大数据采集

大数据采集技术就是对数据进行 ETL（Extract-Transform-Load，抽取—转换加载）操作，通过对数据进行提取、转换、加载，最终挖掘数据的潜在价值，然后提供给用户解决方案或决策参考，是数据从数据来源端经过抽取、转换、加载到目的端，然后进行处理分析的过程。用户从数据源抽取出所需的数据，经过数据清洗，然后按照预先定义好的数据模型将数据加载到数据仓库中去，最后对数据仓库中的数据进行数据分析和处理。数据采集是数据分析生命周期中的重要一环，它通过传感器、社交网络、移动互联网等渠道获得各种类型的结构化、半结构化及非结构化的海量数据。由于采集的数据种类错综复杂，因此进行数据分析之前必须通过抽取技术对数据进行提取，从数据原始格式中抽取出需要的数据。

在大数据采集中面临的主要问题有以下几个。

●数据源多种多样。

●数据量大、变化快。

●如何保证所采集数据的可靠性。

●如何避免重复数据。

●如何保证数据的质量。目前很多互联网企业都有自己的海量数据采集工具，多用于系统日志采集，如 Hadoop 的 Chukwa，Cloudera 的 Flume，Facebook 的 Scribe 等。这些工具均采用分布式架构，能满足每秒数百 MB 的日志数据采集和传输需求。

（2）大数据预处理

现实中的数据大多是"脏"数据，如缺少属性值或仅仅包含聚集数据等，因此需要对数据进行预处理。数据预处理技术主要包含以下几种。

●数据清理：用来清除数据中的"噪声"，纠正不一致。

●数据集成：将数据由多个数据源合并成一个一致的数据存储，如数据仓库。

●数据归约：通过如聚集、删除冗余特征或聚类等操作来降低数据的规模。

●数据变换：把数据压缩到较小的区间，如 [0，1]，可以提高涉及距离度量的挖掘算法的准确率和效率。

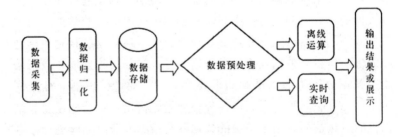

图 1-4　大数据预处理流程在大数据分析中的地位和作用

（3）大数据存储

是将数量巨大，难以收集、处理、分析的数据集持久化地存储到计算机中。由于大数据环境一定是海量的，并且增量都有可能是海量的，因此大数据的存储和一般数据的存储有极大的差别，需要非常高性能、高吞吐率、大容量的基础设备。

为了能够快速、稳定地存取这些数据，目前至少需要用磁盘阵列，同时还要通过分布式存储的方式将不同区域、类别、级别的数据存放于不同的磁盘阵列中。在分布式存储系统中包含多个自主的处理单元，通过计算机网络互联来协作完成分配的任务，其分而治之的策略能够更好地解决大规模数据分析问题。分布式存储系统主要包含以下两类。

分布式文件系统。存储管理需要多种技术的协同工作，其中文件系统为其提供最底层存储能力的支持。分布式文件系统是一个高度容错性系统，被设计成适用于批量处理，能够提供高吞吐量的数据访问。

分布式键值系统。分布式键值系统用于存储关系简单的半结构化数据。典型的分布式键值系统有 Amazon Dynamo，获得广泛应用和关注的对象存储（Object Storage）技术也可以视为键值系统，其存储和管理的是对象而不是数据块。

大数据分析与挖掘数据分析与挖掘的目的是把隐藏在一大批看起来杂乱无章的数据中的信息集中起来，进行萃取、提炼，以找出所研究对象的内在规律。

大数据分析与挖掘主要包含两个内容：可视化分析与数据挖掘算法的选择。

可视化分析。不论是分析专家，还是普通用户，在分析大数据时，最基本的要求就是对数据进行可视化分析。可视化分析将单一的表格变为丰富多彩的图形模式，简单明了、清晰直观，更易于读者接受，如标签云、历史流、空间信息流等都是常见的可视化技术。用户可以根据自己的需求灵活地选择这些可视化技术。

数据挖掘算法的选择。大数据分析的理论核心就是数据挖掘算法。数据挖掘算法多种多样，不同的算法基于不同的数据类型和格式会呈现出数据所具备的不同特点。各类统计方法都能深入数据内部，挖掘出数据的价值。数据挖掘算法是根据数据创建数据挖掘模型的一组试探法和计算方法。为了创建该模型，算法将首先分析用户提供的数据，针对特定类型的模式和趋势进行查找，并使用分析结果定义用于创建挖掘模型的最佳参数，将这些参数应用于整个数据集，以便提取可行模式和详细统计信息。在数据挖掘算法中常采用人机交互技术，该技术可以引导用户对数据进行逐步的分析，使用户参与到数据分析的过程中，更深刻地理解数据分析的结果。

2. 大数据计算模式

计算模式的出现有力地推动了大数据技术和应用的发展。所谓大数据计算模式，是根据大数据的不同数据特征和计算特征，从多样性的大数据计算问题和需求中提炼并建立的各种高层抽象（Abstraction）或模型（Model）。

传统的并行计算方法，主要从体系结构和编程语言的层面定义了一些较为底层的并行计算抽象和模型。但由于大数据处理问题具有很多高层的数据特征和计算特征，因此大数据处理需要更多地结合这些高层特征考虑更为高层的计算模式。例如，MapReduce 是一个并行计算框架，是面向大数据并行处理的计算模型、框架和平台。它最早是由谷歌公司研究提出的，但是在研究和实际应用中发现，由于 MapReduce 主要适合于进行大数据线下批处理，在面向低延迟和具有复杂数据关系和复杂计算的大数据问题时有很大的不适应性。因此，近几年来学术界和业界在不断研究并推出多种不同的大数据计算模式。例如，美国加州大学伯克利分校著名的 Spark 系统中的"分布内存抽象 RDD"；CMU 著名的图计算系统 GraphLab 中的"图并行抽象"

（Graph Parallel Abstraction）等。大数据计算模式对应的系统如下。

● 大数据查询与分析计算，包括 HBase、Hive、Cassandra、Premel、Impala、Shark、Hana、Redis.

● 批处理计算，包括 MapReduce、Spark。

● 流 式 计 算，包 括 Scribe、Flume、Storm、S4、Spark Streaming.

● 迭代计算，包括 HaLoop、iMapReduce、Twister、Spark。

● 图计算，包括 Pregel、PowerGraph、GraphL ab、GraphX.

● 内存计算，包括 Dremel、Hana、Redis.

3. 大数据框架

大数据框架是对于可以进行大数据分析处理工具的集合，主要用于负责对大数据系统中的数据进行计算。数据包括从持久存储设备中读取的数据或通过消息队列等方式接入到系统中的数据，而计算则是从数据中提取信息的过程。

不论是系统中存在的历史数据，还是持续不断接入系统中的实时数据，只要数据是可访问的，就可以对数据进行处理。按照对所处理的数据形式和得到结果的时效性分类，大数据处理框架可以分为三类：批处理系统、流处理系统和混合处理系统。

（1）批处理系统

批处理是一种用来计算大规模数据集的方法。批处理的过程包括将任务分解为较小的任务，分别在集群中的每台计算机上进行计算，根据中间结果重新组合数据，然后计算和组合出最终结果。当处理非常巨大的数据集时，批处理系统是最有效的。

批处理系统在大数据世界中有着悠久的历史。批处理系统主要操作大量的、静态的数据，并组等到全部处理完成后才能得到返回的结果。批处理系统中的数据集一般符合以下特征。

● 有限，数据集中的数据必须是有限的。

● 持久，批处理系统处理的数据一般存储在持久存储系统

（如硬盘、数据库）中。

●海量，极海量的数据通常只能使用批处理系统来处理。批处理系统在设计之初就充分地考虑了数据量巨大的问题，实际上批处理系统也是因此应运而生的。

由于批处理系统在处理海量的持久数据方面表现出色，所以它通常被用来处理历史数据，很多在线分析处理（On-Line Analytic Processing，OLAP）系统的底层计算框架使用的就是批处理系统。但是由于海量数据的处理需要耗费很多时间，所以批处理系统一般不适合用于对实时性要求较高的场景。

Apache Hadoop 是一种专用于批处理的处理框架，是首个在开源社区获得极大关注的大数据框架。在 2.0 版本以后，Hadoop 由以下组件组成。

HDFS（Hadoop Distributed File System，Hadoop 分布式文件系统）。

HDFS 是一种分布式文件系统，它具有很高的容错性，适合部署在廉价的机器集群上。HDFS 能提供高吞吐量的数据访问，非常适合在大规模数据集上使用。它可以于存储数据源，也可以存储计算的最终结果。

YARN。YARN 可以为上层应用提供统一的资源管理和调度。它可以管理服务器的资源（主要是 CPU 和内存），并负责调度作业的运行。在 Hadoop 中，它被设计用来管理 MapReduce 的计算服务。但现在很多其他的大数据处理框架也可以将 YARN 作为资源管理器，如 Spark。

MapReduce。MapReduce 是 Hadoop 中默认的数据处理引擎，也是谷歌公司发表的有关 MapReduce 论文中思想的开源实现。使用 HDFS 作为数据源，使用 YARN 进行资源管理。

●流处理系统。流处理系统是指用于处理永不停止地接入数据的系统。它与批处理系统所处理的数据的不同之处在于，流处理系统并不对已经存在的数据集进行操作，而是对从外部系统接入的数据进行处理。流处理系统可以分为以下两种。

●逐项处理。逐项处理指每次处理一条数据，真正意义上的流处理。

●微批处理。这种处理方式把一小段时间内的数据当作一个微批次，对这个微批次内的数据进行处理。

在流处理系统中，不论是哪种处理方式，其实时性都要远远好于批处理系统。

因此，流处理系统非常适合应用于对实时性要求较高的场景，如日志分析、设备监控、网站实时流量变化等。

Apache Storm 是一种侧重于低延迟的流处理框架。它可以处理海量的接入数据，以近实时方式处理数据。Storm 的延时可以达到亚秒级。Storm 含有以下关键概念。

1）Topology，Topology 中封装了实时应用程序的逻辑。Topology 类似于 MapReduce 作业，但区别是 MapReduce 最终会完成，而 Topology 则会一直运行（除非被强制停止）。Topology 是由 Spouts 和 Bolts 组成的有向无环图（Directed Acyclic Graph，DAG）。

2）Stream，Stream 是一种不断被接入 Storm 中的无界的数据序列。

3）Spout，Spout 是 Topology 中 Stream 的源。Spout 从外部数据源读取数据并接入到 Strom 系统中。

4）Bolt，Bolt 用于 Storm 中的数据处理，它可以进行过滤、聚合、连接等操作。将不同的 Bolt 连接组成完整的数据处理链条，最后一个 Bolt 用来输出（如输出到文件系统或数据库等）。

5）Trident 的基本思想是使用 Spout 拉取 Stream（数据），并使用 Bolt 进行处理和输出。默认情况下，Storm 提供了"at least once"（即每条数据被至少消费一次）的保证。当一些特殊情况（如服务器故障等）发生时，可能会导致重复消费。

为了实现"exactly once"（即有且仅有一次消费），Storm 引入了 Trident。Trident 可以将 Storm 的单条处理方式改变为微批处理方式，但同时也会对 Storm 的处理能力产生一定的影响。

6）混合处理系统一些处理框架可同时处理批处理和流处理工作负载。这些框架可以用相同或相关的组件和 API 处理两种类型的数据，借此让不同的处理需求得以简化，这就是混合处理系统。混合处理系统意在提供一种数据处理的通用解决方案。这种框架不仅可以提供处理数据所需的方法，而且提供了自己的集成项、库、工具，可胜任图形分析、机器学习、交互式查询等多种任务。

7）当前主流的混合处理框架主要为 Spark 和 Flink。

8）Spark 由加州大学伯克利分校 AMP 实验室开发，最初的设计受到了 MapReduce 思想的启发，但不同于 MapReduce 的是，Spark 通过内存计算模型和执行优化大幅提高了对数据的处理能力（在不同情况下，速度可以达到 MapReduce 的 10—100 倍，甚至更高）。

9）提供了内存计算模型 RDD（Resilient Distributed Dataset，弹性分布式数据集），将数据读入内存中生成一个 RDD，再对 RDD 进行计算，并且每次的计算结果都可以缓存在内存中，减少了磁盘的读写，因此非常适用于迭代计算。

10）不同于 MapReduce 的 MR 模型，Spark 采用了 DAG 编程模型，将不同步骤的操作串联成一个有向无环图，可以有效减少任务间的数据传递，提高了性能。

11）提供了丰富的编程模型，可以轻松实现过滤、连接、聚合等操作，代码量相比 MapReduce 少到"令人惊讶"，因此，可以提高开发人员的生产力。

12）支持 ava、Scala、Python 和 R 四种编程语言，为不同语言的使用者降低了学习成本。

（2）主流框架的选择与比较

在实际工作中，大数据系统可使用多种处理技术。对于仅需要批处理的工作负载，如果对时间不敏感，比其他解决方案实现成本更低的 Hadoop 将会是一个好的选择。

对于仅需要流处理的工作负载，Stor 可支持更广泛的语言并实现极低延迟的处理，但默认配置可能产生重复结果并且无法保证顺序。

对于混合型工作负载，Spak 可提供高速批处理和微批处理模式的流处理。该技术的支持更完善，具备各种集成库和工具，可实现灵活的集成。Flik 提供了真正的流处理并具备批处理能力，通过深度优化可运行针对其他平台编写的任务，提供低延迟的处理，但实际应用方面还不成熟。

解决方案的选择主要取决于待处理数据的状态，对处理所需时间的需求，以及希望得到的结果。具体是使用全功能解决方案还是主要侧重于某种项目的解决方案，这个问题需要慎重权衡。

随着大数据框架的逐渐成熟并被广泛接受，在评估任何新出现的创新型解决方案时都需要考虑类似的问题。

大数据与云计算都较好地代表了 IT 界发展的趋势，两者相互联系，密不可分。大数据的本质就是利用计算机集群来处理大批量的数据，大数据的技术关注点在于如何将数据分发给不同的计算机进行存储和处理。

而云计算的本质就是将计算能力作为一种较小颗粒度的服务提供给用户，按需使用和付费。

它体现了以下特点。

●经济性，不需要购买整个服务器。

●快捷性，即刻使用，不需要长时间的购买和安装部署。

●弹性，随着业务增长可以购买更多的计算资源，可以按需购买几十台服务器的 1 个小时时间，运算完成就释放。

●自动化，不需要通过人来完成资源的分配和部署，通过

API 可以自动创建云主机等服务。

用一句话描述就是云计算是计算机硬件资源的虚拟化，而大数据是对于海量数据的高效处理。

（3）大数据与云计算的区别

如果将云计算与大数据进行比较，两者最明显的区别体现在以下两个方面。

在概念上两者有所不同。云计算改变了 IT，而大数据则改变了业务。然而，大数据必须有云计算作为基础架构，才能得以顺畅运营。

大数据和云计算的目标受众不同。云计算是 CIO（首席信息官）等关心的技术层，是一个进阶的 IT 解决方案。而大数据是决策者关注的业务层。

综上所述，大数据和云计算两者已经彼此渗透，密不可分，相互融合，在很多应用场合都可以看到两者的身影。在未来，两者会继续相互影响，更好地服务于人们的生活和学习。

4. 大数据与人工智能

人工智能的概念人工智能（Artificial Intelligence，AI）是研究、开发用于模拟、延伸和扩展人的智能的理论、方法、技术及应用系统的一门新的技术科学。人工智能研究的一个主要目标是使机器能够胜任一些通常需要人类智能才能完成的复杂工作。

人工智能是计算机学科的一个分支，它的主要应用如下。

● 图像识别与语音识别。

● 人机对弈。

● 智能控制与智能搜索。

● 机器人的研究与应用。

用一句话描述就是，人工智能是对人脑思维过程的模拟与思维能力的模仿。但不可否认的是，随着计算机计算能力和运行速度的不断提高，机器的智能化程度是人脑不能相比的。例如，

2006 年浪潮天梭就可以击败中国象棋的职业顶尖棋手；2016 年 Alpha 已经击败了人类最顶尖的职业围棋棋手。

如果将大数据与人工智能进行比较，最明显的区分体现在以下两个方面。

1）在概念上两者有所不同。大数据和云计算可以理解为技术上的概念，人工智能是应用层面的概念，人工智能的技术前提是云计算和大数据。

2）在实现上，大数据主要是依靠海量数据来帮助人们对问题做出更好的判断和分析。而人工智能是一种计算形式，它允许机器执行认知功能，如对输入起作用或做出反应，类似于人类的做法，并能够替代人类对认知结果做出决定。

综上所述，虽然人工智能和大数据有很大的区别，但它们仍然能够很好地协同工作。两者相互促进，相互发展。大数据为人工智能的发展提供了足够多的样本和数据模型，因此，没有大数据就没有人工智能。

第二节 大数据的发展历程

近年来，随着计算机和信息技术的迅猛发展和普及应用，行业应用系统的规模迅速扩大，行业应用所产生的数据呈爆炸性增长。互联网（社交、搜索、电商）、移动互联网（微博、微信）、物联网（传感器、智慧地球）、车联网、GPS、医学影像、安全监控、金融（银行、股市、保险）、电信（通话、短信）都在疯狂地产生数据。Google 上每天需要处理 24PB 的数据；每个月网民在 Facebook 上要花费 7000 亿分钟时间，被移动互联网使用者发送和接受的数据量高达 1.3EB；百度目前的总数据量已超过 1000PB，每天需要处理的网页数据达到 10—100PB；每天亚马逊上要产生 630 万笔订单；淘宝累计的交易数据量高达 100PB；Twitter 每天发布超过 2 亿条消息；新浪微博每天发帖量达到 8000 万条；每天会有 2.88 万小时的视频上传到 YouTube；中国移动一个省级公司的电话通联记录数据每可达 0.5—1PB；一个省会城市公安局道路车辆监控数据 3 年可达 200 亿条、总量 120TB。根据国际数据公司（IDC）的检测，人类产生的数据量正呈指数级增长，大约每两年翻一番，这个速度在 2020 年之前会继续保持，意味着人类在最近两年产生的数据量相当于之前产生的全部数据量。根据 IDC 的测算，到 2020 年数字世界将产生 35000EB 的数据。行业、企业大数据已远远超出了现有传统的计算技术和信息系统的处理能力，因此，寻求有效的大数据处理技术、方法和手段已经成为现实世界的迫切需求。前些年，人们把大规模数据称为"海量数据"，但大数据（Big Data）的概念早在 2008 年就已被提出。2008 年，《自然》杂志出版了一期专刊，专门讨论未来的大数据处理相关的一系列技术问题和挑战，其中就提出了"Big Data"的概念。

一、没有大数据之前

现在回想起来计算机发展初期，那应该是一个美好的时代。彼时的程序员还没被称为"码农"，依然是"科学家"，是科技发展的最前沿。正如很多古代的中国哲学家向往"田园时代"一样，程序员有时也会幻想着回到那个时代，手撸一个操作系统或者是数据库，抑或是对着 TCP/IP 协议，手写一个实现。对于程序员个人而言，能够写一个数据库、操作系统或者是编程语言，自然是非常美妙的一件事，但是对于整个技术发展却是一件非常痛苦的事。想一想，如果每个程序员都在想着造数据库、操作系统或者是编程语言，这些系统和组件从功能上来说基本上都是一样的，比如数据库的核心功能就是为了存储和搜索数据，无论是做得多么花里胡哨，数据库依然是为了存储和搜索数据，所以对于整个技术发展趋势而言，数据库、操作系统或者是编程这些类型的系统和组件造一遍就好了，然后大家基于这些已经造好的轮子再进行二次开发就好。

不过现在回望历史，若是没有这样一群人，个人计算机也很难发展起来。就像《计算机简史》所说：个人计算机的发展就是属于"怪才的成就——年轻的业余技术爱好者以他们的执着追求和技术才智，完成了所谓专家认为的不可能之事"。我们也不能因为现在的程序员沦为了"码农"，而忽略了当年程序员的惊才绝艳。

二、"田园"时代

若是从图灵或者是冯若依曼开始聊大数据，那就有点太远了，那还不如直接把标题改为《计算机发展简史》比较好，所以要追述大数据历史还是从个人计算机的发展开始。

在个人计算机刚开始诞生的时候，什么都没有，所拥有的就只有一台机器而已，要想这台机器完成某些功能就必须得自己编程，比如第一台个人计算机"牵牛星8800"。不过当时能买个人计算机回家的，十有八九都是技术的狂热爱好者，毕竟还没有编程语言、没有数据库，更没有操作系统，有的只是一个输入二进制编码的按钮。

那时的每个程序员都得从零开始，面对最底层的硬件，使用着最原始的手段完成自己小小的爱好。比尔·盖茨花了六个礼拜时间写出了 BASIC 编程语言，Eric Schmidt 捣鼓出了 Lex，Linus Torvalds 在大二就完成了微型操作系统 Linux，还有小型数据库 dBase。对于程序员而言，能自己写出某一个编程语言、操作系统和数据库，成就感是巨大的，但是个人计算机要发展成每一个普通消费者都能用的个人计算机，就必须要有一个大家公认的组件，把底层的、复杂的、抽象的二进制编码变成一个简单的使用方式。

当然再加上商业利益的推动和市场竞争的搏杀，最终构建了编程语言、操作系统和数据库的生态系统，程序员们不再需要从零开始写代码。其实这也是正常的，计算机领域发展的一个趋势就是层层抽象，专业的事交给专业的工具去干。比如编译器提供了编程语言给使用者，让使用者不用关心汇编语言乃至二进制编码；操作系统提供了各种系统接口，让使用者不再直面底层驱动和复杂的硬件环境；数据库提供了 SQL 语言，让使用者无须关心数据处理的具体逻辑。

"田园"时代结束的标志就是编程语言、操作系统和数据库的诞生和流行。回到本篇文章，对于大数据技术的发展而言，这三者缺一不可，但其中最重要的就是数据库的发展，毕竟大数据技术脱胎于数据库，大成于分布式系统，最后又回归了数据库系统。

三、数据库时代

要说大数据的真正起源，必须得提到数据库。无论是移动互联网还是 PC 因特网，或者是计算机本身，背后都是一群又一群程序员编写的程序，而一切程序说到底都还是对数据的处理。如果把数据处理比作一个王国的话，那这个王国的国王就是数据库。

那什么是数据库呢？用最简单的话来说，就是一个用户可以把数据存储在数据库，需要的时候，用户可以告诉数据库，我需要某些数据，然后数据库会自行完成实际的数据处理过程，返回数据给用户。数据库帮程序员把底层复杂的数据处理过程给屏蔽了，程序员只需要关心数据存储和查询就好。

举个简单的例子，在没有数据库之前，程序员为了处理数据，首先需要自行面对操作系统的底层文件系统，不同的操作系统的文件系统的 API 之类是不一样的，且不论文件系统的复杂度，单纯地面对不同的文件系统，程序员就要针对性地开发。其次还需要考虑存储的数据结构、索引结构、文件格式，甚至还需要考虑并发事务、故障恢复等等情况。这难度值逆天啊。因此，数据库诞生了。

数据库与正常的商业软件一样，第一个吃螃蟹的"前浪"最终倒在了沙滩上。那个时候，关系型模型还被认为是"不靠谱的"，最流行的模型是层次模型和网状模型（感兴趣的读者可以上网搜下这两个模型）。经历过激烈的市场竞争和工程实践，大家最后发现关系型模型才是适用于大部分环境的数据库模型。关系型数据库确立了市场垄断地位。

一旦某一个基础软件确立了其垄断地位，然后再围绕其构建庞大的生态系统，那么后来者即使做出了相似的产品，垄断软件的生态系统一样会扼杀掉后来者，除非另辟赛道或者是先行者解决不了某类问题。数据库也是如此，Oracle、DB2 等数据库占据了金融、电信等传统企业的大部分份额便可说明这个情况。

回到数据库本身，第一款真正意义上的关系型数据库应该是 IBM 研究院的 System。研究院出来的东西大多都比较"曲高和寡"，没有考虑到大多数人的实际使用感受，比如 System R 使用的查询语言更像是数学家的玩物，而不是工程师的杰作。

数据库作为基础软件，在证明了其能力后，配合 SQL 迎来了它的辉煌时代。那个时候，无论是什么公司，只要你使用信息技术提供商业服务，那就离不开数据库。因为一切应用程序的本质都是在处理数据。

就在数据库的辉煌年代里，一群加利福尼亚的年轻人把互联网发明出来了。当时谁也没想到，看似无坚不摧的数据库会被名不见经传的互联网所撼动。

一个崭新的时代即将到来。

四、Hadoop 时代

(一) 揭幕大数据时代

其实大数据这个词很早就出现了，在 1983 年阿尔温托夫勒写的《第三次浪潮》里就提到过大数据了，并且论断：大数据将是第三次浪潮中的华彩乐章。当然，那个年代大数据就像襁褓中的婴儿距离它改变世界还有很长的路要走，直到有技术有能力处理大规模数据，大数据在这一刻才真正地成为我们口中所说的"大数据"。

让我们回到历史中，上篇提到了互联网时代的到来。互联网，无论是 PC 互联网还是移动互联网，抑或是以后的物联网，给数据库带来的最大挑战就是数据量：越来越多的数据，多到单机已经无法存储和处理，无论单机的性能有多么强悍，庞大的数据总会吞噬掉其剩余性能。在某种程度上来说，在大数据技术诞生之前，越来越多的数据都是垃圾，无法处理的数据就是一堆垃圾，毕竟高端服务器价格可不便宜。

第一个解决这问题的公司，叫作谷歌。可惜的是，那个时候谷歌没有开源其技术，仅仅只是发表了三篇技术论文，这三篇论文在大数据领域被戏称为"三驾马车"，分别是谷歌文件系统 GFS、MapReduce 和 BigTable。GFS 解决了数据大规模存储的问题，让数据可以几乎无限地增长下去；MapReduce 解决了数据大规模计算的问题，让大规模数据处理成为可能；BigTable 解决了在线实时查询的问题，即使数据量很大，用户也能很快地查询到数据。

在这三篇文章中，最为核心的，或者说最有价值的文章莫过于 GFS 了，因为大数据只有可靠的存储下来，才能谈得上后续的数据处理和查询，所以 GFS 的开源实现 HDFS 依然是大数据领域里的唯一标准。虽然 GFS 很重要，但是在二十一世纪初，MapReduce 才是声音最大，引发争论最多的文章。期间，数据库领域的大牛 David J.DeWitt 和 Michael Stonebraker 写了大名鼎鼎的 MapReduce：A major step backwards，指责 MapReduce 放弃了数据库领域辛辛苦苦积累下来的理论精华，而是选择了一种简单粗暴的方式处理数据。关于 MapReduce：A major step backwards，互联网上的解析和评论非常多，本文不再详述，读者可以自行判断。

此时，一切都还是论文，没有落地的产品，直到 Hadoop 出现了。

（二）Hadoop 诞生

前文提到了谷歌仅仅只是发表了论文，而没有开源实现。所以回过头来看，只能说谷歌揭开了大数据时代的帷幕，但是却没有享受到大数据时代带来的巨大红利，可惜可叹。第一个在谷歌之外实现"三驾马车的"公司，也就是第一个吃螃蟹，是雅虎。雅虎当时在学着谷歌做搜索行业，也面临着谷歌一样的问题，互联网上的数据很大、很多，怎么处理它就变成了一个难题。于是雅虎模仿着谷歌的论文弄出了 Hadoop，并且以实际的线上业务去测试和完善 Hadoop。不得不说，雅虎非常有勇气，要是 Hadoop 出了什么问题，雅虎损失的可是实打实的真金白银。最后，值得敬佩的是，雅虎做了一回"活雷锋"，把 Hadoop 开源了。

一家公司把某个软件开源，特别是大公司把自己内部的核心产品开源，在某种意义上就是通过技术领先优势，抢占市场份额，从而获得制定标准的权利。只有把标准的制定权掌握在手里，一家公司才能尽可能从这个产品和产品对应的市场中获得更大的利益。然而雅虎把 Hadoop 开源了，却没有持续地维护和掌控，导致 Hadoop 成就了 Apache 基金会，而不是雅虎自己。

没有 Hadoop 之前，很多企业羡慕谷歌可以处理整个互联网的数据，并从中获得巨大的利润，虽然自己看懂了其商业模式，但是苦于无屠龙之刀，只能干瞪着眼，无可奈何。在雅虎把 Hadoop 开源后，各大企业如获至宝，纷纷在内部搞起来了。

Hadoop 刚开源时就如上个章节提到的，遭受了来自数据库领域专家的大量的批评。平心而论，此时的 Hadoop 不想现在的版本安装部署以及使用非常简便，刚开源的 Hadoop 不仅仅安装部署麻烦，而且使用起来也非常困难：比如用户仅仅想要统计整个文件的数量，还要为此专门写一堆 Map 和 Reduce 函数和代码。然而这些都不重要，重要的是 Hadoop 解决了一个非常重要的问题，重要到使用体验这些都变成了小问题。

那个问题就是在一堆廉价的计算机上，如何进行稳定的可靠的计算的问题。有了 Hadoop，企业便不再依赖于昂贵的高端的硬件机器，只需要廉价的计算机也能完成以往在高端的硬件机器上完成的事，在某种程度上，甚至更好。并且企业累积的数据不再是"垃圾"，摇身一变成了金矿，企业可以持续地从数据中挖掘出有价值的东西。

Hadoop 纵使饱受诟病，不够优雅，但是市场上没有一款与之竞争的产品，再加上众人拾柴火焰高，虽然很多企业没有谷歌那样技术强，奈何"三个臭皮匠，顶个诸葛亮"。Hadoop 生态圈做起来了。

（三）Hadoop 的成功

在某种程度上，Hadoop 已经成为大数据领域里的事实标准，强如谷歌，在做谷歌云的时候，也要捏着鼻子兼容 Hadoop 的接口。现在回过头来看，Hadoop 为什么最终会成功呢？

首先应该是时机出现得好，Hadoop 出现的时候，企业面临着空有庞大的数据却无法处理的问题被 Hadoop 以一种简单粗暴的方式解决了。

其次是开源，因为 Hadoop 是开源的，所以使用 Hadoop 的公司不用担心这项技术会被其他公司卡脖子，并且也受益于开源社区的帮助，Hadoop 才能从一个粗糙的玩具变成一个商业可用的产品。

最后是商业价值，Hadoop 可以帮助企业分析和处理庞大的数据，并且从中获得了巨大的商业利润。

最终这三个因素帮助 Hadoop 构建了"生产—市场—研发"的正向循环。Hadoop 能产生巨大的商业价值，促使企业投入精力不断地改进它，Hadoop 的易用性、可靠性和性能也不断地提高，然后 Hadoop 占据的市场份额进一步提高，Hadoop 就成功了。

在 Hadoop 成功后，也构建了一套属于自己的周边的技术生态、用户生态和商业生态，形成了强大的"护城河"体系。

（四）Hadoop 的生态体系

Hadoop 解决了最核心的问题，但不是所有的问题，比如如何将数据导入导出到 Hadoop 中、如何能以更简单的方式使用 Hadoop、如何处理实时的数据以及如何以更廉价高效的方式存储数据等等。围绕着这些问题，开源爱好者和企业构建一整套的技术框架，从而形成了 Hadoop 的技术生态，而这些技术生态的诞生促使了更多的用户依赖于 Hadoop，越来越多的用户和相应的需求（不是所有企业技术都很强）让这些开源技术有了变现的价值，也就有了一系列的以这些技术为核心的商业公司。

前文提过原生的 Hadoop 特别难用，为了统计某个文本的数量，要写很多行的代码去实现 Map 函数和 Reduce 函数。这在一定程度上限制了 Hadoop 的发展，毕竟不是每一个企业都有着很庞大的程序员团队。第一个解决这些问题的是 Facebook 公司，它给出的方案就是大名鼎鼎的 Hive。虽说初期的 Hive 代码写得特别烂，但扛不住使用简单啊。复杂的代码变成了简单的 SQL 语句，谁不喜欢？使用 SQL 在某种程度上也意味着 Hadoop 不再局限于程序员的小圈子里了，而是能推广到数据分析师乃至财务分析人员，只要会两句简单的 SQL 就能玩转大数据。因此，Hive 实现了和 Hadoop 同样的成功，成了大数据领域里不可替代的产品。后续所有的 SQL-on-Hadoop 项目都不得不兼容 Hive 语法。

类似的产品还有 Kafka。Kafka 不像 Hive 发展到后期，因为其设计上的缺陷导致 Hive 慢的问题迟迟无法解决，Presto、Impala 这类交互式查询类的产品开始侵占 Hive 的市场空间，Kafka 在 Hadoop 体系里基本上没有什么替代品，只要牵扯到实时数据的传输和交换，唯一的选择就只有 Kafka 一个。属于天时（Kafka 出现的时候，还没有分布式的实时数据传输产品）、地利（来自领英这样的大公司，并且设计理念超前）、人和（后续 Kafka 的开发者们及时创建了公司，从而有了稳定的研发和更新团队）三者兼备的产品。

当然，随着 Hadoop 的成长和 Hive、Kafka 这一类的周边产品越来越多，Hadoop 的"护城河"体系也就愈发坚不可摧。

（五）后 Hadoop 时代

没有一款产品是永远处在繁荣状态，Hadoop 也一样。

（六）Spark 的故事

在 Hadoop 时代，MapReduce 就饱受着来自传统关系型数据库领域的争议。相比于数据库领域从二十世纪发展到二十一世纪，经历过几十年的理论和技术沉淀，MapReduce 有太多值得说的缺点了。这一场的争议以 MapReduce: A major step backwards 开始，以 Spark 的诞生结束。

Spark 诞生于加州大学伯克利学院的 AMP 实验室，与大多数开源软件来自工业界不一样，Spark 是来自学术界的产品。Spark 吸收了数据库领域和 MapReduce 的精华，并同时抛弃了两者的缺点，算是从零开始构建了一款大数据计算引擎。在某种意义上来说，Spark 的诞生提醒了人们，大数据分析和处理领域不仅仅只能有 MapReduce 一种方式，传统的关系型数据库领域里好的东西也可以借鉴进来，大数据计算引擎迎来了百花齐放、百家争鸣的年代，Impala、Presto、Flink 等产品喷涌而出。

Spark 算是技术和商业结合得最好的一款产品了。首先，Spark 在与 MapReduce 的竞争中，没有纠结于 Spark 本身的设计理念相比于 MapReduce 是多么的优秀，而是关注于当时 MapReduce 难以解决的机器学习的问题。原生的 MapReduce 因为其设计理念的问题，导致像机器学习这种需要很多数据迭代的情况，处理起来相当麻烦，而 Spark 通过 DAG（有向无环图）的设计解决了这个问题，吸引了一大波人，就算是完成产品的冷启动了。其次，Spark 开发者们的眼光非常独特，比如 Spark Streaming、Dataframe 这种拳头产品层出不穷，解决了很多痛点问题，极大地扩展了 Spark 的应用场景，并形成了和 Hadoop 一样的生态体系。最后就是 Spark 开发者们及时成立了公司，让 Spark 有了稳定的研发团队。

可以这么说，在后 Hadoop 时代，MapReduce 基本上已经被 Spark 所取代了。这种取代可以认为是一款开源产品，光有社区的热情是不够的，要想持续下去还得需要商业公司的推动，并依赖这款产品产生足够的利益。

（七）开源产品的商业化

Spark 就是一个很好的开源产品商业化的例子。在大数据技术发展的初期，一款开源产品可以凭借着其独特的设计和解决了某一类的痛点问题而发展起来，但是发展起来之后，如何保证产品的不断迭代和更新就成了一个问题？一时的热情终究是不长久的，那么开源产品的商业化就不可避免了。这也是为什么现在的非常流行的开源产品背后都有一家商业公司的原因。

一般来说，如果这款开源产品是某家商业公司研发，并且在公司内部得到了大力的支持，有着稳定的团队维护，那么这款产品就不需要单独成立公司去维护。除了这种情况外，还有一种就是为这款开源产品单独成立一家公司，公司的产品就是这款开源产品，比如 Spark 和 Databricks，Kafka 和 Confluent。当然，随着 Hadoop 的发展，Hadoop 也拥有了自己的商业集成商 Cloudera、hortonworks 和 MapR。

（八）开启云计算的大门

Hadoop 的诞生的意义不仅仅在于企业拥有了处理数据的能力，更大的意义在于 Hadoop 开启了云计算的大门。什么是云计算呢？

云计算（英语：cloud computing），是一种基于互联网的计算方式，通过这种方式，共享的软硬件资源和信息可以按需提供给计算机各种终端和其他设备，使用服务商提供的电脑基建作计算和资源。

这是来自维基百科对云计算的定义，从定义中我们可以注意到云计算的很重要的一点就是分布式计算，而分布式计算最重要的技术就来源于 Hadoop。前面提到过，Hadoop 给分布式计算带来了可靠性和容错性，除此以外，随着 Hadoop 的成熟和 Yarn 的出现，大家发现要完整地运行谷歌的论文里提到的 MapReduce 就必须要有容器化的技术去管理计算机资源，这里的资源包括但不限于 CPU、内存等。在 2015 年，以 Docker 为代表的容器化的技术解决了云计算资源分配的"最后一公里"问题。

MapReduce 的论文实际上解决了云计算发展的所有问题，在某种意义上开启了云计算的大门。可惜的是，谷歌却不是云计算服务，甚至是 Hadoop 的最大获益者。将云计算真正落地，并且从 Hadoop 中攫取了最大的商业利益的是亚马逊/AWS，相比于 Hadoop 集成商 Cloudera 上市时的市值，亚马逊/AWS 的价值可高多了。

有趣的是，中美两国的云计算领导者都是电商公司（阿里和亚马逊）。云计算，或者是说分布式计算的思想影响了互联网公司的发展，但是云计算生意似乎与互联网公司的基因格格不入。互联网公司发展的一个常见模式是通过产品免费等策略抢占市场，获得尽可能多的用户，最后基于这些用户，从广告商等第三方企业赚钱。在互联网公司看来，用户是产品，是一个个的数据，而云计算却是一门生意，用户是买单方，云计算要服务用户。

（九）NoSQL 的崛起和关系型数据库的黯然

前面都是在围绕着 Hadoop 去聊大数据技术的发展，但是谷歌在二十一世纪初是发表了三篇论文，谷歌文件系统 GFS 和 MapReduce 奠定了 Hadoop 的基础，BigTable 则开启了大数据技术的另一分支 NoSQL（非关系型）数据库。

聊到 NoSQL 数据库，绕不出去的两篇论文是谷歌的 BigTable 和亚马逊的 Dynamo。BigTable 和 Dynamo 很像，都是键值存储系统，有着良好的可扩展性和大数据量下的优秀的查询性能，并且在架构设计上都是颠覆性的：简单来说，BigTable 的数据存储模型是基于排序做的，Dynamo 是基于哈希实现的。两者的架构给当时的互联网圈子带来的震撼是相当大的，人们发现，原来数据库还可以这么玩！

NoSQL 诞生的意义不同于 Hadoop，Hadoop 由于自身的设计哲学，在大规模数据的分析和处理（OLAP）上特别擅长，但是对于追求并发、对时延特别敏感的商业交易型查询（OLTP）上几乎一无建树。在商业交易型查询领域，传统的关系型数据库依然占据着几乎所有的份额。谷歌的 BigTable 意义就在于撼动了关系型数据库在商业交易型查询领域的份额。

以 BigTable 和 Dynamo 为首的 NoSQL 运动轰轰烈烈开始了，互联网的技术领域出现了各式各样的如何用 NoSQL 数据库解决之前关系型数据库无法解决的问题的文章，仿佛 NoSQL 就是"万能解药"。

（十）NoSQL 的问题

随着开发者使用 NoSQL 的时间长了，他们渐渐地发现 NoSQL 有着很多缺陷。每一种 NoSQL 数据库都有着自己独特的查询方式，这意味着开发者需要学习更多的语言；应用程序连接每一种

NoSQL 数据库都会使用到各种不同的代码；大部分 NoSQL 数据的生态圈都不完善，需要开发者自己去构建相应的数据处理工具或者是可视化工具。

除此以外，大部分 NoSQL 数据库都不支持各种复杂数据操作，比如传统关系型数据库发展了很久的 Join（连接两张表）技术，NoSQL 数据库是不支持的，如果想实现复杂的数据操作就必须让应用层去处理这些逻辑，而不是交由数据库完成。这大大地加重了程序员的负担。

有些 NoSQL 数据库已经想明白了 SQL 的重要性，试图在此之上添加类似 SQL 的语法，比如 Cassandra 的 CQL 和 ElasticSearch 的 EQL，但是相对于传统关系型数据库的 SQL 语言，它们是不完整的，功能也相当有限。

越来越多的程序员不满于 NoSQL 的这些缺陷，并试图找到 SQL 和 NoSQL 之间的一个完美平衡。幸运的是，他们找到了，这就是 NewSQL。

（十一）NewSQL 的崛起

NewSQL 作为新的数据库不仅仅拥有着 NoSQL 良好的扩展性，而且也拥有着 SQL 这样的语言特性和像关系型数据库一样支持事务。在 2008 年，Brown，MIT，CMU 联合开发出的 H-Store 是第一个支持事务性分析的分布式数据库，随之而来的谷歌开发出了 Spanner，Spanner 是第一款支持全球性事务的事务性分析数据库，其理念影响了 TiDB、CockroachDB 等开源数据库。自此以后，关系型数据库插上了分布式的翅膀。

作为一款新种类的数据库，NewSQL 选择了兼容传统关系型数据库的语言，比如 TiDB 支持 MySQL 协议，CockroachDB 支持 PostgreSQL 协议。这样选择的好处在于可以以一种尽量少的代价去替换原有的关系型数据库，而不是像 NoSQL 那样激进。NewSQL 数据库因为天生带着分布式的特性，所以也是和云计算结合最紧密的数据库。

至于 NewSQL 发展起来的原因，可以引用谷歌 Spanner 论文的一段话，我觉得它很好地诠释了为什么谷歌开启了 NoSQL 时代，却又回归了关系型数据库和 SQL 的怀抱。

大数据技术的发展史就像历史上大多数技术发展史一样：从大数据技术刚开始诞生时，世人对其的惊艳，到大数据技术成熟后带来的狂热，无论什么东西都要用大数据技术实现一遍，再到大数据技术进入了缓慢的成长期，到最后带动了人工智能、新型分布式关系型数据库的革命，进入了下一个纪元，大数据技术本身变成了普惠的基础设施。

第三节　大数据的类型与基本特征

一、大数据的类型

大数据不仅仅是数量众多、规模巨大，还表现在数据的类型上，在大量的信息内容中，只有大约 20% 的数据隶属于结构化数据，大约 80% 的数据隶属于分布在社交网络、物联网、电子商务等领域的非结构化数据。因为现在所创造的技术产生的数据是当前的方法所处理不了的，而机器数据越来越重要，数据将会成为一种自然资源。

（一）按照数据结构分类

按照数据结构分类可以划分为三类，即结构化数据、半结构化数据、非结构化数据。结构化数据是存储在数据库里可以用二维表结构来逻辑表达实现的数据。半结构化数据、非结构化数据是不适合用二维表结构来展现的。

1. 结构化数据

结构化数据指的就是关系模型数据，就是用换句话说，用关系型数据库来展示形式管理的数据。现在许多的企业都是采用这种方式存放数据。

2. 非结构化数据

与结构化数据相比，不适合用数据库二维逻辑表来表现的数据即为非结构化数据。非结构的数据所涉及的方面也是比较广的，包含所有格式的办公文档、文本、图片、各类报表、图像等。

非结构化数据库指的是其字段长度是可以变化的，另外，每个字段的记录也可以由可重复的或不可重复的子字段构成数据库，采用这种方法是比较方便的，一方面可以处理数字、符号等结构化数据，另一方面也可以处理文本、图像、视频等非结构化数据。

非结构化 Web 数据库主要是针对非结构化数据而产生的，与之前的关系数据库所不同的是，它不再局限于之前数据固定长度的问题，而是打破了这种限制，可以采用重复字段、子字段和变长字段的应用，利用这种方式，实现了对变长数据和重复字段进行处理和数据项的变长存储管理，如果是处理全文信息内容和多媒体信息内容时，非结构化数据库表现出很明显的优势，这是传统的关系数据库所不能达到的。

3. 半结构化数据

半结构化数据指的是在完全结构化数据和完全非结构化数据之间的数据，这里的完全结构化数据指的是关系型数据库等信息，完全非结构化数据指的是声音、图像等信息，而 HTML 文档是归于半结构化数据中的，它一般是自行描述的，数据的结构与内容混在一起并没有什么不同。

这种数据和前面的两种数据是不同的，它归属于结构化的数据，但是其结构变化又很大。主要的原因就是，并不能把数据只是简单地放在一起形成一个文件，采用非结构化数据处理的方式管理数据，需要从数据的细节出发，了解其深层的意义，因为这种类型的数据结构变化很大，也不能建立一个相对应的表格。

从实际上来说，结构化、半结构化以及非结构化数据之间的不同，只不过是根据数据的格式划分的，并且从发生到现在已经有很长时间了。从真正意义上来说，结构化与半结构化数据都是有基本固定结构模式的数据，也就是所谓的专业意义上的数据。然而，把关系模型数据定义为结构化数据，这个定义比较笼统，对企业的数据管理是可行的，但是它的意义并不大。

除此之外，半结构化与非结构化数据和现在应用比较广泛的大数据之间只是在某些领域有相同的内容。从事实上来说，这中间并没有必然的联系。为什么现在许多人都认为大数据是半结构化和非结构化数据，主要还是因为大数据最先在这两个领域应用，其意义比较深刻。

（二）按照产生主体分类

按照产生主体分类可以划分为三类，即企业数据、机器数据、社会化数据。其中，企业数据主要指的是 CRM 系统里的消费者数据、传统的 ERP 数据等；机器数据主要指的是呼叫记录、智能仪表、设备日志、交易数据等；而社会化数据主要指的是用户的行为记录、反馈数据等。

1. 企业数据

前几年里针对全球企业和消费者的存储量有了一个新的突破，全球企业的存储数据已经超过了 7000PB，全球消费者的存储数据已经超过了 6000PB，并且每一天都会有无数的数据被收集、交换、分析和整合。2017 年，企业的数据更新和产生都发生了巨大的变化。现在数据已经成为一大指向标，在经济领域中，大数据扮演了非常重要的角色。数据将会和企业的固定资产、人力资源相同，成为生产过程中的基本要素。

麦肯锡公司在研究报告《大数据：下一个创新、竞争和生产率的前沿》中表明，曾经在美国，仅仅是制造行业其数据就比美国政府还多一倍，除此之外，在新闻业、银行业，还有医疗业、投资业，或者是零售业所拥有的数据，都可以和美国政府产生的海量数据等同对待。

这些繁多的数据表明，庞大的数据来源使得企业界发生了变化，企业每天都在产生和更新数据，数据已经成为企业的一部分。

2. 机器数据

机器数据指的就是机器生产的数据，其实说的就是大数据最原始的数据类型，一般来说，主要包含的是软硬件设备生产的信息，这些数据主要有日志文件、交易记录、网络消息等，并且这些信息含有企业内所有的元素。

在大数据中，机器数据是增长比较快的一种数据，并且其所占的份额比例也比较大。在现代企业机构中，不管是什么规模都会产生巨大的机器数据，怎样管理数据，如何在万千数据中利用机器数据创造业务，是现代企业需要解决的一大问题。

信息至上的时代，大数据是不可或缺的，可以结合 IT 运维系统安全、搜索引擎等一些比较独特的应用，实现大数据环境下机器数据的存储、管理和分析，这也是目前企业需要着重进行的内容。

3. 社会化数据

随着网络的流行，社交软件得到了广泛的应用。据中国互联网络信息中心（CNNIC）最新发布的报告显示，中国的网民已达7.72 亿，手机网民占比达 97.5%。

在社交软件上的庞大用户群，因为他们的登录会产生巨大的数据量，这些用户也会产生巨大的数据回馈，主要包括网络上的评论、视频、图片、个人信息资料等，让用户在媒体中分享自己的信息或评论他人的信息，也就被称为社会化数据。

与之前静态的、事务性数据相比，社会化数据更具有实时性和流动性的特点。现在的人们会在社会化媒体软件上进行交流、购买、出售等活动，这些活动大多是免费的，由此来产生大量的信息。这些数据其实是每个网民一点点积累而成的，含有的价值也是不能忽视的。

（三）按照数据的作用方式分类

按照数据的作用方式分类可以基本划分为三类，即交易数据、交互数据、传感数据。

1. 交易数据

交易数据指的是经过 ERP、电子商务、POS 机等交易工具所带来的数据。在具体的应用中，因为组织数据与互联网数据并没有合理地放在一起，各种海量的数据都混在一起，非常的杂乱，这就会使得数据不能得到有效的利用。针对这些问题，迫切需要更大的数据平台、快速有效的算法去分析、预测产生的交易数据，有利于企业充分地运用这些数据信息。

2. 交互数据

交互数据指的是微信、微博、即时通信等社交媒体所产生的数据。现在社交网站越来越多，产生的数据量也越来越丰富，带动了以非结构化数据为主的大数据分析，使得企业对数据的要求更高，他们不再满足于点状的交易数据。举个例子，企业的产品卖掉了、顾客突然解约都是归于点状的交易数据，这种数据无法满足企业的发展，需要换一种线状的互动数据，如为什么这项产品卖掉了、顾客为什么突然解约等都属于线状的互动数据。

对于企业现在所处的环境来说，不仅需要企业现在的状况，还需要预测未来的发展前景，这就需要企业把分析方法从交易数据的形式向互动数据的形式发展。举个例子，亚马逊网站会根据网页的数据浏览量，来跟踪用户从进入到离开该网站的曲线和行为，其实就是在企业和用户之间建立一种互动数据的联系。如果多个用户都避开某一个网站，表明这个网站需要改善，让用户能够放心地使用。

3. 传感数据

传感数据指的是 GPS、RFID、视频监控等物联网设备带来的传感数据。在科技日益发展的今天，微处理器和传感器变得越来越便宜，许多的系统需要更新改善，全自动系统或半自动系统含有更多智能性功能，可以从这种大环境中获取更多的数据。现在许多系统中的传感器和处理器日益丰富，并且价格还在降低，企业中许多系统都在利用传感器系统，未来将会自动地产生传感数据。

二、大数据的特征

现在，大家比较一致的理解就是互联网数据中心对大数据的定义，从这个定义中可以分析出大数据的基本特征是规模性（Volume）、多样性（Variety）、高速性（Velocity）、价值性（Value），也就是经常说的 4V 特性。

（一）规模性

根据 TechWeb 的报道，在一天之内，互联网上所产生的全部信息量，能够刻 1.68 亿张光盘；可以发出 2940 亿封的邮件；发出的社区帖子能够达到 200 万个，这个数字是美国《时代》杂志 770 年的文字总量；如果是 1.72 亿人在登录 Facebook，一共需要的时间是 47 亿分钟，在上面要传送 2.5 亿张图片，把这些图片全部打印出来，差不多有 80 座巴黎埃菲尔铁塔的高度。随后，全球数据量已经从 TB（1024GB=1TB）级别跃升到 PB（1024TB=1PB）、EB（1024PB=1EB）乃至 ZB（1024EB=1ZB）级别。当然，数据量的变化只是最初阶段，更大的规模还在后面。IDC 预测，未来几年，全球数据量每隔两年翻一番，2020 年将达到 35ZB。

（二）多样性

现代社会的传感器、智能设备还有其他的社会技术，都在与日俱增，不知道何时就出现了新的技术。在这种大环境下，企业的数据也就变得日益复杂，因为这牵涉的内容众多，不仅仅是传统的关系型数据，还有网页、搜索索引、电子邮件等原始、半结构化和非结构化数据。

所有的数据类型是可以用种类表示的。在这之中，爆发式增长的一些数据，如互联网上的文本数据、位置信息、传感器数据、视频等，如果是采用企业中主流的关系型数据，是很难进行操作的，它们都是非结构化数据中的一种。

自然，这些数据并非全新的，有一些是从过去就保留下来的，有所不同的是，不仅仅是需要对这些数据进行存储，还需要分析这些数据，从所有的信息内容中获取有价值的信息，如监控摄像机中的视频数据。现在，许多的企业都设置了监控摄像机，如超市、便利店等，起初是为了防范盗窃，但是现在企业利用监控摄像机的数据分析顾客的购买行为。

例如，美国高级文具制造商万宝龙，他们过去对顾客的分析都是根据经验和直觉来判断，以此决定商品如何布局，现在他们利用监控摄像头分析顾客在店内的消费行为，更好地对商品排列布局，吸引消费者。通过分析监控摄像机的数据，将最想卖出去的商品移动到最容易吸引顾客目光的位置，使得销售额提高了20%。

（三）高速性

在信息时代，大数据的一个显著特征是数据产生和更新的速度，这个速度是无法形容的。就像搜集和存储的数据量和种类发生了变化一样，生成和需要处理数据的速度也在变化。不能把速度的定义，简单地认为是与数据存储相关的增长速率，应该动态地把这个概念应用到数据，即数据流动的速度。

现在，伴随着科学技术的发展，对数据智能化和实时性的要求越来越高，例如，在外出开车的时候，需要借助于导航仪查询路线；在吃饭之前通常需要先对餐厅做一个了解；很多人看到美食都会在微博、微信上展示……这些人与人之间、人与机器之间的信息交流互动，都会带来数据交换，在数据交换过程中最重要的一步是降低延迟，实时地呈现给用户。

（四）价值性

一般来说，大量的非传统数据中会含有一些很重要的内容，不过很麻烦的是，如何在万千的信息中选择出有意义的内容，之后提取这些数据进行分析，从中得到有价值的信息内容，然而有价值的内容信息也只是很少的一部分。这就相当于沙里淘金，在大堆沙子中只存在一点点金子，只有那沙堆中的一点点金子是有价值的。现在，监控视频运用得越来越多，许多公共场所都装有监控设备，如银行、地铁等地点，并且这些地点的摄像头是24小时的，时刻运转，产生的视频数据也是很大的。通常来说，这些视频数据基本上是没有作用的，大家对此不会过多的关注，但是在某些特殊情况下，如公安部门需要获取犯罪嫌疑人的体貌特征，虽然有效的视频信息很短，但是却给公安人员带来极大的帮助。因为监控视频中不知道哪几秒是对大家有用的，所以需要全部保留下来，在以后可能就会发挥很大的作用。

然而，在研究人类行为的社会学家眼中，这些监控视频数据是很重要的资料，他们对其非常重视，从视频中某些表现可以发现人类的行为特征。因此，大数据的价值密度低是指相对于特定的应用，信息有效与否是相对的，数据的价值也是相对的，对于某一个应用，一些数据可能是没用的，但是在另一领域中，这些数据却是极其重要的。换一种思维理解，可以把这些数据重新组合和处理，之前没有发现的价值也是很难猜测的。

大数据与传统数据的概念是不同的，最明显的区别就在于大数据的4V特性。之前的"海量数据"概念只强调量，而大数据不仅仅是描述数据的量，还表现数据的规模、高速性以及复杂的形式，通过专业化的处理来获取有价值的信息。

第四节　大数据的应用架构与关键技术

一、大数据的应用架构

对于系统与软件框架层面的描述指的就是所谓的数据框架，它是一种对数据资源与信息系统的设计与实现。针对信息系统架构中涉及的实体对象，将其进行数据表示与描述，或者是数据存储与分析方式和过程，就是数据构架对其的定义，它同时还可以进行数据交换机制或数据接口等多种形式的内容。

倘若从组织视角去审视大数据架构，其主要是对基础设施或存储或计算与管理或应用等，其分层与组件化的一种描述形式，是为了能够提供更好的分析业务需求，为了能够审计系统功能，为了研发技术框架以及对服务模式的创新与价值的一种实现过程。

（一）大数据总体架构原则与参考模型

传统的应用框架随着大数据的到来面临了很大的挑战。然而在数据容量方面，它又需要具备存储数据的能力，其中有 PB 或 EB 或 ZB；传统的分析方式如若放在数据分析方法方面去考虑，则远远达不到大量数据中挖掘所需特定用途的数据的需求；根据企业级的应用标准，其必须要满足企业级用户在多个方面的基本准则才行，包括可用性与可扩展性，还有容错性与安全性，以及隐私性等方面。

也是由于这个因素，所以在进行总体架构设计时，大数据的应用应当遵循下面三个原则。

1. 大数据中 4V 的要求一定要满足，其必须存在大数据对容量的加载、处理和分析；同样地，大数据进行处理的速度也是不容忽视的。

2. 必须要有极高的扩展性与可用性，同时还要有安全性、开放性和易用性，这些都是企业级应用中的各项要求。

3. 系统要有对复杂的原始格式进行整合分析的能力，从而符合原始格式数据分析的要求。

目前，基于 Apache 基金会开源技术，大数据平台总体架构参考模型图，如图 1-5 所示。

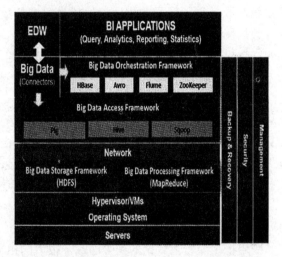

图 1-5　大数据应用平台的总体架构参考模型

（二）大数据处理框架

这是一种并行于计算机软件的一个分布式框架，所谓的 Reduce 可以看作是一种综合的结果，它是一种 Java 函数。运用 MapReduce 所编写的程序是相当可靠的，一种容错的方式并行处理 TB 级别以上的数据集，它可以在上千个通用的服务器上组成大型集群并应用其中。而 Java 作为一种原生语言形成了 Hadoop，只不过 Hadoop 目前在 API 的公布中已经将其应用在了 Ruby 或 Python 等其他的语言代码编写过程中。被称为 Hadoop Pipes 的接口就是其提供之后而形成的，它与 C++ 齐名存在。MapReduce 在底层进行编程时会凸显出极为强大的潜能，由于它的这种编程层次与汇编语言极为相似，所以只能算是一种低级的编程语言。

MapReduce 是一种用于大规模数据集中并行运算的编程模型，它是一种被广泛运用的大数据应用架构，其数据集通常大于 1TB。目前 MapReduce 已经被广泛应用在谷歌当中，它主要是实现了分布排序与 Wb 的连接图反转、对每台机器的词矢量以及反向索引构建与文档聚类等多方面的应用。

分布式存储与分布式计算这两个核心环节即是大规模的数据集处理。谷歌公司就是运用了这一点，针对分布式数据存储运用分布式文件系统的 GFS 将其实现，分布式计算则是运用 MapReduce 来加以实现，但是在 Hadoop 中，分布式数据存储就使用分布式文件系统中的 HDFS 实现，而分布式计算则由 Hadoop MapReduce 来实现。分布式文件系统是可以用来进行 MapReduce 中输入与输出的存储，在集群中的多个节点上分布存储着这些文件。

通常可以用"分而治之"来形容 MapReduce 的核心思想。或者是说将一个大的数据集拆分之后形成多个小的数据块，它们在多台机器上并行处理的情况，这里可以经 MapReduce 看作是一个大的作业簿。第一步要将其拆分开来形成多个 Map 任务，这些任务在多台机器上又是并行处理执行的状态，然而这每一个 Map 任务一般都是在数据存储的节点上运行的，如此一来，计算与数据就不需要额外数据的传输，可以同时运行。

key value 形式体现出来的许多中间结果是在 Map 任务结束之后才生成的。然后这些中间结果会被分发到多个 Reduce 任务在多台机器上并行执行，在同一个 Reduce 任务中会被分配到相同 key 的 key value，最终的结果就是由 Reduce 任务对中间结果归总计算而得来的，并输出到分布式文件系统中。

Map 任务与 Reduce 任务在 MapReduce 的整个执行过程中，前者是负责输入文件，而后者则是进行处理结果，它们都是保存在分布式文件系统中的，但是前者在处理过程中会获得中间结果，它们是被保存在本地存储中的。

(三) 大数据访问的框架

在 Hadoop 和 MapReduce 之上架构的是网络层，网络层之上的是大数据访问的框架层。大数据访问的框架实现对传统关系型数据库和 Hadoop 的访问，其中被广泛应用的技术有 Pig、Hive、Sqoop 等。

1. Pig

Pig 是一种基于 Hadoop 并行计算高级编程数据流语言与运行的环境，它提供一种类 SQL 的数据分析高级文本语言，称为 Pig Latin，适合于使用 Hadoop 和 MapReduce 平台来查询大型半结构化数据集。这种语言的编译器会把类 SQL 的数据分析请求转换为一系列经过优化处理的 MapReduce 运算。虽然在编写上 MapReduce 应用程序并不是那么的复杂，但毕竟也是需要一定的开发经验的。Pig 主要是从分组与过滤以及合并等多个方面进行数据分析。Hadoop 工作中很多常见的任务自从 Pig 出现后被极大地简化，它在 MapReduce 的基础上创建了更简单的过程语言抽象，其提供了一种更便捷的方式为 Hadoop 程序所应用，它是一种接近结构化 SQL 查询语言的接口。Pig 为创建 Apache MapReduce 应用程序提供了一款相对简单的工具，不仅在编写上有效地简化了，同时在理解与维护程序的工作上也起到了简化的作用，还优化了任务自动执行功能，并支持使用自定义功能进行接口扩展。由于 Pig 是一种技能执行语句又相对简单的语言，因此，当需要从大型数据集中搜索满足某个给定搜索条件的记录时，使用 MapReduce 就不如使用 Pig 更为显著，Pig 只需要编写一个简单的脚本在集群中自动并行处理与分发，而

MapReduce 则需要编写一个单独的 MapReduce 应用程序。

2. Hive

Hive 技术是一个基于 Hadoop 由 Facebook 贡献的数据仓库工具，它是 MapReduce 实现的用来查询分析结构化数据的中间件，主要可以用于对 Hadoop 文件中的数据集进行数据整理、特殊查询和分析存储。Hive 的类 SQL 查询语言 Hive QL 可以查询和分析储存在 Hadoop 中的大规模数据。由于 Hive 的学习门槛相对较低，所以它提供了类似于关系数据库 SQL 语言的查询语言 Hive QL，并且可以简单地将 MapReduce 统计由 Hive QL 语句快速实现，其中 MapReduce 任务就是 Hive QL 语句在 Hive 自身中转换而运行的，因此不需要专门去开发 MapReduce 应用，故是一种十分适合数据仓库进行统计分析的技术。

3. Sqoop

这是一种由 Cloudera 开发的开源工具，它可以改进数据的互操作性，在 Hadoop 与传统的数据库间进行数据的传递，允许将数据从关系型数据库导入 HDFS 以及从 HDFS 导出到关系型数据库。通过 Sqoop 可以方便地将数据从 MySQL、Oracle、PostgreSQL 等关系型数据库中导入 Hadoop，一般情况下可以导入 HDFS，或者 HBase 也可以导入 Hive，或者将数据从 Hadoop 导出到关系型数据库，此时传统关系型数据库与 Hadoop 之间存在的数据迁移就显得非常便捷。由 Sqoop 导入 HDFS 数据都可以被应用到 MapReduce 等函数当中。

Sqoop 主要用来在 Hadoop 和关系数据库之间交换数据。从理论上讲，Sqoop 主要通过 JDBC 和关系型数据库进行交互，凡是支持 JDBC 关系的数据库通常都可以使 Sqoop 和 Hadoop 进行数据交互。由此可见，大数据集中运用的 Sqoop 是专门为其量身打造的一项技术，它不仅可以支持增量更新，同时可以将新纪录添加到最近一次导出的数据源上，或者指定上次修改的时间点。

（四）大数据调度的框架

大数据调度的框架之下就是所谓的大数据的访问框架，它能够经大数据的组织与调度实现，并为大数据的分析做了充分的准备，其中最为广泛应用的有 HBase 与 Avro，还有 Flume 或 ZooKeeper 等。

1. HBase

HBase 是一个基于列存储的开源非关系型 NoSQL 数据库，类似于 BigTable，是 KeyValue 数据库系统。不仅如此，Hbase 还是一个提供高可靠性、高性能、可伸缩、实时读写、分布式的列式数据库，通常都是采用 HDFS 作为其底层数据存储。HBase 直接运行在 Hadoop 上，它是一种针对谷歌的 BigTable 的开源实现，两者都采用了相同的数据模型，具有强大的非结构化数据存储能力。HBase 不是一种 MapReduce 的实现，而是与 Pig 或 Hive 在 MapReduce 中的实现，它们的主要区别在于能够提供非常大的数据集的实时读取和写入。HBase 与传统关系型数据库的一个重要区别是，HBase 是运用列的存储方式进行的，而传统关系型数据库则是基于行进行存储的。HBase 具有良好的横向扩展能力，可以通过不断增加廉价的商用服务器来增加存储能力。

2. Avro

Avro 不仅是 Hadoop 中的一个子项目，同时也是 Apache 中的一个独立项目。Hadoop 中原本存在的 IPC 机制，将会被这种新型的数据序列化格式与传输工具逐步取代。Avro 是一个用于数据序列化的系统，很多数据结构类型都是由它提供获得的，除此之外，还提供了快速的可压缩二进制数据格式与存储持久性数据的文件集，还有远程调用的功能与简单的动态语言集成功能。Avro 可以将数据结构或对象转化成便于存储和传输的格式，从而使数据存储空间与网络传输带宽能够更加节约，在 Hadoop 中像是 HBase 或 Hive 等其他子项目的客户端，它们与服务端之间存在的数据传输同样都是运用了 Avro。

Avro 同 Thrift 相似，同样都是支持跨编程语言实现，其中包括 C、C++ 和 C#，还有 Java，Python 和 Ruby 等。只是 Avro 依赖于模式而存在，而且其特征非常明显，在这种模式下 Avro 数据完成了读和写，是在动态加载的情况下进行相关数据加载的一种模式。这种模式有助于读写操作，这恰恰可以降低写入数据的开销，使其序列化的速度得以提升。

这种数据及其模式的自我描述，也大大方便了动态脚本语言的使用。数据跟随 Avro 进行数据保存到文件的过程也一同被这种模式所存储，因此，文件在进行处理时可以通过不同，类型的程序来将其实现。读写数据文件与使用 RPC 协议在 Avro 与动态语言结合后并不需要生成代码，而是可以将代码生成看作是一种可选的优化，只要在静态类型语言中将其实现即可。

3. ZooKeeper

Zookeeper 是一个针对谷歌 Chubby 进行的开源实现，它是一种分布式锁设施，是一个分布式应用程序的集中配置管理器，是一种能够提供高效与可靠协同的工作系统，可以提供像统一命名服务或状态同步服务，还有集群管理祸水分布式应用配置项的管理等分布式锁之类的一些基本相关服务，用于分布式应用的高性能协同服务，减轻分布式应用程序所承担的协调任务，由 Facebook 贡献，同样也可以将其独立使用在 Hadoop 当中。Zookeeper 是一种运用了一个和文件树类似结构的数据模型，然后使用 Java 进行编写，其在编程过程中非常容易接入，通常都是使用 Java 或 C 来进行编程接入。

4. Flume

Flume 是由 Cloudera 开发并提供的一种分布式的海量日志采集、聚合和传输的系统，它具有极高的可用性与可靠性。在日志系统中，Flume 支持定制各类数据发送方并应用在收集数据上，此时 Flume 会对数据提供简单的处理，同时将其写到各种数据可定制的能力。Flume 提供了一个可靠的分布式流数据收集服务。

(五) 并行计算 Spark 框架

随着近些年来大数据不断被普及并发展，最初的 Hadoop 平台也在大数据生态圈中的应用逐渐延伸到 Hive 和 Shark，同时还有 HBase 和 Storm 以及当前最受关注的 Spark。

在 Apache 开源项目中，Spark 平台目前已经占据了一席之地，Spark 即是现在 Hadoop MapReduce 的通用的并行计算框架，它已经作为分布式并行计算框架被广泛运用在实际项目中。同时，它还是 UC Berkeley AMP lab 所开源的类，Spark 是基于 MapReduce 算法实现的分布式计算，虽然 Hadoop MapReduce 中所具备的优点在 Spark 中也存在，但是跟 MapReduce 的区别就只在于 Job 中间输出结果可以保存在内存中。因此，并不用读写分布式文件系统（HDFS），Spark 就能更好地适用于数据挖掘与机器学习等需要迭代的 MapReduce 的算法。

Spark 作为一种可扩展的数据分析平台，可以通过对内存计算单元进行整合处理，同时，还可以使用内存分布式数据集，因此，与 MapReduce 相比，Spark 的运算速度会相对较快。虽然 Spark 只是作为支持分布式并行框架存在，但是，当它需要进行设计的初期阶段，就将其与 Hadoop 平台进行了互补，因此，当

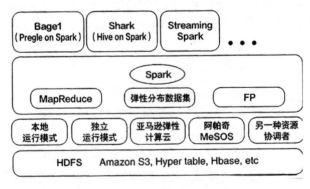

图 1-6　Spark 的框架示意图

进行读取 HDFS 文件内容的时候就会更方便快捷，如图 1-6 所示。

二、大数据的关键技术

（一）大数据处理技术

1. 大数据挖掘与分析

海量复杂的数据随着大数据时代的到来成为当前社会的重要特征，随之而来的是大数据不断丰富并发展的分析技术与处理技术。合理地运用数据处理技术能够使原本庞大的数据量变得井然有序，从而能够为人类社会的发展带来更为突出的贡献。

如若将大数据环境下的数据与小样数据做比较，就能够体现出前者的多样性与动态异构，并且要比后者更具有价值意义，因此需要借助大数据的分析和挖掘技术，以此来提升数据质量与可信度，而且有助于对数据语义的理解，同时还提供了智能的查询功能。

在整个大数据处理流程中，数据分析是最重要的核心部分，因此在进行数据分析的过程中，才能够从中获取到很多智能的、深入的且具有价值意义的信息。目前社会中越来越多的领域在广泛应用着大数据，然而这些大数据的数量与速度以及多样性等属性或特征将大数据不断增长的复杂性呈现了出来，从而可以看出对大数据的分析是至关重要的一步，或者说数据资源能否决定性的因素。数据挖掘即是大数据进行分析的理论核心，在各种数据挖掘的算法中，不同的数据类型与格式可以更加科学地呈现出数据本身所具备的特点，也正是由于这些人工的统计方法的存在，才使深入数据内部使挖掘价值能够得以实现。从另个角度去看，同时也是由于这些数据挖掘算法的存在，才能够让大数据的处理更加快速。

IBM 公司针对大数据环境非结构化或半结构化的数据挖掘问题，还有传统分析软件扩展性差与 Hadoop 分析功能薄弱的特点，对 R 与 Hadoop 进行了集成网。所谓的 R 指的是开源的统计分析软件，而通过这种开源的统计分析软件与 Hadoop 深度集成，就能够进行数据挖掘与并行处理，以此来让 Hadoop 获得更强大的深度分析能力。此外，还实现了 Weka 与 MapReduce 的集成，其中 Weka 指的是一种跟 R 相似的开源数据挖掘软件工具，可以通过它来实现大数据的分析与挖掘。

2. 数据挖掘与数据分析同是在数据中提取了一部分有价值的信息，虽然两者之间存在着一定的联系，但是在侧重点与实现手法上还是略有差异。虽然数据挖掘与数据分析都是对数据进行分析与处理等各项操作，然后从中获取有价值的信息，但是数据挖掘一般是通过自己的编程来实现需要掌握的编程语言，然而数据分析则不同，它一般都是借助现有的分析工具来实现的。

3. 虽然进行数据分析时要求一定要深入了解从事的行业，同时可以将数据与自身的业务紧密结合在一起，而数据挖掘却不用过多地了解行业的专业知识。但是数据挖掘与数据分析在某些程度上有着密切的联系，有一部分分析人员就会使用 SAS 或 R 以及 SPSS 等编程工具来进行设计分析，而对于一部分数据挖掘的人员来说，同样也会在结果表达与分析方面借助一些数据分析的手段实施。因此两者之间的关系界限就会显得越来越不清晰。

4. 虽然数据挖掘与数据分析同样都需要懂统计学知识，并运用其中一些常用的处理方法，但是在数据挖掘中更重视的还是技术层面，要将其与数学和计算机的集合相结合，而数据分析则需要将统计学与营销学，还有心理学、金融或政治等方面都结合在一起再进行综合分析。

（二）大数据采集、预处理与集成

数据库、文本、图片或视频、网页等各类结构化或结构化以及半结构化数据都体现了数据源的多样化，同时也是大数据的一个重要特点。因此从数据源采集数据再进行预处理与集成操作是大数据处理的第一个步骤，这给后续流程提供了一个统一且高质量的数据集。

1. 大数据采集

大数据中的"大",从字面意思上看本来就代表着数量多、种类繁杂,由此可以看出,数据信息从各种方法中获得会显得尤为重要。而在大数据中的数据,如果放在大数据的范畴中,它将指的是通过一系列方式获得的结构化或半结构化数据,也可以称之为弱结构化数据,还有海量非结构化数据。其中,通过的方式有传感器网络或线射频数据,也可能是社交网络数据和移动互联网数据等,以上这些就是大数据进行分析挖掘的根本所在。

在大数据处理流程中最为基础的一步即是数据采集,目前通常都会采用传感器收取或射频识别,还有数据检索分类工具和条形码技术等手段来进行数据采集。但是由于移动设备的出现,大量的移动软件都被广泛开发应用,像是智能手机或平板电脑等在社会中迅速地普及,使社会网络也因此逐渐庞大起来,同时也进一步加快了信息的流通速度与采集精度。

大数据采集体系通常可以分为两个部分,即智能感知层与基础支撑层。其中数据传感网络或无线射频网络,还有智能识别网络与资源接入系统,它们可以将非结构化或半结构化还有结构化的海量数据智能化识别或定位或接入等加以实现,以上这些就是所谓的智能感知层。然而基础支撑层则不同,它主要是提供了大数据服务平台中所需的物理介质,如数据库资源或物理传输资源,也可能是物联网资源等。

2. 大数据预处理与集成

对已经采集到的数据进行适当的处理或清洗去噪,之后再进一步集成存储,就是所谓的数据预处理与集成。

数据预处理技术主要有数据清理、数据集成和数据变换。其中数据清理可以将一些噪声数据和异常的数据剔除,同时将数据中存在的不一致进行纠正。对于数据集成来说,就可以将来自不同数据源的数据合并在一起,从而形成一致的数据存储,就像数据仓库。而数据变换则是改进一些涉及距离度量的挖掘算法中的精度与有效性，然后把不同度量的数据进行归一化，让数据的应用更能体现价值所在。因此，在进行数据分析之前运用数据预处理技术可以大大提升数据分析的质量，同时也提升了分析的速度与准确性。

大数据处理方式。通常可以大致将大数据的处理方式分为两种，即数据流处理方式和批量数据处理方式。

（1）数据流处理方式。这是一种适合应用在对实时性要求比较高的场合。该方式的是有一点数据就进行处理，并非是等待所有的数据都有了再进行统一的处理，其更多是要求机器的处理器可以有较快速的性能，同时还要拥有较大的主存储器容量，因此对辅助存储器的要求反倒不那么高。

目前是大数据时代数据飞速增长的阶段，其增长速度已经超过了存储容量的增长速度，这对不久的将来来说，人们将不能再把所有的数据进行存储，同样对于数据价值来说也会随着时间的不断流逝而逐渐地减少，然而那些涉及用户隐私的数据将会有很多无法进行存储，因此人们会将越来越多的关注放在对数据进行实时处理的流处理技术当中。

其实数据的实时处理着实是一项具有挑战性的工作，由于数据流本身就具有持续到达与速度快等特性，同时其规模还非常巨大，因此在进行所有数据存储时通常都不会采用永久性的方式，然而数据环境一般都是处于不断变化的情况之下，所以系统也不能够完全准确地将整个数据全部掌握。因此为了附和流处理过程中响应时间的要求，通常都会依赖内存技术中的巧妙概要数据结构来完成，对于流处理来说，内存容量可以说是限制了其模型的一个主要的瓶颈。

虽然数据流处理技术至今已经有十多年的研究历史，但是到目前为止仍然还是研究的热点。在现今大多是以支持分布式或并行处理的方式广泛应用在流处理系统，其中商用的软件通常会使用包括 IBM 的 StreamBase 和 InfoSphere Streams，而开源系统则一般会使用包括 Twitter 的 Storm、Yahoo 的 S4 等。

（2）批量数据处理方式。这种方式是对整个要处理的数据进行分割，形成众多小的数据块再进行处理。它的特点就是由大化小，将划分的诸多小块数据形成小任务然后再分别单独进行处理，同时还在形成小任务的过程中不时地进行数据传输，然后将计算方法运用到这些数据块当中最终得出结果，一般都会使用计算函数也就是映射并化简来实施。

大数据继承。"Variety"是大数据的特点之一，也就是所谓的大数据的多样性。经过各种渠道获取的数据种类与结构也会因此而变得极其繁杂，这在很大程度上增加了之后数据分析处理的难度。因此可以通过数据处理与集成首先将这些结构复杂的数据进行转换，从而形成单一或便于处理的结构形式，这给之后的数据分析奠定了良好的基础，故而这些数据当中并不是所有的信息都有存在的必要性，对于那些掺杂在其中的噪音或干扰项，就可以在这些数据中进行去噪与清洗，以此来确保数据的质量与可靠性。一般会在数据处理的过程中采用一些数据过滤器，然后通过聚类或关联分析的规则方法，把那些无用的或错误的离群数据进行挑拣并将其过滤掉，以此来防止这些数据对最终的结果造成不利的影响，之后再将那些整理过后的数据进行继承与存储。这一步是至关重要的，倘若不在意，只是单纯地随意放置不管，那么就会在之后对数据取用造成一定的影响，从而很容易导致数据访问性的一系列问题。目前一般是采用针对特定种类的数据进行建立专门数据库的方式，然后将这些不同种类的数据信息再分门别类放置，这样不仅可以有效地减少了数据库查询与访问的时间，同时还提升了数据提取时的速度。

基于物化或 ETL 引擎方法还有基于联邦数据库引擎或中间件方法，以及基于数据流引擎方法或基于搜索引擎方法，以上这四种类型就是目前数据抽取与集成的主要方式。通常都会使用 ETL

工具来负债分布或异构数据源中的数据，如将关系数据或平面数据文件等抽取到临时的中间层，然后再进行清洗或转换或集成，最后再将其加载到数据仓库或数据集市中，从而完成联机分析处理或数据挖掘的基础。大数据异构数据源在集成的过程中，可以采用对数据进行清洗与剔除相似或重复或不一致的数据，以此来处理其不同来源的数据。针对数据清洗与集成技术在大数据中的特点，因此就形成了非结构化或半结构化数据的清洗，以及对超大规模数据集成的方案。

（三）大数据存储技术

目前大数据时代中的数据已经达到了 PB 级别，甚至有些已经达到了 EB 级别，这包括了结构化数据和非结构化数据，其中结构化数据一般指的是数据库 SQL、日志等，而非结构化数据则是多媒体数据火树传感器等，因此业界针对不同类型的海量数据提出了不同的存储技术。由此可见，大数据的出现和结构数据的改变都严重挑战着常规技术的数据存储与管理。

大数据分布式文件系统大数据存储与管理是在大数据处理当中首要考虑的问题。一般人们会在大规模集群的环境中采用可扩展的分布式存储技术，以此来提供极为强大的数据存储与并发访问能力。

所谓的分布式文件系统即是利用不同的存储节点将大规模海量数据用文件的形式保存，然后再用分布式系统进行管理。作为支持大数据应用基础的文件系统，对于复杂问题的解决即是其技术特点，它进行的主要步骤是可以将原本大的任务分解成诸多小任务，然后通过允许多个处理器或多个计算机点参与计算方法来解决各种问题。

分布式文件系统是一种方便多台计算机上的多个用户能够共享文件并存储资源的模式，它支持多台主机通过网络同时访问共享文件与存储目录。它是一种在可扩展形式下进行对大规模数据有效存储与管理的一种形式，但是通常分布式文件系统都只是将文件方式的基础性提供给大数据存储访问，却忽略了对结构化或半结构化数据的存储管理与访问能力，从而对于上层很多应用来说，所提供编程访问接口也过于底层，然而底层却需要在进行大规模数据存储管理时，能有一个分布式文件系统提供高效且可靠的系统。由此，人们针对结构化与半结构化数据存储管理与查询分析，提出了面向 SQL 与 NoSQL 大数据存储与查询管理技术与系统，如 Hadoop 生态下的 HBase 与 Hive 等系统。

目前，分布式文件系统中的典型产品一般是谷歌的 GFS 与 Hadoop 中的 HDFS。从传统角度来看数据标准，GFS 不仅仅是在处理文件上能够很大实现，而且尺寸一般都在 100MB 以上，就算是数 GB 也是很常见的，同时，大文件在 GFS 中还可以被有效地进行管理。微软开发的 Cosmos 就主要是为了支撑搜索或广告业务，而 FastDFS 或 OpenAFS 以及 CloudStore 则都是类似于 GFS 与 HDFS，是为了实现开源的产品。其中 HDFS 作为开源的分布式文件系统，能够提供高吞吐量用来访问应用程序中的数据，是一种适用于超大数据集的应用程序。HDFS 不仅能允许用户存储超大文件，同时还能将其发挥到最高效的访问模式，在进行了一次写入之后进行多次读取，大文件会因此被分割成多个以 64MB 为单位的数据块。这些数据块每一个都会自动默认在多个 Datanode 上存储三份副本。它同时具备了极强的可扩张性与性能优势，同时还能够在普通的硬件上运行，就算是硬件出现了故障，还可以通过容错策略来确保数据较高的可用性。作为一种可扩展的分布式文件系统，可扩展的 GFS 运用在廉价的普通硬件上，以此来实现谷歌能够迅速增长的数据处理需求与应用特性，同时还提供了容错功能，总体性能上为大量的用户提供了较高的服务质量。

对数据冗余的实现通常都是利用存储系统的容错，其主要有复制与纠删码两种基本的冗余策略。就算是在大数据的环境之下，其知识会根据具体的技术层面实现，有利于一些针对大数据存储的变化，而在容错的基本策略上并没有产生任何的变化。其中复制冗余的容错思想虽然看上去会很简单，但是在大数据存储当中面对大量的存储数据量，面对众多繁杂的存储节点，而且存储结构又极为复杂，怎样才能有效且高效地完成复制容错，必须从以下几个相关问题统筹兼顾进行考虑，这包括有副本系数设置与副本放置策略，还有副本一致性策略与副本修复策略等。

其中所谓的副本系数设置，指的是副本数量设置上存在的问题，而它又主要有两种策略形式，其一是一种固定副本数量，像GFS 或 HDFS 这两种典型的分布式存储系统一般情况都是采用系数 3 策略，这种笃定副本系统设置虽然看似简单，但是却丧失了灵活性。

其二是一种动态副本数量，用户一般可以根据自身需求在亚马逊分布式存储系统 S3（Simple Storage Service）中指定副本数量，可是用户能够选择的副本数量仍然没有具体的标准或依据；此外，这种动态容错机制是根据动态决定副本数量的，其中包括有文件使用频率与文件出错转换率，还有文件存储的时间等，其在很大程度上增加了存储空间的利用率，同时还提高了数据的获取性能，这种模式下的动态决定过程无疑对系统的处理增加了定的开销。

除了谷歌中的 GFS 之外，众多企业与学者也会更为详细地研究不同方面的文件系统，以此来满足大数据存储的需求。虽然 GFS 的分布式文件系统主要是针对大文件进行设计的，但是针对图片存储等应用在场景中时，GFS 的分布式文件系统则主要存储海量小文件，因此 Facebook 还推出了文件系统 Havstack，专门针对这一类的海量小文件进行存储，它是将缓存层与部分元数据通过多个逻辑文件来共享同一个物理文件，并增加然后将其加载到内存等，利用这种方式可以有效地解决海量小文件存储的问题。Lustre 是 SUN 公司开发并维护的一种大规模且安全的，同时具备了高可靠性的集群文件系统。针对开发下一代的集群文件系统就是这个项目的主要目的所在，它将会支持超过 10000 个节点，其是一种数以帕字节的数量存储系统。

1. 大数据存储系统面临的挑战

大数据的应用与数据存储之间存在着密切的联系。其需要高效地上层应用提供数据访问的接口，同时存取 PB 级的数据，有时甚至还会存取 EB 级的数据，并且还提出了更高的要求来针对数据处理的实时性与有效性，这些都是在传统常规技术下没有办法应付的。有一部分像是状态监控之类要求极高的实时性应用，就更适合使用流处理的模式进行实现，其可以直接在数据源经过了清洗与集成之后在其之上进行分析。但是由于大部分的应用在后期都需要更深程度的数据分析流程，都是需要进行存储的。因此大数据存储系统面临着极为强大的挑战。

（1）大数据的存储规模极大，其一般都能够达到 PB 级，有时候甚至可以达到 EB 级。

（2）大数据存储管理非常复杂，而且还需要兼顾着结构化数据与非结构化数据，以及半结构化数据。

（3）大数据的数据服务种类繁多，对水平的要求也非常高。

目前，针对大数据存储与管理的挑战有一批新技术提出了这方面的研究，其中包括分布式缓存与基于 MPP 的分布式数据库，还有分布式系统与各种 NoSQL 分布式存储方案，除此之外，还有像 Oracle 或 IBM 再或 Greenplum 各大数据库厂商都已经推出了相应的分布式索引与查询产品进行支持。

在现今社会的大数据环境中，为了能够保证高可用性、高可靠性和经济性，通常都会采用分布式存储的方式来进行数据的存储，然后再利用冗余存储的方式来保证存储数据的可靠性，也可以说是将同一个数据存储利用多个副本来进行存储。可以根据上层应用访问接口与功能侧重点的不同，将存储与管理软件分为文件系统与数据库。目前在大数据环境下，最适合的就是分布式文件系统与分布式数据库，还有访问接口与查询语言。这些当中最为广泛应用的是分布式文件存储系统，其设计思路与传统的文件系统略有不同，因为这类系统一般都是针对大规模的数据处理进行特殊设计形成的。虽然从某种程度上看，它们是应用在廉价普通的硬件上，但是却为数据存储提供了容错功能，从总体上为用户提供了较高的服务质量，通常一个主服务器与大量的块服务器构成一个分布式集群，这样可以让许多用户能够同时进行访问。在主服务器中包含了诸多的元数据，其可以定期通过心跳消息与每一个块服务器通信，然后将它们的状态信息收集起来。

2. 海量数据存储技术

海量存储技术在目前主要包括有并行存储体系构架和并行I/O访问技术，高性能对象存储技术和海量存储系统高可用技术，嵌入式 64bt 存储操作系统和数据保护与安全体系，以及绿色存储等。

目前，需要进行处理如此海量数据的大公司就是谷歌，现有的方案对于谷歌来说已经无法满足如此之多的数据量存储，由于没有任何一个公司在谷歌之前需要处理数量这么多且种类这么繁杂的数据，因此，谷歌公司结合了自身实际应用的情况后，针对这一问题自行研发了一种分布式的文件管理系统——GFS（谷歌 File System）。这种分布式文件系统作为上层应用的支撑是一种基于分布式集群进行大型分布式处理的系统，这很好地为MapReduce 计算框架提供了底层数据存储与数据可靠性的保障。与传统分布式系统相比，GFS 在很多地方都与之存在着相同的目标，如性能或可伸缩性、可靠性或可用性。GFS 之所以能够成功就是由于它与传统文件系统存在着不同之处，GFS 的设计思路对系统而言主要是组件的失败是一种常态而非异常，但是根据应用负载与技术环境的影响来讲，GFS 与传统分布式文件系统的不同之处，又可以使其在大数据时代中被广泛应用。

GS 主要是采用的主从结构，并被广泛应用在大量廉价服务器上可扩展的一种分布式文件系统。其主要是通过对数据进行分块或追加更新等多种方式，然后来实现海量数据高效且可靠的存储。但是随着业务量的不断变化，GFS 也逐渐跟不上需求的脚步。谷歌为此对 GFS 进行了设计并实现了 Colosuss 系统，从而很好地解决了 GFS 单点故障与海量小文件存储的问题。GFS 会运用廉价的组成硬件，同时将系统某些出错的部分作为常见情况进行处理，从而形成一种良好的容错功能。同时分布式文件系统架构一般适用于互联网应用中，其能够更好地支持海量数据的存储与处理。因此，新一代分布式计算架构在未来的互联网技术架构中极大可能会成为主要架构之一。

三、大数据应用技术

业界目前可以从以下几个层面来阐述大数据可视化的应用。

（一）基于数据可视化平台

这种形式的可视化平台主要是为了给个体或企业提供一个良好的服务平台。如 ManyEyes 或 Number Picture 等这一类，就是在可视化平台上搭建而成的，其可以将那些需要进行可视化的数据通过用户上传或在线获取，有时会利用平台提供的可视化模板，有时也会利用自己在平台上创建的模板，然后将这些数据进行可视化的展示，或者在线发布，再或者共享可视化结果。当然作为一款付费的平台，对于那些付费用户还能享受更高的服务，能够将可视化结果下载到本地或分享到其他的网站上。

（二）基于数据可视化产品

这种形式的可视化产品不仅能为企业提供可视化的开发工具，同时还可以开发环境或可视化解决的方案。像 Tableau 就拥有多种产品，其中包括 Tableau Desktop，Tableau Server 和 Tableau Public 等，这些产品不仅可以把大量的数据拖放到数字的画布上，还能够快速地创建好各种样式的图表。由于这些可视化产品在创建可视化展示时只能是在线发布，并不可以将其下载到本地再进行操作，因此主要是博客作者或媒体公司一般会应用这类免费版可视化产品。如若想要享受更多可视化的解决方案，就需要通过收费模式才能够使用更多的功能。

（三）结合数据可视化技术

在充分挖掘数据价值的同时开发出独立的数据产品。像淘宝中的数据魔方，就是将传统的数据统计和分析模式与可视化技术结合在一起，然后充分发挥海量交易数据的内在价值，以收费的形式向淘宝卖家与买家提供可视化数据分析工具，其能够简洁且直观地用具有针对性的方式传递给人们。不管是对淘宝卖家，还是对淘宝买家来说，他们都能够通过这种可视化分析工具，去了解用一种便捷且准确对相关市场行情或动态以及店铺的运营情况。

（四）各种可视化应用

各种可视化应用包括可视化图片搜索或可视化新闻，还有可视化推荐系统与微博可视化分析等各个种类。这些可视化应用一般情况下都运用可视化技术与数据统计，或者将挖掘与分析结合在一起的方式，然后通过海量数据与数据内在的信息与规律，用一种最直观的方式展现在用户面前，这样一来，更好地提升了大数据在用户中心的展示，并为其提供一个良好的体验过程。

除此之外，目前能够解决大数据分析结果的一项重要技术还有以人为中心的人机交互技术，其可以在一定程度上使用户了解并参与具体的分析过程。其不但能够利用人机交互技术中的交互式的数据分析过程，让用户能够从中逐渐地被引导进行分析，从而获得更好的理解结果，而且还能够利用数据起源技术，在追溯了整个数据分析的过程中帮助用户理解结果。

第五节 大数据的意义与商业价值

大数据是看待现实的新角度，不仅改变了市场营销、生产制造，同时也改变了商业模式。数据本身就是价值来源，这也就意味着新的商业机会，没有哪一个行业能对大数据产生免疫能力，适应大数据才能在这场变革中继续生存下去。如图 1-7 所示。

图 1-7 大数据的商业价值

一、对顾客群体细分

"大数据"可以对顾客群体细分，然后对每个群体量体裁衣般地采取独特的行动。瞄准特定的顾客群体来进行营销和服务是商家一直以来的追求。云存储的海量数据和"大数据"的分析技术使得对消费者的实时和极端的细分有了成本效率极高的可能。

二、模拟实境

运用"大数据"模拟实境，发掘新的需求和提高投入的回报率。现在越来越多的产品中都装有传感器，汽车和智能手机的普及使得可收集数据呈现爆炸性增长。Blog、Twitter、Facebook和微博等社交网络也在产生着海量的数据。

云计算和"大数据"分析技术使得商家可以在成本效率较高的情况下，实时地把这些数据连同交易行为的数据进行储存和分析。交易过程、产品使用和人类行为都可以数据化。"大数据"技术可以把这些数据整合起来进行数据挖掘，从而在某些情况下通过模型模拟来判断不同变量（如不同地区不同促销方案）的情况下何种方案投入回报最高。

三、提高投入回报率

提高"大数据"成果在各相关部门的分享程度，提高整个管理链条和产业链条的投入回报率。"大数据"能力强的部门可以通过云计算、互联网和内部搜索引擎把"大数据"成果和"大数据"能力比较薄弱的部门分享，帮助他们利用"大数据"创造商业价值。

四、存储空间出租

企业和个人有着海量信息存储的需求，只有将数据妥善存储，才有可能进步挖掘其潜在价值。具体而言，这块业务模式又可以细分为针对个人文件存储和针对企业用户两大类。主要是通过易于使用的 API（Application Programming Interfacebook，应用程序编程接口），用户可以方便地将各种数据对象放在云端，然后再像使用水、电一样按用量收费。

目前已有多个公司推出相应服务，如亚马逊、网易、诺基亚等。运营商也推出了相应的服务，如中国移动的彩云业务。

五、管理客户关系

客户管理应用的目的是根据客户的属性（包括自然属性和行为属性），从不同角度深层次分析客户、了解客户，以此增加新的客户、提高客户的忠诚度、降低客户流失率、提高客户消费等。对中小客户来说，专门的 CRM（客户关系管理）显然大而贵。不少中小商家将飞信作为初级 CRM 来使用。

比如把老客户加到微信群里，在群朋友圈里发布新产品预告、特价销售通知，完成售前售后服务等。

六、个性化精准推荐

在运营商内部，根据用户喜好推荐各类业务或应用是常见的，比如应用商店软件推荐、IPTV 视频节目推荐等，而通过关联算法、文本摘要抽取、情感分析等智能分析算法后，可以将之延伸到商用化服务，利用数据挖掘技术帮助客户进行精准营销，今后的盈利可以来自客户增值部分的分成。

以日常的"垃圾短信"为例，信息并不都是"垃圾"，因为收到的人并不需要而被视为垃圾。通过用户行为数据进行分析后，可以给需要的人发送需要的信息，这样"垃圾短信"就成了有价值的信息。在日本的麦当劳，用户在手机上下载优惠券，再去餐厅用运营商 DoCoMo 的手机钱包优惠支付。运营商和麦当劳搜集相关消费信息，例如经常买什么汉堡，去哪个店消费，消费频次多少，然后精准推送优惠券给用户。

七、数据搜索

数据搜索是一个并不新鲜的应用，随着"大数据"时代的到来，实时性、全范围搜索的需求也就变得越来越强烈。我们需要能搜索各种社交网络、用户行为等数据。其商业应用价值是将实时的数据处理与分析和广告联系起来，即实时广告业务和应用内移动广告的社交服务。

运营商掌握的用户网上行为信息，使得所获取的数据"具备更全面维度"，更具商业价值。典型应用如中国移动的"盘古搜索"。

第二章　企业大数据

第一节　什么是企业大数据

首先我们先来了解一下大家常说的大数据是什么。

大家常提到的大数据，一般来讲是指企业外部的大数据。随着智能终端设备的普及、互联网技术的升级、移动互联网的快速应用以及数据存储、数据处理和数据分析与挖掘技术的革新，我们身边的各种数据都以"数字化"的形式被记录下来，从而产生了大量的数据记录，这个数据量级之大，超乎一般人的想象，因此就有了大数据这个说法。所以，一般意义上的大数据是指，数据量级非常大，以致我们常规的数据处理、数据存储以及数据分析能力无法满足要求，因而我们称其为大数据。

数据的处理能力是相对的，也是在不断发展和变化的。技术每天都在进步，经过一段时间之后回溯去看，我们会惊讶于其发展速度之快。随着技术的快速进步，包括数据记录技术、数据存储技术、数据传输技术、数据分析技术以及数据挖掘技术等的发展，我们之前无法处理的数据量级，现在来看就会觉得非常小，甚至可以用微小来形容了。20 年前，我们还在使用 286、386、486、586 的 PC 机器，100MB 对于我们来讲就是一个天文数字，而现在电脑的存储容量都是用 GB 来衡量的，一台普通的笔记本电脑都有 500GB 以上的存储容量，甚至有些智能手机都有超过 100GB 的存储容量。10 年前我们处理 1MB 的数据，计算机需要运行很长一段时间，而现在大型电商像淘宝、京东都已经进入了上百 PB 级别，百度的数据量更是接近 EB。大多数部署了管理信息系统的企业，数据量级都在 TB 以上级别。而亚马逊的 AWS 云服务器超过 300 万台，在全球共分布有几十个数据中心，这些在 20 年前都是无法想象的。

所以说数据处理能力是一个相对的概念，其依然在高速发展，大数据的概念也会不断地演变，今天的"大数据"在不远的将来可能会被看作是"微数据"。

大数据的应用越来越普及，我们常常听到的应用大数据的企业多是互联网企业、电信企业、电商以及金融服务企业，这些企业所在的行业本身就是"富数据"行业，企业自身的经营特征决定了能够存留大量的数据。比如，百度的主营业务就是通过后台的数据搜索服务器来收集互联网数据供用户查询，在 UGC（User Generated Content，用户产生内容）的时代，各种社交媒体，包括微博、微信、QQ 等，存留了大量的用户活动数据；电信运营商本身就在为客户提供各种数据传输服务，因而能够存留大量的客户沟通和传输的数据；亚马逊、淘宝、京东等电商企业，本身的客户数量庞大，加上所销售的产品种类繁多，也存留大量的交易活动记录数据；金融服务企业，例如银行，为巨量的用户提供资金的转移服务，拥有大量的交易记录信息数据。

这些都是我们常说的大数据，这些数据当中，有些是开放的，可以通过技术手段来获取和使用。比如，我们可以使用程序爬取微博数据，来分析微博用户的行为和其对企业、品牌或者某些产品的看法；可以通过搜索引擎来提高企业品牌的曝光率或者被网络用户搜索到的概率；通过爬取电商平台上的信息来掌控产品的销量及价格的走势。有些富数据的企业，也在利用其所拥有的数据为自己和客户提供数据分析和挖掘的服务，甚至有的企业将数据作为自己的产品或者服务，销售给需要数据的企业。

现在所说的大数据几乎无处不在，可以是任何事情的记录，也包括任何智能数字化终端的数据记录。仅北京市，每天各种视频监控可以产生大概 0.6PB 的视频记录数据。而北京市的 2000 万市民拥有的 1000 多万部智能手机的 GPS 产生的数据可达到上百 GB，如果包括智能手机中的微信、微博、QQ 等各种社交软件所产生的数据，则可以达到上百 TB。这些数据都是大数据的组成部分。现在，我们会利用清明上河图来了解那时的社会情景，而未来几百年之后，我们的后代在研究现在社会历史的时候，会利用更多的图文史料来研究这个时代。

一、企业大数据的概念

以上所提到的这些大数据，对产生数据的平台本身来讲是内部的大数据，但对多数企业来讲，这些是外部大数据。现在大多数人口中所说的"利用大数据来做某某事"，基本上指的是利用外部大数据。

利用外部大数据的案例有很多，一般都需要专业的数据人员，并需要投资足够的设备、网络带宽来实现对外部大数据的获取。对于大多数非"富数据"行业的中小企业来讲，利用外部大数据还是比较难的。同时，探讨外部大数据应用的书已经非常丰富了，也有很多有趣的案例可供大家参考，但本书将不再重复这些例子，本书将从与每个企业都非常相关的内部大数据的视角来看企业的大数据治理和应用。

每个企业在日常经营和管理中都在产生数据。员工上下班打卡、销售人员销售产品、客户经理同客户通电话、生产线上在生产产品、公司财务在收款和付款、采购人员在同供应商询价及人力资源的员工在进行着招聘、面试、培训、考核、发工资等活动，这些都是企业经营管理的日常活动，只要企业还存续，这些活动就会持续不断地发生着，如果这些活动被记录下来，就形成了企业的内部数据。有些公司会比较重视数据的记录，有些公司并没有把这些活动记录下来留存成数据。大多数企业会对财务、人员工资、销售、采购等经济往来有相对明确的数据记录和管理。有些公司的数据量级非常小，有些公司则非常庞大，区别在于公司的规模、经营模式和业务内容。

我们把以上这些数据叫做企业大数据，给一个明确的定义就是：企业大数据是指全面记录企业经营和管理活动的数据。这个定义是从企业实践应用的角度出发的，不过多地强调数据量级的大小，即使是一个非常微小的数据，也是企业大数据中的一部分。该定义更强调数据涉及范围的全面性。在企业经营和管理过程中，单独的数据或者孤立的数据价值会大打折扣。只有全面记录数据和信息并实现相互间的关联，才能够使其更好地发挥作用。

如果充分且有效地记录公司人、财、物各种资源以及资源的活动，形成数据库，并长期坚持采集记录，那么这个数据的量级对中等规模以上的企业都不是小数据。

几百人的企业，规模虽然小，但如果能够将每个员工的活动和每个客户交易的活动、每次市场调研、每次产品推广等详细记录，形成完整的数据库，经过几年，即使不计算图片、音频、视频等多媒体数据，这个数据量级也可以达到 TB 级别。

二、数据的价值密度概念

数据的价值在于挖掘，但数据本身对于不同的对象，也有不同的价值。作为外部大数据的微博数据信息量非常大，因为微博来自千千万万兴趣不同的用户，记载着不同的内容，表达着对各种事物的看法和想法，这些内容因为不够聚焦，所以对单个企业来讲，其价值含量就非常低。但因为数据量级的巨大，可以通过在上亿条记录中找出部分与企业业务相关的信息，就能够帮助企业了解客户需求、了解客户对产品或者竞争对手产品的评价，从而帮助企业随时了解外部动向，这是有意义的，只是数据的价值密度低而已。

而企业大数据则不同，每一条信息记录都是与企业相关的，每一条信息都可能蕴含着巨大的信息量。所以说，其数据的价值密度就很高。一个公司月度销售额数据一年 12 个月的数据才 12 条，可这 12 条数据能够反映企业每个月的销售额变化以及企业环比增长情况；加上每个月的销售目标情况才 24 条数据，但能够反映出这个企业每个月完成销售目标的情况；如果把几年的月度数据叠加对比，就会反映出这个企业所在行业的季节性变化情况。所以，微量的数据可能蕴含着大量的信息。

这些高价值密度的内部数据，需要企业更加重视起来。

三、开始积累企业大数据

很多企业在谈大数据时，赞美外部大数据的量级，以及部分企业从对大数据应用中所获得的利益与价值，却并未重视内部经营和管理活动的数据采集。很多有价值的数据并未在历史的过程中记录下来，甚至有些上规模的企业仍然舍不得在管理信息系统上进行投资，主要的原因还是没有充分认识到这些数据的价值，也不知道这些数据有什么用处。

受实用主义理念的影响，当企业的管理者看不到数据的价值的时候，就不会注重对数据的收集和管理，因而很多企业在发展过程中，并没有将上面谈到的各种数据记录在一起，这就有了部分企业觉得自己的企业中没有数据这样的想法。其实企业不是没有数据，而是没有记录、整理，或者说没有对数据进行管理。

我们不可能分析和挖掘没有的数据。如果我们现在不记录下企业经营管理活动所产生的数据，以后肯定无法再找到这样的数据，靠回忆是无法将数据记录得完整、全面和准确的。没有数据就无从分析，也就无从挖掘数据的价值，而挖掘不到数据价值的时候，就更不会去注重数据的收集和管理，这就演变为一个"先有鸡还是先有蛋"的问题争论。

　　未来的市场竞争环境和过去已经完全不同，依靠经验做出的判断往往是有非常高的风险的，没有数据的企业就像没有昨天、没有历史一样，无法"以史为鉴"，曾经缴纳的"学费"还要继续去缴，甚至还会犯同样的错误，走同样的弯路。现在的市场竞争环境越来越复杂，瞬息万变，企业如果没有历史数据，就无法做到心中有数，而"心中有数"这句古语本身就在强调数据的重要性。

　　企业最大的经营风险来自外部和内部环境的不确定性，越是在复杂多变的市场环境下，企业要想持续经营就越加需要注重确定性，而提高企业经营和管理确定性的基础就是数据。大多数企业的灭亡都是因为管理决策失误造成的，而管理决策的准确性依靠对内外部环境准确地判断，如果我们能够有明确的数据，判断的准确性就能得到大幅度的提高，决策失误的概率就会大大降低，企业持续时间就会更长久。由于数据化管理或者是说数据思维在发达国家企业的普遍性，其企业平均持续时间就会更长久些，根据财富杂志的研究表明，美国企业的平均寿命在7年左右，而中国企业的平均寿命不到3年。

　　一件事情做不成有两个原因，一个是"不会"，另一个是"不为"。"不会"可以通过学习来解决，而"不为"则需要转换理念，改变习惯。企业的数据化管理也需要从"不会"和"不为"两个方面去诊断。企业大数据的概念还非常新，相关的知识也比较匮乏，市面上能买到的书也比较少，管理学院的课程也待开发，"不会"的问题肯定是存在的，而制约企业数据化管理方式推进的更大阻力则来自"不为"。"你不可能叫醒一个装睡的人"，数据化管理方面也一样，你不可能教会一家不愿意推进数据化管理的企业；将视角放到企业内部也一样，企业的大数据积累和沉淀都需要企业全员的数据思维和数据意识，如果中层管理者和基层员工都没有数据意识和数据思维，企业高层也无法推动。

第二节　企业大数据的来源

随着大数据概念的火爆和普及，每个人都逐步意识到大数据的重要作用，都开始思考企业大数据的问题。有些公司的高层开始请外部的大数据专家来讲课，希望内部的员工能够开始使用大数据。而中层的管理者总是一头雾水："大数据在哪儿呢？"

一、企业大数据来自我们的日常工作活动

其实每一位管理者仔细思考一下自己日常的工作，就会发觉自己日常接触到的内部数据其实有很多。在这里简单罗列一下，以下这份清单几乎是所有的企业都应该有的，即使不保存在公司电脑里或者是说存储在企业管理信息系统里，各个岗位的管理者也应有一份自己的数据清单，以方便自己的工作。

部门	数据表
人力资源管理	·员工花名册 ·员工基本信息表 ·员工工资表 ·员工考勤表

续表

部门	数据表
人力资源管理	·员工绩效指标数据表（KPI） ·员工绩效考核表 ·员工岗位说明书 ·内部员工通讯录 ·组织架构图与岗位人员花名册
财务管理	·收款记录流水单 ·付款记录流水单 ·银行对账单 ·报销记录流水单 ·固定资产清单 ·固定资产信息表
销售管理	·客户名录 ·销售订单记录表 ·产品和服务清单、价格表 ·客户服务记录表 ·竞争产品名录 ·竞争对手活动记录 ·潜在客户名单

以上只是从三个部门的角度出发列出了一些基本的数据表，这些基本数据表的完整程度、管理的规范程度直接反映了企业基础数据管理的完善程度和规范程度，这些数据表中的数据质量也会直接体现出这个企业所拥有的内部数据的质量。因此，在判断企业目前数据化管理程度时，笔者一般会直接让企业相关部门提供以上清单中的几个数据表，就能快速做出相对准确的判断。

企业的每个岗位、每个人员都在进行着与企业相关的经营和管理活动，都在掌握着企业相关资源，拥有这些资源的信息和记录，这些资源与资源转换活动就是企业大数据的发源地。只要每个岗位的员工都能参与到数据采集和数据记录的过程中，或者配合着相关的设备完成对数据的采集工作，企业积累自己的大数据就是一件非常容易的事情。

二、企业数据源头管理需要系统化

从前面这份数据表清单示例中可以看到：有的数据是基本的信息表，有的数据是活动的记录表，会形成一个流水清单；有的数据是主动记录下来的信息，有些数据是机器自动采集完成的；有的不是公司内部的资源，但是需主动采集的信息。可以说，数据源头是各种各样的，有的信息比较容易管理，比如说公司安装了门禁和指纹考勤机，要求每个员工上下班打卡，就能够自动记录考勤情况。

而有的信息，比如竞争产品信息数据、竞争对手活动数据、潜在客户名单等相关的数据表，就需要销售部门的人员主动去外部采集，数据的质量和数量都与销售人员的积极主动性直接相关。员工自己比较主动、勤快，或者说有数据意识，就会去收集整理这些数据，如果公司不要求，基本很少有人去做，即使要求了，应付差事的情况也很多见。

企业大数据管理不能依赖于个人的积极性和主动性，因为不同的员工会带来不同的结果。要想构建比较完善的企业大数据，就需要系统化地管理。为保障源头数据的质量，企业需要明确什么源头需要什么样的记录，在数据信息字段的采集、数据的格式、数据记录的载体、数据的存储和传输形式等方面形成规范性的要求，并对相关源头数据的负责人提供足够的培训，在过程中进行监督检查。

比如，最基本的《员工个人基本信息登记表》是基础数据表，人力资源部对该表所采集数据的质量，包括数据的全面性、准确性、及时性和完整性负有管理责任。

人力资源部在入职管理或招聘岗位相关人员时，需在人员招聘面试、入职等时间节点上对该数据进行采集，让每个新员工填写完整的《员工个人基本信息登记表》，并在日常工作中，随着员工个人情况的异动，定期进行更新。比如说，每个季度需要员工填写个人信息异动表；在某些管理工作节点发生异动后，及时更新信息库，如员工请婚假，需要及时更新员工的婚姻状况、家庭成员状况的信息；员工请产假，需要及时更新员工的子女状况信息；为员工开具个人收入证明，其买房时，需要更新员工个人资产、个人居住地址等相关的信息。一方面，需要数据负责人对自己所负责的数据有质量意识；另一方面，在内部管理上，需要建立并不断完善这种活动与数据更新的联动机制。这需要在内部管理制度、岗位说明、任务说明、流程要求等方面做出数据管理的规范性要求。

系统化的数据管理制度与流程能够保障企业大数据的质量：在数据采集的全面性上、在数据的完善程度上、在数据的准确性上、在数据采集的及时性上以及在数据积累的持续性上都要有保障；同时，系统化的管理能够将以上各种数据关联到一起，形成高度关联的大数据集合。

三、企业大数据的分类

本节探讨的企业大数据会将重点放到企业内部大数据上，这里的"内部"更多的是从数据拥有方式上定义的，指企业所能够自主拥有的大数据，具有"自主产权"的数据，包括企业主动采集或者采购的外部数据。

从数据所描述的"主体"上，我们把企业大数据分成两个大类，一类是资源信息数据，另一类是资源活动记录数据。

第一类，资源信息数据。资源信息数据是静态数据，记录企业相关内外部资源主体的相关信息，企业的资源包括人、财、物和信息四大类资源，其中的信息资源包括企业的无形资产、技术专利、经营诀窍、客户关系以及内部的数据等资源。

比如，人这个资源，指所有与企业经营活动相关的人，包括公司的领导者、管理者、员工，还包括与公司经营有利益关系的人，例如客户、供应商、竞争对手、政府、社区、协会等。

资源信息类的数据相对于资源活动记录数据来讲，具有相对的稳定性，对即时性要求相对较低。比如，对人这个资源的描述信息相对是固定或者稳定的，但内部员工会随着岗位变迁、人员流失、招聘等活动而发生变化，但人的基本信息变动频率不像资源活动记录那样有着非常高的时间节点性，对记录的即时性要求不高，即使事后补充记录，对数据质量的影响也不会太大。

对资源信息的记录，比较强调信息记录的全面性。但受限于法律规定、信息获取手段等，数据的完整性不见得都能得到保证。比如，收集内部员工的个人信息受隐私法保护的限制，有些信息比较敏感，可能无法强制获取；对客户信息的收集，受客户提供信息的意愿和采集数据的手段限制，对客户信息的采集往往难以保证完整性。这里就需要把握一个度，通过长期的坚持和积累，实现数据的不断丰富。

对资源信息类数据源进行系统性梳理时，常常会采用一些卡片工具进行采集或者诊断现有数据信息的完整性，如图 2-1 所示。

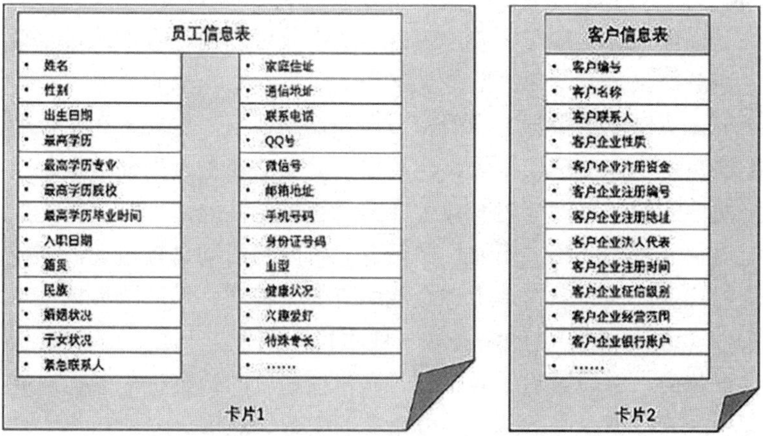

图 2-1　信息字段定义卡片工具

　　第二类，资源活动记录数据是指公司经营和管理活动所必然牵动的数据。比如，员工的考勤数据，跟客户进行的买卖交易活动，这些都是资源的活动，具有非常敏感的时效性，所以可以称之为"动态数据"。根据笔者在实践中的观察，企业对活动的记录往往是比较缺乏的，容易发生"事情做了，但没记录下来"这样的情况。为了更好地保留企业内部各种经营管理活动所带来的资源活动数据，需要建立严格的管理流程和制度，并配以足够的技术手段，实现活动记录的即时记录。在宝洁公司，为了追求数据的即时记录，内部流行一句话："没有记录下来的事情都没有发生过。"就是说，如果不记录下来形成数据，你的工作相当于没有做。

　　在对动态数据进行梳理的时候，笔者经常采用的是表格工具。表格的左边是梳理企业所有相关资源的企业资源列表，右边是资源对应的活动，这样就将活动对应应该记录的内容进行了明确化。因为不同的公司有不同的业务特征，信息记录字段的要求也不同，此处仅仅作为示例。从数据结构的角度讲，注意不要有太多重复的记录，这样会加大以后进行数据校验时的工作量。比如，员工上下班打卡记录，只要有员工编号即可，不需要员工的姓名、性别、年龄等字段，因为这些字段可以通过唯一的员工编号追溯得到，这个对应的是员工基本信息数据表中的数据。

　　之所以要把数据分成静态数据和动态数据，主要是为了企业能够系统化地梳理数据源头，解决"数据从哪里来"和数据记录全面性的问题。即在对企业大数据进行系统性地梳理时，首先要梳理企业所有的相关资源，然后再对资源的活动进行梳理，这样就能够全面地、系统地梳理企业所有的大数据，然后再根据技术条件（可获取性）、经济条件（成本投入高低）和数据本身价值进行分类，将最紧迫、最重要、高价值密度的数据优先获得，并逐步纳入数据库中，从而构成企业的大数据源头。

四、企业大数据的六大主要来源

为了更加全面地梳理或者评测企业大数据的源头，需要从企业经营活动主体边界角度再进一步看企业大数据的来源，从而为企业构筑更加完整和全面的数据源头提供思路。

从数据描述对象与企业的关系角度以及动态和静态信息来分类，企业大数据的来源主要有六大类，如图2-2所示：

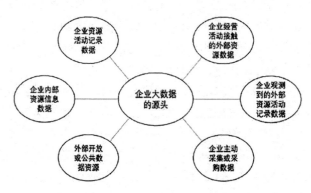

图2-2　企业大数据的六个主要来源

1. 企业资源的信息数据（静态数据）；
2. 企业资源活动的记录数据（动态数据）；
3. 企业经营活动所接触外部资源的信息数据（静态数据）；
4. 企业观测到相关资源活动的记录数据（动态数据）；
5. 企业主动采集或者采购的外部数据（静态＋动态数据）；
6. 外部开放数据和公共数据资源（静态＋动态数据）。

以上分类中，重点介绍一下第5类和第6类企业主动采集或者采购的外部数据是企业根据经营决策需要，采用数据采集的手段和方法，成立数据采集项目，完成数据采集的工作。比如，公司为了了解市场中消费者的分类，为公司选择目标客户群体，并定位关键细分客户群体重点研发新产品时，可以发起消费者研究活动，通过市场研究项目，定性或者定量研究消费者的需求，然后形成数据分析报告。这样采集的数据就是企业跨出自己的经营边界所能够接触到的资源，属于主动采集数据。

如果企业能够坚持每年做一次市场调查，经过几年的跟踪、监控，就能掌握消费者对产品需求的变化线路，从而敏锐地感知到消费者需求的变迁，及时根据消费者需求的变化调整自己的产品线和品牌路线，让产品能够更好地满足消费者的需求，保证最佳的客户体验，公司就能在市场上一直保持较好的竞争优势。国内的企业能够坚持这样做的不多，大多数是跟随企业领导做出产品线的调整，或者看到市场上哪一类产品开始受欢迎就跟进模仿，而不是自己花费人力和物力去研究、创新。宝洁公司和惠氏制药公司每年都有很多这种市场研究项目，其主要的目的是不断感知外部市场需求的变化，随时对公司的产品线和品牌策略做出调整。因为有了类似的主动采集外部数据的举措，所以这些大公司对市场需求的变化能够做到"春江水暖鸭先知"，大而不僵，是敏感的"巨人"。给予大型企业敏锐感知力的就是主动的外部数据采集和分析。

五、外部数据源的管理也非常重要

还有一类重要的企业大数据来源，不是来自内部经营管理活动，可以将其算到第 7 类中，即外部公共开放数据资源，包括政府公布的人口数据、经济数据以及权威机构发布的研究数据等。这些数据是企业从战略制定、投资研究的角度考虑需要深度分析的数据，这些数据一般都有固定的开放平台，包括国家统计局网站、权威数据机构网站、官方媒体等。现在各国都在建立公共数据服务开放平台，有些有了开放接口，通过接口可以实现数据的即时获取或者更新。中国政府也在推进数据开放和共享平台的建设，地方政府如上海就首先成立了政府数据公开的服务平台。

　　人口数据对于公司制定发展战略，确定年度目标有重要的参考意义。如果是一个婴幼产品供应商，那么每年各地的出生人口数据就是非常重要的；如果是一家婚庆产品相关的公司，那么每年各地的结婚人口和离婚人口数据就非常有价值；如果是一家大型的劳动密集型制造企业，用工需求量大，那么劳动力人口的迁移情况就是非常重要的数据。

　　外部公共开放数据虽然每年都在增加，但基本保持相对平稳，统计方法也基本不会有太大的变化，企业只要需要，就可以通过各种手段去权威发布机构查询。企业需要做的就是积极主动地去使用这些数据而已。

第三节　企业大数据的结构与质量

　　大数据包括结构化、半结构化和非结构化数据，非结构化数据越来越成为数据的主要部分。据 IDC 的调查报告显示：企业中80% 的数据都是非结构化数据，这些数据每年都按指数增长 60%。

　　大数据就是互联网发展到现今阶段的一种表象或特征而已，没有必要神化它或对它保持敬畏之心，在以云计算为代表的技术创新大幕的衬托下，这些原本看起来很难收集和使用的数据开始容易被利用起来了，通过各行各业的不断创新，大数据会逐步为人类创造更多的价值。

　　并且想要系统地认知大数据，必须要全面而细致地分解它，着手从三个层面来展开：第一层面是理论，理论是认知的必经途径，也是被广泛认同和传播的基线。在这里从大数据的特征定义理解行业对大数据的整体描绘和定性；从对大数据价值的探讨来深入解析大数据的珍贵所在；洞悉大数据的发展趋势；从大数据隐私这个特别而重要的视角审视人和数据之间的长久博弈。

第二层面是技术，技术是大数据价值体现的手段和前进的基石。在这里分别从云计算、分布式处理技术、存储技术和感知技术的发展来说明大数据从采集、处理、存储到形成结果的整个过程。

第三层面是实践，实践是大数据的最终价值体现。在这里分别从互联网的大数据，政府的大数据，企业的大数据和个人的大数据四个方面来描绘大数据已经展现的美好景象及即将实现的蓝图。

从文件级别来看，在过去 7 年中，数据的实际增长速度为每年平均增长 39.2481189%，而相应的存储空间需求增长比创建单个文件增长快 9%。数据基因项目是 Veritas 自主发起的一项计划，旨在改变人们对数据管理的看法。Veritas 发起该计划，希望为志同道合的数据科学家、行业专家和思想领导者创建一个共同的讨论平台，从而深入了解企业日常创建、存储和管理的非结构化数据的真正本质。作为基于实际存储环境组成的基准测评报告，首份《数据基因指数》报告便是此项计划的首个研究成果。

当前，Veritas 研究的重点对象是元数据的特征。通过 Veritas 的文件分析产品，我们可以利用从各个客户汇集的元数据，准确呈现企业实际数据环境结构的各个细节。

首份 Veritas 数据基因指数报告为了进一步了解客户数据环境的真正结构，Veritas 在 2015 年分析了来自众多客户非结构化数据环境的数百亿份文件及其属性。本次分析涵盖了 8 千多种最常见的文件类型扩展名。因此，报告中的数据基本能够代表客户文件系统环境的数据构成。

数据呈爆炸式增长从文件级别来看，在过去 7 年中，数据的实际增长速度为每年平均增长 39.2481189%，而相应的存储空间需求增长比创建单个文件增长快 9%。因此，尽管操作层面上的改变可以一定程度地控制某些方面的增长，但根本依然是存储管理问题。

控制存储空间并不仅仅是存储问题。现在，存储环境杂乱无章，平均 1PB 的信息包含了 23.12 亿个文件。

增速最快文件类型：图像和开发者文件企业数据总量表明，数量最多的文件类型和最占空间的文件类型具有明显差异。具体情况可参见图一存储环境与环境成本对照表。

10 年前 VS 现今：企业数据的变化随着时间的推移，数据结构已经发生了巨大变化。过去十年间，相较其他文件类型，变化最大的文件类型为：演示文稿文件、CAD 文件、游戏文件等。

不同季节，企业的数据增长情况也不同。秋季是文件创建的旺季。文本文件的增长率尤为突出，高达 91%；其次是地理和信息系统文件，增长率为 89%；电子表格的增长率为 48%。

只有备份和文档文件会在秋、冬季激增。在企业完成年度备份后，备份文件将激增 756%。但图像文件的创建量明显减少，降幅达 63%。此外，68% 的视频都创建于夏、秋两季，电子邮件（pst）的情况可预测性高，各季节间只有 0.7% 的标准偏差。

为何企业还在保留这些数据？

信息是当今企业的关键所在，但由于信息的创建速度过快，企业中有价值的信息转瞬即逝。

治理：数量过多的文件类型面对海量的陈旧数据，以及在可以执行多个可行处理决策时，为信息管理"决策预算"的重点划分优先级，无疑能够帮助企业选择文件管理的入手点。

陈旧数据和总数据中数量最多的文件类型中，传统"office"文件是企业巨大的负担。如果企业希望最大限度地节约存储空间成本，但又无法确定优先处理哪些文件类型。那么企业可以重点对以下五大类型文件进行处理，每一类型都能够帮助企业找回 GB 级的存储空间。

1. 虚拟机文件

2. 安全文件

3. 游戏文件

4. 科技文件

5. 地理位置信息系统文件

文件数量和空间比例失衡如果企业希望优先处理特定文件类型，只需观察哪些文件类型的数量和空间不成比例。例如，视频文件在陈旧数据存储空间总量中的比例，比其在陈旧文件总量中的比例高 15.8 倍。虚拟机文件所占空间为 7.3 倍，演示文件是 6.4 倍，电子邮件为 2.2 倍，这些类型的文件都是企业优先处理的最佳选择。

当员工离职后，留下了数据残局当数据失去其所有者，即会成为孤立数据。由于职位变更、员工离职以及常用活动目录混乱等原因，企业很难追踪数据环境的传承关系；此外，追踪数据传承需要巨大的资金支持。

孤立数据会占据企业的高额成本，一方面是因为其占据了过量的存储空间。即便孤立数据仅占文件总量的 1.6%，但它占据的存储空间却达到了 5.1%。不仅如此，大多数孤立数据是内容丰富的数据类型，这类数据所占据的空间都远超正常比例。如图像文件超出正常存储空间的 88%，而视频和演示文稿，分别超出 165% 和 229%。

报告调查发现，企业人员流动趋势对存储环境具有一定的影响。孤立文件的大小，是平均文件的 222%。数据管理人员可能认为，文件越大，其内容越重要。因此在员工离职后，倾向于继续保留这类密集文件。如果企业希望恢复更多存储空间，从孤立数据下手无疑是首选。

通过存储密度判断文件是否有用如今，企业创建大密度的内容并不奇怪，但令人吃惊的是，过去 7 年来，这类内容的涨幅只达到了 10.3%，增长相对缓慢。文件的平均大小为过去 10 年或更长时间内，使用过的文件的平均大小 0.24MB 是过去 5 年内使

在存储空间方面，变化最大的文件类型为：

图 2-3

用过文件的平均大小：0.40MB 是过去 1 年内修改过文件的平均大小：0.53MB 是被分类为陈旧文件，要比去年 1 年内修改的文件小33%。

　　如果企业用户的存储环境与我们分析的环境类似，那么企业用户将有很多机会来改变自身的存储现状。

　　以 10PB 为普通环境举例，如果企业数据环境中 41% 的数据为陈旧数据，那么每年，企业需要投入 2050 万美元，来管理 3年来无人问津的数据。然而，清除陈旧数据非常困难。企业整理4.1PB 的数据，便需要对 94.79 亿个个体文件进行分类、删除或归档。

　　企业用户不得不划分优先级演示文稿、电子表格、文档和文本文件等内容丰富的文件占陈旧数据的 20%，开展一项专门处理这些文件的归档项目，能够降低企业至少 50%，相当于 200 多万美元的存储成本。删除陈旧数据中音频和视频文件，能够帮助企业降低 11% 的成本。

　　此外，图像文件占据企业陈旧数据 18% 的存储空间，它们甚至在长达 7 年或更久的时间里从未被修改。

集中处理拥有少量单个文件的空间，对其进行标记以换取更多的存储空间，例如视频、虚拟机文件和电子邮件等。这不但能够回收大量的存储空间，同时运行速度可迅速提升 15 倍。当员工离职或职位调整时，对其遗留的数据进行评估，可帮助企业节省 5%，大约近百万元的成本。

一、数据质量的概念

在企业实际使用和管理数据时，尤其在涉及跨业务的流程数据拉通或者尝试跨系统、跨组织的数据交互时，企业中的多个部门可能都会对数据质量质疑，但业务部门和信息部门却分别有不同的侧重点。比如业务人员最多的对数据质量抱怨可能会是"这数据很难用，各种坑""这数据我用不了，没权限"，甚至直接默默地不再使用数据而去寻找其他的解决办法；而 IT 人员面对扑面而来抱怨也是一肚子苦水，内心默念"我也无能为力，这些问题我解决不了"。尤其是企业建设信息系统越多，拥有的业务功能的数据越完整，却不能顺利地通过数据支撑和驱动业务时，内部更容易产生挫败情绪。

二、质量问题的归纳与分析

1. 数据的多源性：当同一个数据有多个数据来源时，很可能会导致不同的值，这在系统设计和业务流程设计时都可能会引起这一问题。但是，很多企业往往会忽视数据多源性这个根源，因为企业内部的多个数据生产流程绝大部分时间依旧是独立运作，持续地产生着不同的数据值，导致这个根源很难被直接察觉。

2. 数据生成过程中的主观判断：如果在数据的生成过程中包含主观判断结果，那么会导致数据中含有主观偏见因素。通常认为存储在数据库中的数据都是客观事实，却忽略了采集这些"事实"的过程可能存在主观的判断。

3. 计算资源有限：缺乏足够的计算资源会限制相关数据的可访问性。

4. 安全性和可访问性之间的权衡：数据的可访问性与数据的安全性、隐私性和保密性本质上是矛盾的。对数据消费者而言，必须能够访问高质量的数据；同时，出于保护隐私、保密和安全性的考量，必须对访问设置权限。因此，高质量的数据可访问性与数据的安全性之间就产生了冲突。

5. 跨学科的数据编码：由于缺乏不同专业领域的数据编码互相映射或缺乏可解释性，因此对于不同专业领域的编码总是难以辨识和理解，这也导致了数据采集的不全面和检索不到相应的信息。

6. 复杂数据的表示方法：对于文本和图像数据等数据，其可分析性很差且没有定义属性，不能进行汇总、处理数据以及判断变化的趋势，为数据的处理带来不便。

7. 数据量过大：过大数据量会使数据消费者难以在合理的时间内获得所需的数据。

8. 输入规则过于严苛或被忽视：过于严苛的数据库编写规则或不必要的数据输入规则引入，都可能会导致某些重要数据的丢失，或者产生错误的数据。这是因为数据采集者可能为了遵守这些规则，随意改变某个或某些字段的值，或者由于某些值无法输入对应的字段而丢弃，整条记录。

9. 数据需求的改变：当数据消费者的任务和组织环境发生变化时，所谓"有用的"数据也随之改变，只有满足数据消费者需求的数据才是高质量的数据。

10. 分布式异构系统：对于分布式、异构的数据系统，缺乏适当的整合机制会导致其内部出现数据定义、格式、规则和值的不一致性。跨系统的查询和汇总数据往往需要太多的时间，降低

了数据的可访问性。

在对这十大类根源问题进行分析后，可以制订相应的干预方案。比如针对数据多样来源，我们可以制定一些规则，只保留一个数据源、只允许更新这个数据源的数据，并只从这个数据源向其他副本同步数据，如设定企业标准并建立好映射，来辨别同义词和同形异义词等。

三、企业数据质量管理体系介绍

这个体系包括五大部分，中间最上层的是数据质量管理战略，包括数据质量管理的愿景和原则。在实践中我们发现，获得企业高层对数据质量提升项目的认可和支持是施行有效质量管理最重要的一个挑战，规划一个与企业战略一致、并且清晰可行的数据管理战略，是数据质量提升的关键起点。图中左边是数据质量管理体系，包括数据质量管理的组织架构，角色、职责、岗位和流程机制等。管理体系的建立要确保数据质量政策及其流程与

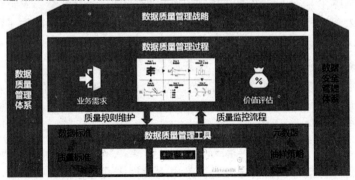

图 2-4

企业战略、经营方针和业务流程保持一致，并围绕数据质量进行角色及其职责的划分；同时还要积极主动地调整管理策略以应对数据需求的变化，把保持数据质量成果的工作纳入业务日程，营造一个有利于学习和鼓励创新数据质量活动的环境。

图中右边是需要对接数据安全管理体系，就像前面提到的那样，数据安全和数据质量中的可访问性在本质上是矛盾的，因此需要创建一种机制来找到两者之间的平衡。

图中间是数据质量管理过程和数据质量管理工具。数据质量管理过程从数据使用出发，首先根据业务痛点和数据质量问题的成本价值分析，经过对数据剖析、追踪根本并制定体系化的解决方案并实施后，将其放入日常的运营监控中，把数据质量切实提升并积极的保持长效。

数据质量管理工具是来支持更快更有效实现数据管理过程的手段，它承接了数据标准管理和元数据管理两个模块的管理成果，通过企业内的数据标准和具体业务规则来设计制定数据质量规则，结合元数据管理对要进行评测的数据集进行抽样抽取，并把数据质量规则映射到对应的元数据上。通过运行数据质量检查作业，可以定期或不定期地得到数据质量评估报告，并不断收集数据质量问题，为数据质量的管理提供决策支持。数据质量管理过程和数据质量管理工具两个部分是紧密有序的工作组合：管理过程层往管理工具层输出具体的质量规则制定方向、原则甚至具体规则，管理工具层可以往管理过程层输出具体质量问题的预警以及实体与统计类的描述，来支撑更进一步的数据质量 PDCA 闭环提升。

四、数据质量管理评价方法

实际上，在开展具体的数据质量提升项目之前，第一个工作是收集和评估具体的数据质量问题。数据质量评估方法主要包括三大步：第一步，通过访谈或者问卷的形式调查数据消费者对数据质的描述和期望，同时，使用数据质量指标来多维度的实际测量数据质量情况；第二步，需要对比主观和客观的两种评估结果，分析两者的差距，并确定差距产生的原因；第三步，是沟通、确定提升方案，并组织实施必要的行动。

在定量评估数据质量时，需要量化数据质量的测量维度，并与各相关部门确定每个测量指标的阈值。通常我们使用以下六个维度。

●准确性：描述数据是否正确，又叫正确性、无误性。通常准确性是个综合性指标，由多个二级指标组成，二级指标需要通过业务规则先将错误数据定义出来，进而进行计算。

●完整性：完整性可以从三个层面来看，分别是架构完整性，属性完整性，数据集完整性。其中，架构完整性是指数据架构的实体和属性没有缺失的程度，属性完整性是指一张表中的一列没有缺失的程度，或者对于无效属性的度量；数据集完整性是指数据集中应该出现而没有出现的数据成员的程度。

●一致性：一致性也可以从三个视角来看：参照一致性、相关数据元素之间的一致性和不同表中相同数据元素形式的一致性。参照一致性是与从属表（可以理解为值域表）中的值不匹配的行数；元素一致性是指如城市名字和邮政编码应该是一致的，输入邮编就能自动匹配正确对应的城市名字；形式一致性，通常不做必须检查的要求，根据实际业务需求来判断。

●规范性：在《GB/T36344—2018数据质量评价指标》中的定义是指数据符合数据标准、数据模型、业务规则、元数据或权威参考数据的程度。在实践中，通常如果企业在制定相关标准规范的时候考虑了国标和行业惯例，并且在实际落地时也进行了良好的管控则规范性大部分都可满足，不需要额外定量测量。

●可访问性：可访问性衡量的是获取数据的难易程度，强调了时间的重要性。这个指标权衡了用户需要数据的时间和提供数据所需的时间。如果一个数据消费者需要近 5 天的数据，而获取它也需要五天的时间，那么大概率这个数据对这位数据消费者是无效的。

●时效性：更多的是指及时性，指标比较复杂，需要用到发布时间、输入时间，年限，敏感性指数，波动时长等指标。这类复杂指标通常在企业里不会计算，通常用数据年龄就足够了。来衡量数据是否过时。

最后，还有很多根据业务规则衍生出来的数据质量规则，如从业务上衡量了业务系统的可信度，或者与内部标准或行业惯例相比的数据可信度以及数据量的适量性等，都需要根据实际情况再制定量化方式。

在开始测量数据质量之前，企业必须明确哪些维度对自己重要，并精确地定义这些维度。对于包含多个二级指标的维度来说，哪些维度对哪些数据源要衡量和监控、哪些二级指标是重要的也是需要由企业自己决定并定义的。

在数据质量定量测量维度和阈值都确认之后，需要做的一步工作是对评估数据集进行数据抽取。通常是使用数据抽样的形式，个别表也需要全量抽取，而这一步在大数据平台上由于计算资源和存储空间的丰富而经常可以省略。

首先，确定需要被抽数的数据表，以及其属性范围或日期范围。这个通常是根据业务问题或数据质量问题分析来判断的。其次是了解数据集的数据质量轮廓，如果数据集的数据错误率太高，那抽样的目标就是也抽出一个类似错误率的数据集。

选定抽样方式后，接下来是要清晰地定义抽取的数据集数量，比如也可以针对一个特大的数据集进行多次抽样。然后，需要明确精度和置信水平，精度是指重复抽样试验中在特定置信水平下可以接受的误差，这将直接影响所需的样本量。因此需要在精度、置信水平和样本量之间寻求平衡，通常来说样本量越大，精度也越高。

第四节　企业大数据的作用

一、数据将从信息工具逐渐成为生产资料

2013 年年初，《哈佛商业评论》和《MIT 斯隆管理评论》都聚焦探讨大数据这个话题，众多学者提出一个观点：在未来，数据将会像土地、石油和资本一样，成为经济运行中的根本性资源，数据科学家被认为是下一个 10 年最热门的职业。人类已经由 IT 时代进入了 DT 时代，数据取代了石油成为最核心的资源。在未来，数据会成为像水、电、石油一样宝贵的公共资源。

可能很多人不理解，数据为什么会成为生产资料，为什么会成为像石油一样宝贵的资源？数据是虚的，大多数的企业还仅仅停留在将数据作为了解事物发生和发展的工具性信息，甚至有的企业"因为业务太繁忙"，还没来得及记录、收集、整理自己内部的数据。

人作为重要的劳动力，在 60 多年前，德鲁克在其经久不衰的《管理实践》书中明确提出了"人力资源"的概念，他认为人力资源拥有当前其他资源所没有的素质，即"协调能力、融合能力、判断力和想象力"，是一种特殊的资源，必须经过有效的激励机制才能被开发利用，并会给企业带来可观的经济价值。

人力是资源，从传统意义上讲，劳动力制造出生产资料，带来生产资料的增值溢价，企业获得利润。而优秀的人力能够产生更多的附加价值。

技术在生产过程中很重要，邓小平说科技是第一生产力，有

了技术，产品就有了竞争力，就能够获得溢价，就能够产生利润，技术是重要的生产资源。

数据也具有类似的特征，它是一种特殊的资源。数据通过被深度挖掘和分析，能够为企业经营和管理活动带来可观的经济价值增值，能够更加有效地发挥其他资源的创造力，提高其他资源的产出效率。

有了数据，就能够更好地了解客户的需求，生产客户所需要的产品，从而让产品有更高的溢价能力，有了更高的溢价就有了更高的利润空间；有了数据，就能够更加清楚地知道公司内部的经营活动，从而更好地优化内部的资源配置，提高内部的运营和管理效率；有了数据，就能够更加清楚地认知外部环境，做出更好的管理决策，降低决策风险，减少决策失误，能够让公司更加持续；有了数据，就能够更加熟悉竞争对手的日常活动和行为模式，提出更加正确的竞争策略，减少竞争损耗，提高商战胜算率，从而让公司持续发展。数据作为任何企业经营活动的"晴雨表"，还可以利用其不断总结出市场规律，指导企业实践。

所以，数据是未来企业竞争的重要资源，并逐步成为战略资源的一部分。

二、用数据预测产品上市收益，控制市场风险

宝洁公司在每个新产品上市之前都要做未来销售额和销售量的预测，根据预测测算销售收入和利润收入，如果达不到预期，则终止上市或者再继续改进，只有达到上市要求的新产品才被通过上市审议。而这个新产品的销量预测和利润测算都是在大量的数据基础上，结合长期探索出的数学模型做出的。

一般情况下，新产品上市审议会由产品研发部提出，由市场部、市场研究部、财务部以及产品供应部共同完成。生产供应部需要确认在既定的计划成本下能够保质、保量地满足产品预测销

量的供应；财务部对所有的成本和利润核算的准确性和真实性负责；市场研究部对市场预测模型的准确性和本产品的销量预测负责；市场部则确定在营销支持、渠道分销支持等方面能够按照既定计划完成，并对该新产品的最终市场表现负责；而产品研发部是新产品上市的发起人，并对配方、产品功能和产品性能方面负责。

比如，同样的购买可能性条件下，中国消费者对产品的整体评价会相对较低，而印度的消费者对产品的评价分值会高很多，这主要与消费者在面对陌生人访问时的文化有关系。因为地区差异不可比，我们就需要针对消费者对新产品的整体评价做出一个修正系数，不同的市场系数不同；同时，这个修正系数在不同的市场竞争状况下也是不同的。在早期，中国的洗发水市场刚刚开始起步，好的洗发水就是宝洁公司的海飞丝，这个产品就非常容易得到很高的购买意愿分和整体评价分。而随着洗发水市场的成熟，消费者给出的评价会逐渐降低，这种变化也考虑在内，这些经验系数也是随着预测模型在市场的实际情况不断修正的。

宝洁公司在推出每款新产品或者每次产品改进时都要做大量的市场调研、产品测试和消费者评估，并在产品上市之后不断收集消费者对产品的评价，随时调整公司的市场策略。这些都是基于大量的数据研究和持续不断地对各种预测模型进行修正、改进甚至改良的基础上的，所以其产品销量和盈利预测模型会非常精准。在这种情况下，新产品上市成功的概率得到了大大的提高。笔者在宝洁公司工作的那段时期，其产品上市成功率预估能够达到70%。

70%的成功率看上去不高，误差仍然很大，但是没有人能够保证新产品上市之后100%成功，特别是在快速消费品领域。你可以看到在一个不足100平方米的小超市中有上千个产品，经过3个月之后，这上千个产品大概能够消失30%，经过一年，能够继续留在货架上的产品不足10%。如果能够保证公司上市新产品的 70% 部分能够成为这保留下来的 10% 中的一员，这才是一个公司的强大之处。而这个强大的背后需要大量的市场研究和数据分析的支撑，量化各种市场活动，保证公司持续地成功经营。

可能会有读者对这个销售额预测模型长什么样子感兴趣，其实它并不复杂，但是经验修正系数则是这个预测模型非常核心的地方。不同的公司、不同的客户定位、不同的产品品类、不同的市场竞争环境、不同的营销力度和不同的市场覆盖率都直接影响着这个模型预测的准确性，没有 5 年以上的持续摸索，用这个模型来决策新产品的上市，仍然会存在巨大的风险。

这个预测模型大概的样子示例如下：

预测产品销售额 = 目标市场总量（即目标消费者总数 × 目标消费者的人均消费量）× 市场覆盖率 × 现阶段该产品市场份额（即零售检测数据）× 广告和营销力度等级系数 × 消费者购买意愿修正系数 × 竞争对手响应预测调整系数……

市场千变万化，本质上是很难准确预测的，就像天气一样，你无法精确预测未来的天气如何，但只要采集大量的数据，构建数学分析模型，持续分析数据背后的逻辑关系，并随着对数据的积累、经验的积累、模型的不断修正和完善，我们对未来市场预测的准确性就会逐步提高。现在气象局对未来 7 天内天气的预测准确度已大大提高，虽然还不够精确，但对生产安全、环境安全预警起到举足轻重的作用。

在你感叹"奥运蓝""APEC 蓝"和"阅兵蓝"的时候，你会发觉国家对天气状况控制的准确性已经非常高，这些都是常年积累的经验和数据在发挥着作用。就像有了数据，我们就可以预测并控制天气一样，有了产品、客户和市场的数据，你就能够控制市场销售额的多少，最初程度可能很弱，只有很小的影响，但随着数据完善程度、分析经验、模型准确度的提高，可控范围会增加，你对产品控制的准确性也会提高。

如果你的公司已经经历了 5 年以上的快速发展，仍然没有建立甚至还没有开始建立自己的预测机制的话，随着未来市场竞争越来越激烈，靠概率来生存或者靠拍脑袋来做决策，肯定不利于公司的发展。现在数据采集、存储、处理的成本不断降低，而你所需要做的就是行动起来。

三、用数据精细化成本核算，优化产品、订单、客户结构

笔者曾经服务过一个生产制造企业，主要制造塑料工业中间品，也就是塑料片材，产品的主要用途是通过模具压制塑料包装，客户订单从几百公斤到几百吨不等。

因为企业所使用的原材料很通用，如果出现质量问题，只需要将塑料切碎，再加热成型即可，不会有太多的"浪费"。而从常规的加工制造过程来看，只要是每吨销售单价高于采购材料单价 2500 元 / 吨，就能够赚钱，所以该企业也一直未建立数字化管理，也未精细化核算相关成本和费用。不过市场一直不错，公司经过十多年的发展，也逐步达到年销售收入近 10 亿元的规模。

但是，该企业近 3 年业务发展却停滞了，每年增长率不足 5%，甚至有时候还出现了负增长，公司利润大幅下滑。分析原因的时候，客户归结于劳动力成本上涨过快，其实工人工资在整个销售收入中占比不足 6%，对利润的影响不是很大。

在我们要详细分析利润下降的主要原因时，发现这个公司基本没有数据管理。原材料买来就放到一个露天的仓库中，使用的时候就由工人开着叉车一袋子一袋子地往车间送；产品生产出来之后就放到露天的成品仓库，由工人装上车就拉走了，只有在采购的原材料进厂和成品出厂时才会通过地磅测量重量，之后物料的管理记录非常有限。因为在老板的概念中，只要原材料进厂、成品出厂两个关口把控好了，原材料还在厂里，成品只要不出厂门口，按照他的原话说："好肉烂肉都在锅里，只要不出厂门，就还是我们的。"

没有数据，我们就不知道去哪里找原因，找不到原因，也就无法改善公司的管理。如果能够精确地计算出每一个订单的成本和费用，就能够知道哪个订单在赚钱，哪个订单在亏钱，哪些订单贡献的利润最大，哪个订单分摊的固定费用最大。由此就可以对订单进行选择，优化订单结构，在对订单分析的基础上，就可以优化客户，哪些客户给公司赚钱了，哪些客户虽然很大，但可能是亏钱的。

比如，一个500公斤的订单和一个50吨的订单，量差了100倍，但销售人员跟踪客户签订单所需要的时间差异不大、厂里排产计划安排所消耗的时间差异不大、配方调配所需要的时间和材料消耗差异不大、工艺调试稳定所需要的时间差异不大、厂里的跟单员跟踪客户订单所需要的时间和耗费的精力差异不大、其他的管理成本分摊也差异不大，而分摊到每公斤产品，这个差距就大了。而现在该企业仅仅诊断500公斤订单每吨上调400元价格，这200元的上调幅度是否能够支撑以上这些固定发生的费用？因为没有数据，所以无法核算。

随着这几年中国经济增速放缓，客户的日子也不好过，订单平均需求量越来越小，订单平均成交金额由原来的上百万元逐渐到了十几万元，而定价策略没有调整，甚至价差也在缩小，客户的回款周期在变长。为了能够利用剩余产能，有些时候差价从原来的2500元／吨变到差价1500元／吨的订单也接，否则厂房空闲、设备空闲、工人空闲都是很大的问题。工人工资标准不断上调，员工收入只能增加不能减少，能源费用、环保费用、税收等都在上涨，而原材料价格波动越来越快，一个订单生产完成后，已经又是另外的价格了，每次价差超过3%就有可能吃掉公司所有的利润，当然有些时候本来不赚钱的订单，因为价格波动原因也可能成为赚钱的订单。

四、用数据赢得竞标成功

建筑园林在生产管理上比地产建筑要复杂得多。地产建筑所需要的钢筋、水泥、玻璃、门窗、火电、弱电、水暖管材等，标准化程度非常高，有大量的产品是大宗商品，从采购到生产过程都有相对标准的规范。而每一个地产园林项目都需要各种不同的原材料来满足不同的风格要求，每个项目基本上都需要采购上千种原材料，而这上千种原材料可能会有上万家供应商在供应。所以采购价格弹性非常大，一棵 5 年的绿色树木，3000 元 / 棵或者 5000 元 / 棵都有可能。自然生长的树木形状不同、风格不同、高度不同，即使通过标准化的修剪，仍然不能造就标准化的产品。正是这种形状各异的产品，构成了不同地产园林独特的风格，即使是同一个地产公司的相同地产项目品牌，每次都会有不同的风格。产品缺少标准化，而原材料的标准化程度也非常低，导致这个行业内的企业毛利空间差异非常大。

这样的企业，在具备一定的规模之后，如果不建立自己的数据库去跟踪，即使发展多年，仍然是"新手"，每次更换一个采购经理都要重新去采集数据，而每次投标都要重新在市场上询价，一方面，在投标时间上会严重滞后，另一方面，大量的工作在重复着，重复询价、重复核算、重复寻找新的供应商。更为严重的是，如果监管不严，在采购权力下放之后，会导致各种腐败，而监管人员在面临着频繁变动的上千种原材料和上万家供应商之后，也将会有非常繁杂的工作，不可能监管到每棵树的定价。

该行业发展初期，毛利空间可以达到 50% 甚至以上，粗放式的管理问题也不大，交付每个项目都能够赚钱，只是赚多赚少的问题。而现在不同了，随着地产商集中度的提高，涌现了大量的大型地产商，他们集结人力和物力，构建了其建筑和园林两大行业的大型原材料价格数据库，从而在项目设计和施工过程中，严格把控生产成本，严重挤压了这两大行业的毛利水平，有些项目给的毛利空间不足10%。而这些建筑和园林行业的企业面临巨大的利润空间压力，因为毛利空间只有10%，做不好肯定亏钱。

如果企业构建了这几千种原材料和上万个供应商的产品供应数据库，常年积累，精细化管理，并动态调整和更新数据库中的数据，对产品的价格形成标准化的规范，并在长期积累的价格数据的基础上进行精细化的价格预测，企业在招标、投标的过程中，就能够对项目进行更加精细化的核算，精准地定价，在投标过程中更加精准地获得标的，也能够在项目执行过程中严控项目成本，保障最终利润。

而大型的企业，包括万科、万达这样的下游企业开始重视数据、收集前端的建筑材料价格、有强大的数据库的时候，他们会比一个实际采购原材料的企业更加懂得原材料的价格、一个项目的成本，更加了解一个项目应该有哪些费用，这个时候采购原材料企业就失去了议价能力，丢掉了溢价的空间，如果不能更加精细化地核算出什么样的资源配置能够更好地完成一个园林项目，那么企业在精细化生产的今天终将失去竞争优势。

数据给企业带来的不仅仅是信息，更为重要的是这些数据像技术资料、技术能力、专业知识等资源一样，是企业竞争优势的核心。同样是两个企业竞标，谁能够更加清楚这个标的物的成本，且能够更好地控制这个成本，谁就能够有更高的概率获得这个标的，也就能够在直面的竞争中获胜。

五、用数据找到最合适的人才

在企业内部的大数据中，有一部分数据是员工活动的记录，这部分数据包括员工的行为数据、工作成果数据、参与公司活动的数据等，这些数据就如外部的大数据一样，是员工所有活动的信息记录。这些记录是员工在企业这个领域范围内非常精准、详尽且有效的数据，这个数据比采用外部各种社交网站或者各种电商网站上的数据更紧密且连续。

比如，员工上下班的打卡数据、门禁数据、参与生产或者经营活动的数据、登录公司信息系统的数据、参与会议或者培训的数据、提交的各种报告数据、给员工发工资的数据等，甚至还可以直接采集员工性格特征数据，可以对员工进行任职资格和能力考试、对员工进行定期体检、心理测评。可以说，只要是企业的员工，如果想收集以上相关信息是非常容易的，而这些数据又是非常精准的高价值密度数据。

对这些数据进行充分利用，通过深度挖掘和分析，就可以形成每一个员工非常精准的员工画像，对员工的能力、性格、行为习惯、健康状况、心理状况、心态等进行长期且持续的检测，然后再同企业内部各个岗位员工的输出绩效结果进行关联，就会发现优秀员工所应该具备的特征、特点、能力要求、特质要求等，从而形成最佳员工画像、最佳岗位匹配模型。然后人力资源再按照这个画像去招聘最合适的人选，就可以组建最适合公司经营和管理的最佳团队。

虽然以上的描述带有理想化的成分，但优秀的公司其实就在做这样的事情，而且已经做了多年。在大数据概念兴起之前，这些优秀的公司已经形成了本公司所需要的人才模型，进而根据企业发展和社会变革，不断修正或者优化最适合公司的人才模型。比如 GE、IBM、摩托罗拉、宝洁等公司都有自己的领导力模型和人才选任模型。领导力模型用来选拔和培养公司的领导人选，而人才选任模型用来招聘最适合的员工。

摩托罗拉虽然没落了，但其在管理上给我们留下了很多启迪，影响着一大批优秀的公司。摩托罗拉对于内部的领导力评判有个"5E 模型"，即在摩托罗拉，一个优秀的领导者应该具备 5 个方面的特质，这 5 个特质分别用 5 个 E 开头的英文字母组成：Ethics（职业操守，处于中心）、Envision（高瞻远瞩）、

Energize（激情互动）、Edge（果断决断）和 Execute（执行力），如图 2-5 所示。

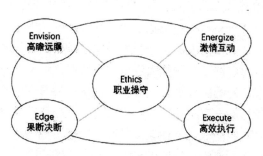

图 2-5　摩托罗拉的领导力模型

而 GE 的杰克韦尔奇认为，领导人应该具备的关键素质可以用"4E+P"来概括，也是"GE 领导力模型"的主要内容，与摩托罗拉的领导力模型稍有不同。分别是：Energy（活力），也就是现在经常说的每日充满正能量；Energize（鼓动力），即能够激励身边的人完成更艰难的工作；Edge（决断力），即能够迅速做出决断，在不确定的情况下识别出机会或者风险，具有快速决断的能力，也代表着能够承担责任的能力，这在摩托罗拉的"5E模型"中也有体现；Execut（执行力），即完成结果的能力，做事追求结果，从而能够有效达成目标；Passion（激情），对工作有一种衷心的、强烈的、真实的兴奋感。

宝洁公司的领导力模型在笔者在职期间曾经做过一次调整，由最初的"3E 模型"变革为"5E 模型"，这个模型的变革是在一群社会学教授和管理学教授共同研究之后做出的建议。最初的"3E 模型"仅仅包括 Envision（远见）、Energize（激发）和 Enable（使之能），这 3 个单词的含义就是作为一个领导者需要看到行业和公司的未来，有对市场和行业的洞察和对消费者需求变革的洞察，从而能够洞见未来的状况，并激发团队实现这个远景梦想。在具体的日常工作中能够为执行者提供各种方法和支持，从而让执行者能够实现公司的目标。在 2001 年前后，为了适应越来越激烈的本土市场竞争，宝洁公司将"3E 模型"扩展到了"5E 模型"，在原有的"3E 模型"基础上扩展了 Engage（全情投入）和 Execute（执行力）。

一个公司优秀员工的画像是本公司的领导力模型或者优秀人才模型制定的数据基础，如果没有实践检验，拿来主义的领导力模型或者自认为的领导力模型都存在问题，适合一家企业的员工不见得适合另外一家企业，在一家公司中表现优秀的员工到了另外一个公司可能会非常不适应，甚至成为无能的员工，这就需要以事实和数据为基础，然后提炼出优秀员工的画像。

六、用数据沉淀完成核心竞争能力的培育

数据为最适合本公司员工特质的提炼提供了基础，也为公司最佳实践提供了基础。所谓最佳实践，就是在本公司内部做某项工作，最好的做法是什么，然后让公司的其他员工遵照执行。有些公司把最佳实践管理得非常细致，并形成公司的业务执行指导方案，甚至一件非常小的事情都有作业指导书，有的指导书被做成了"傻瓜书"，大大降低了对人才能力的要求，即使一个刚毕业的大学生，也能够遵照这个"傻瓜式"的作业指导书将任务完成得非常优秀。

宝洁公司除了对员工有业务的绩效要求之外，还有非常高比例的"组织发展贡献"的评价，这是纳入人事考核的。组织贡献包括对人才的培养、对制度流程的贡献、对最佳实践（又叫作 SOP，Standard Operation Procedure，标准操作规程）的贡献，这些贡献在组织发展过程中发挥了巨大的作用，能够让公司的体系不依赖于个人能力而存在，并能够因为个人的优秀而让组织变得更加优秀。

在宝洁，任何一项新业务的操作，在"第一人"操作之后

都要把相关的操作规程记录下来，形成作业指导书，又叫作 CBA（Current Best Approach，即目前最好的操作方法），当这个方法成熟之后，会形成标准操作规程。以后每个人做类似的工作时，都必须按照这个 SOP 来操作。因为 SOP 的书写非常规范和细致，所以以后来人能够非常容易地遵循这个标准流程有效地完成相关工作。

当然，如果你觉得这个流程不合理或者有更好的优化方法，就可以按照优化的方法来进行，并对你的行为做出解释。当实践证明你的方法更加有效，那么，你就可以在原有 SOP 基础上做出一个修正版，根据改动幅度的大小，再按照软件升级的命名方式来定义新流程文档的版本号。比如，你做出了巨大的改动，就可以定义这个 SOP 的版本是从 V1 升级到了 V2，如果仅仅是修补式的改动，就可以定义这个 SoP 版本是从 V1.0 升级到了 V1.1。每年做绩效考核的时候，这种 SOP 的修订都会被计入个人"组织贡献"中，组织贡献和业绩贡献一样，是 KPI 考核的重要指标，根据岗位不同，组织贡献有的占比达 30% 甚至更高。

这种最佳实践沉淀的活动虽然跟企业大数据貌似没有关系，实际上，这些就是公司内的流程大数据。这个数据的变化可以反映出很多问题：如果 SOP 修改的版本多了，说明外部环境变化很大；如果 SOP 修订少了，也可能是内部激励不足，或者团队氛围缺少创新。

有了流程数据，公司就有了经验。有了经验数据，掌握了周围的环境，公司就可以比竞争对手更容易到达目的地，得到想要的结果。就如我们进入一个没有任何灯光的黑屋子，如果我们每天下班都回到这个房子，那么即使没有了灯光，也会知道每个家具在什么地方，而且也非常容易找到自己要找的东西，而如果是完全陌生的屋子，即使我们也知道有几个沙发，有几个凳子，有多宽的通道，但是仍不敢在其中轻易走动。这就是经验的力量，也是熟识的价值。

在激烈竞争的市场环境中，外界环境的不确定性是我们做经营决策时所面临的最大风险，如果想提高自身把控外界环境的能力，就需要积累更多的数据，并在这个过程中，将数据变现成经验和能力，由此来提高我们对外部环境认知的确定性，因此数据是提高企业经营确定性的基础。

第三章 企业大数据处理技术

第一节 大数据处理流程

如同任何其他企业资产需要通过合理管理一样，工业数据也需要得到管理并在应用中发挥价值。有效的数据管理是指数据的生命周期开始于数据获取之前，企业需要制定数据规划、定义数据规范，以期获得实现数据采集、储存、分析和展示所需的技术能力。一个大数据项目往往包含系统开发与数据管理两部分内容。数据生命周期与系统开发生命周期（SDLC）密切相关，数据生命周期的计划、规划定义及开发实施阶段的内容往往开始于一个大数据方面的 IT 系统开发项目。一个典型的大数据应用项目的实施，可以分为五个阶段：数据规划、数据治理、数据应用、迭代实施和价值实现。

一、数据规划

数据规划阶段的主要工作是分析各业务部门的需求，明确工业大数据的战略价值。确定大数据项目的目标，进行架构规划。

在数据规划阶段，要明确战略意图，并在相关业务部门之间达成一致和共识。接下来需要将战略意图转变为战略规划，通过战略规划明确大数据项目的主要内容。定义大数据项目的商业目标，也就是大数据项目为企业带来怎样的商业价值，是提升企业运行效率呢，还是通过创新业务为企业带来新的价值增长点。商业目标确定以后，需要进一步来确定该大数据项目的执行方针，包括项目执行的基本原则、利益分配原则等。接下来需要成立项目小组，明确相关岗位以及岗位职责。

协同各个业务相关部门和人员，制定项目总体规划。需要规划出主要的应用场景，最终形成项目需求说明书，同时完成需求的评估，评估相关规划和需求是否可以满足战略意图、战略规划，以及商业目标。

根据项目规划、场景规划和需求评估完成数据架构规划，架构规划是项目成功落地的重要环节。如果项目需要引入第三方的数据支持，就需要充分评估项目风险与合作意图，有效达成合作共识。

二、数据治理

数据治理阶段的主要工作是确定数据来源并保证数据质量，确定数据处理和管理工具及方法。

首先要进行数据来源评估，梳理数据，评估数据来源可能存在的风险并加以处理。为了更好地、更有效地存储有价值的数据，同时方便数据的使用，部分数据可以做预处理。需要建立标准和流程，建立数据质量系统。

数据管理工作可以采用专业的数据管理产品和工具，或借助有开发能力的供应商量身定做一套数据管理系统。

三、数据应用

数据应用第三阶段是形成大数据的应用，带来真实的业务价值。

在场景细分阶段，对于第一阶段中形成的场景规划，进行场景细分，形成用例（usas）。需要根据用例、数据，形成具体的功能规划。这些需要是可被准确识别和实现的功能规划，直接对应了大数据应用系统的功能点。还需要充分考虑非功能性指标，如性能要求等。需要进行技术选型，并根据选择的技术路线，寻找符合技术路线的产品，完成产品选型工作。大数据项目的一个重要的内容，就是要通过数据来形成各种应用分析模型，这需要有数据科学家、业务分析师等一系列的角色参与相关工作。也可以引入第三方的成熟产品，如客户智能分析平台、物联网智能分析平台、企业运营智能分析平台等，通过引入这些产品来直接引入成熟的分析模型。

选取具有典型代表意义的大数据应用场景，进行现场的概念验证（proof of concept，POC）工作，通过 POC 验证技术选型、产品选型的正确性，发现问题及时处理，甚至重新选择技术与产品。POC 环节完成后，还需要进行商业验证，验证和评估一些关键场景用例的应用效果，评估和预测是否可以达成商业目标，从而推导出达成商业目标可能存在的问题和风险，进行修订与处理。

四、迭代实施

大数据项目的执行需要进行不断的验证、修正、实施这样的工作，可能需要经过多轮的迭代才能完成项目的建设。

第三阶段中经过 POC 和商业验证的模型，需要开发为特定的大数据分析应用才能最终为使用者所使用并发挥价值。系统开发工作是保证模型应用环节有效达成的手段，同时通过系统开发能力可以开发出围绕大数据分析应用的外围系统。效果评价环节，主要是组织相关业务部门与人员，对实施效果进行研讨和确认，同时对业务价值进行确认和达成一致，如果没有达到预期效果则继续进行迭代改进。业务验证工作是保障大数据分析应用项目真正可以融合于业务、服务于业务的重要手段，从业务流程是否通畅、关键业务点是否达到预期目标、是否对业务办理产生障碍等多方面进行。

围绕项目的战略意图、规划和商业目标，进行有效的推广工作将变得非常重要，良好的实施推广工作可以真正让大数据应用分析项目用起来，让数据"活"起来，源源不断产生价值。大数据项目还会涉及数据安全和质量等，从技术上和使用上都要保证数据的安全和质量。

五、价值实现

通过大数据项目的实施，企业获得的商业价值包含：

●数据资产：企业的数据资产是大数据应用项目带来的重要成果，也是推动企业创新、产业升级、企业转型等的财富。

●数据服务：通过大数据应用项目的实施，可以有效推动企业的数字化转型工作，围绕数据资产形成数据服务的能力。

●决策支持：通过大数据的预测分析能力，有效提升了企业的决策支持能力。

通过有效获取内部商业价值、外部商业价值，真正实现企业建设大数据应用项目的战略意图、战略规划和商业目标。

第二节　一站式大数据平台

平台（Platform）从经济学层面看，是市场的具化。平台表现为一种交易空间或场所，可以存在于现实世界，也可以存在于虚拟网络空间，该空间引导或促成双方或多方客户之间的交易，并且通过收取恰当的费用而努力吸引交易各方使用该空间或场所，最终追求收益最大化。

大数据与平台是密不可分的两种经济形态。大数据是社会经济解构之后的表达方式，而平台是社会经济重构后的表现形式。

一、大数据平台组织结构

平台组织是三个层级（参与层、规则层和数据层）不断聚化和演化的结果。平台组织在形成阶段，遵循组织构建原理，一旦形成，就具有鲜明的自组织特性，就会不断发生类生态进化的结构耗散、协同和突变。平台组织三个层级共同构成平台组织结构，各层级及组成层级的模块在大数据信息化时代背景下相互影响和互动的运行规则，界定着平台组织的边界。平台组织的目标、信息、技术特征和数据价值具体固化和动态演化确定着平台组织的边界。

平台组织，沿着其内在的逻辑脉络，基于大数据下的信息流和数据流，划分为参与层、规则层和数据层共三个层级，如图3-1所示。

我们分析平台各层级及组成层级的模块如何在大数据时代背

111

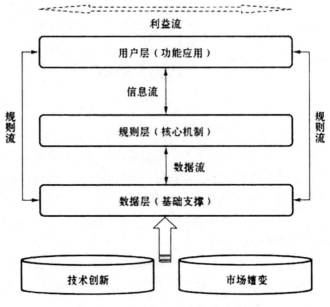

图 3-1　平台组织本质构成解析

景下相互影响和互动的运行规律，整合实现平台组织的目标，同时也要研究平台组织的技术特征、目标定位、信息传导方式与机制、开放度、运转效率、生命周期等问题。

平台技术层是影响参与人进入平台参与交易的非结构性、每时每刻无间断涌现的、潜伏孕育平台规则的海量数字数据集。

平台规则系统主要包括技术性规则系统和管理性规则系统，涉及基本要素集成的功能性子模块和平台内部管制的规则。

平台从组织结构角度看，无非就是对大数据时代一般行业数据的有机集合和规则化商业利用的载体工具。这种载体工具，基于其存在的社会经济环境的高度网络化，在发展上主要体现为规则化信息与多方利益纠结博弈而成的经济生态系统的演化过程。

这种过程从平台作为追求利润最大化的商业存在的角度看，是以传统市场的商业模式为前提，而又在运营上呈现出作为自组织市场中介系统新的特点。

从这个角度而言，平台组织的商业实践，与市场上各种经济主体的商业模式类似，也可以归结为一般意义性的平台运营规范，即大数据平台商业模式。

参与层派生的原始信息，基于平台组织的生产、分配、交换和消费等活动的行为痕迹，沿着信息流通道，进入到规则层。规则层对传递而来的原始信息在信息规范下，呈现数据结构，经过配对、匹配、调整和衍生，对参与层形成反馈的同时，将数据结构输送到数据层运用现代计算机技术解构数据，使大数据呈现出来。经由平台多边市场参与方效用和利润最大化的决策和判断心理赋予大数据价值和意识形态后的信息流，反馈回流到参与层，渗透到平台多边参与方中，创造商业价值，实现财富最大化。

二、参与层：原始信息

参与层是平台的多边参与方、利益相关者，具体包括自然人、法人、社会团体、政府机构等。其派生生成的信息，形成原始数据，是平台组织一般状态即自然状态下诞生的内生动力来源，也是平台组织成型后服务的主体对象。如在自然界中，植物是生产者，动物是消费者，微生物是分解者，在平台组织中，同样存在着多边市场参与者处于不同的角色，拥有不同的权限。

1. 依权限不同，参与层划分为监管者、商家、消费者和第四方四个层次，下面依次做介绍。

2. 监管者平台在演化过程中，一旦形成综合性的平台，它就直接存在垄断问题，产生平台的公权力。平台方是平台组织的内部管制者，属于内部软约束；政府是平台组织的外部管制者，属于外部硬约束。平台方是构建平台的主体，召集平台多边客户的企业、组织或个人。监管者的责任在于制定平台多边市场参与者博弈的游戏规则与做出制度安排，面对约定俗成或非正式制度安排，三个或是多于三个的多边参与方博弈需求明晰的制度，实现平台的净化、多边利益的平衡，维护平台正常运行。

平台方对于平台组织的管制主要体现于其对平台的管制能力。首先是作为价格管制者。如果卖方一边具有超越买方一边的市场能力，买方通过加入平台仅仅获得很少的收益。那么，平台就会有动机去关注或通过对买方进行补贴等方法来增加买方收益，并促使他们乐于加入平台。有两点需要指出，首先，如果平台不与买方直接发生关系，平台就会为卖家提供最大的收益，并给予卖家最大的商业自由；其次，在给定最终用户之间的交易经常导致垄断或买主独家垄断的情况下，平台就不可能会去尝试管制最终用户之间的交易价格问题。

其次，平台是许可授权者。最终用户常常不仅仅关心定价问题，同样关心交易的质量问题。在一些行业里面，平台关注对交易参与方的筛选，因为后者创造了前者的外部性；超级市场并不把货架转让给出价最高的投标者，因为最终的结果并不一定能满足购买者对品牌差异性的认知；媒体对广告商和广告内容的限制至少是不能冒犯它的读者。从这个角度说，平台就成为具有许可授权能力的管制机构（例如，银行、金融、电力与通信行业），以规定运营的最低标准，尽可能消除客户的负外部性。同样需要指出的是，如果一个平台无法将买方福利内生化，则它没有动机对卖方苛求。

最后，平台是竞争策划者。当价格管制显得复杂或无效时，平台可能会通过鼓励市场一方的竞争而使自身对另外一方更有吸引力。市场一方的竞争会导致价格接近边际成本，交易量将会接近有效量。

政府对于平台组织的外部硬约束源于市场。伴随着市场的发展，市场在解决信息不对称的同时在制造信息不对称。这主要基于平台组织过程中大数据时代的、信息沟通渠道中随处可见、难以避免的不确定性和非对称性。实现实时、高效、安全、真实、可靠的对接并非易事。并且，在网络化、信息充斥的大数据时代，信息携带商业价值，作为价值的载体和传播的使者，关于它本身及其对其利用，都可能给社会和市场造成冲击。有时甚至是性命攸关，因此，保证信息畅通无阻，并且可靠真实，及时适用，这个类似公共产品的公权力，只能借助政府的外部硬约束得以监管。

三、规则层：数据结构

规则层，是围绕不同数据结构下的各种不同类型规则组成的规则系统。规则，首先是一种符号体系，其次是一种关系映射，再次是一种制度设计。平台在各个不同的规则下，生产不同的信息规则，进而对应不同的数据结构，该层基于数据结构对数据进行配对、调整和衍生。规则具有不同维度，可以从信息维度看，就有了信息规则；从形成角度看，就有了独裁与民主等规则之分；从规则作用机制看，首先有静态的基本规则，其次是短期发展中的动态竞争规则再到长期发展中的衍生规则。

基础规则是平台组织规则的基准，主要决定参与方需求与供给怎么搭配，平台数据如何匹配，平台交易时空顺序怎样整合：动态规则侧重于基本规则的作用上，研究平台组织运行规律、竞争规则与机制，是基于较短视角的时间期限的一个概念：衍生规则，是从长期发展的观点讨论组织形态的嬗变，譬如平台寄生，共生，母子平台形成、分裂、生命周期等。本章重点讨论平台组织的静态规则，动态规则将在平台竞争一章详细展开，演化规则作为后续平台演化一章主要内容将会有充分阐释。

规则在大数据和大平台之间架起了桥梁。规则的变化，定固着大平台的显化形式。规则的变化，又连接着核心的大数据，主导着大数据中的骨干数据、边缘数据、清洁数据和肮脏数据。

依功能，规则层划分为：

1. 基础规则

规则，一般指由群众共同制定、公认或由代表人统一制定并通过的，由群体里的所有成员一起遵守的条例和章程，规则具有普遍性。另外规则也指大自然的变化规律。平台发端于买卖，协调于供需，在传统自在市场中，潜移默化而出。跟大自然的变化规律一样，规则以人类社会分工、人类的自我维护和修复、繁衍后代、心理欲望而自在。鲁迅先生所言"自然的规则，一定要使我老下去，丝毫也不足为奇的"，平台组织的基本规则也是如此。

2. 动态规则

动态规则侧重于基本规则的作用，比如市场上价值规律是基本的，但是剩余价值和流通规律是进一步的深化，最终在各种平台组织各方参与者行为和心理欲望的作用下不断地变化、叠加和推进。在较短视角的时间期限内，其外化为平台的竞争规则；在较长视角的时间期限内，其侧重运行规则和机制、制度的设计。

参与层的多边市场参与方，其行为在自在市场的物物交换下，逐渐在价值累积和逐利性的驱使下，规则也在不断运动，吐出一定的秩序，构建动态的制度。该作用过程，突出为下述的时序：

（1）多边市场参与方在基于平台的交易，默契遵循隐性、潜伏的社会特定需求、社会约定俗成等自然形态的约定规则。

（2）多边市场参与方基于平台交易，逐渐显化、引导前一阶段的自然形态的约定规则中加入了多边市场参与方的盈利目标，该围绕利益、追逐利益并最终是为了分享利益的行为过程，很大程度上主导并修正规则，潜移默化中，规则携带人格化的欲望走向价值和利益的平台空间当中。处于该阶段的平台组织的规则是需求形态的自觉规则。其夹杂着平台自身以及平台上的买方、卖方、监管者和寄生者各自行为目标间的互作用。

（3）多边市场参与方基于平台的交易行为，其各方的交易目标和交易信息共同作用下的规则。由于处于信息技术时代，信息经技术层处理，解构为大数据，大数据反馈作用于规则，规则受来自平台组织参与层欲望目标和技术层数据信息价值的共同作用和相互作用，该规则集主观和客观要素于一体，凸显的是价值形态的自发规则。

四、数据层：数据解构

数据层，对数据进行解构后使得大数据展现出骨干数据、边缘数据、清洁数据和肮脏数据的本质形态。信息是对事物的价值描述，特别是对社会价值的描述，以及对事物的自然属性描述。一个是社会价值，一个是自然属性，包括事物本身和过程，静态的和动态的。在这个基础上，对信息或对事物信息的数字化解构，成为数据，最终形成蕴涵商业价值、社会价值的大数据。

海量的数据规模（volume）、快速的数据流转和动态的数据体系（velocity）、多样的数据类型（variety）以及巨大的数据价值（value），IDC定义了当前大数据的四大特征。对于大数据的发掘，犹如掘金潮般。但仅从技术面上处理数据，脱离平台经济学理论基础和平台组织理论的探究，其价值必将得不到深挖和开发。

第三节　企业大数据分析

数据化企业的三个核心特征：

数字化（Digitization）就是将许多复杂多变的信息转变为可以度量的数字、数据，再用这些数字、数据建立起适当的数字化模型，把它们转变为一系列二进制代码，引入计算机内部，进行统一处理。将数字化技术用于支持产品全生命周期的制造活动和企业全局优化运作就是数字化制造技术，将数字化技术注入工业产品就形成了数字化产品。从 CAD 开始，企业开始了数字化进程。继而，从设计到制造，再到管理，企业全面进入了数字化时代。

数字化本质上是信息化，是传统模式的计算机化，如 CAD 制图，基本上是绘图板功能的计算机化；而电子记账，则是手工账本的计算机化；即便是数控机床，也是让计算机模拟人脑去控制切削加工的工程；更本质的变化是信息化带来企业业务流程的变革，信息将业务流程整合得更加顺畅，使流程中的人和工作更加灵活。同时，核心的企业资产（如智力成果、财务和人力资源）也以数字化信息系统的方式进行管理和运作，也就是数字化管理。可以说，企业增添了信息化的辅助，变得更加高效、省力、精准。

"数字化"企业可以这样来定义，即在一个"数字化"企业中，几乎所有的商业关系，诸如客户、供应商、雇员之间及核心的业务流程都是通过数字化的信息系统进行连接和沟通的。借助信息化手段和信息化系统，"数字化"企业对外部环境的反应速度比传统的企业要快得多，使之能够在竞争激烈、变化无常的市场环境中生存并保持持续的竞争力，但本质上并没有改变制造模式。

2016 年 9 月 6 日至 9 日，西门子 PLM 全球产业分析师会议在波士顿举行，本次会议的主题是：数字化，改变一切（Digitalization, Change Everything, Everywhere）。西门子公司 PLM 的 CEO Chuck Grinstaff 先生在演讲中指出，企业数字化转型失败的核心原因是没有将数字化列入企业的核心战略。企业只是投资应用最新的单项技术，而缺乏横向集成；仅将数字化技术当作提高企业运营效率的支撑技术，考虑的只是具体的信息采集数字化（Digitization），但没有全盘考虑企业的数字化（Digitalization）转型策略。因此，制造业的创新密码在于重新思考每一个业务环节，真正构建数字化企业。数字化将带来新的商业模式和企业运营模式，大数据和互联的世界也会彻底改变企业的运营模式。

这里，两个同样翻译成"数字化"的英文单词——Digitization 和 Digitalization，其内涵是不同的。后者更接近于我们今天所说的"数据化"，则完全是另一个概念。早在2012 年，数据的爆炸性增长就跨越了其临界点，越来越多的企业认识到数据尤其是大数据的影响力。数据化企业并不仅是设计、管理和制造的数字化，也即分散的、单元数字化的过程，而是强调全面以数据为基础的企业经营活动。

数据化企业将数据视为核心资产，通过数据洞察业务、量化管理，实现数据定义的经营活动。数据化企业有三个核心特征。

1. 数据资产化（Data as a Asset，DaaA）：在大数据时代，数据渗透各个行业，渐渐成为企业战略资产。拥有数据的规模、活性，以及收集、运用数据的能力，将决定企业的核心竞争力。

世界经济论坛报告曾经预测称，"未来的大数据将成为新的财富地，其价值可能会比肩石油"，而大数据之父维克托也乐观地表示，"数据列入企业资产负债表只是时间问题。"

资本区别于一般产品的特征在于它具有不断增值的可能性，如果不能为企业带来经济利益，再海量的数据也只是垃圾一堆。只有能够利用数据、组合数据、转化数据的企业，他们手中的大数据资源才能成为数据资产。

2. 软件定义一切（Sofware Defined x，SDX）："软件定义一切"的核心思想是将特定的硬件与软件进行解耦，通过软件为硬件灌注智能。软件定义一切的最早体现是软件定义网络（Software Define Network，SDN），它是由 Emulex 提出的一种新型网络创新架构，其核心技术 OpenFlow 通过将网络设备控制面与数据面分离开来，从而实现了网络流量的灵活控制，为核心网络及应用的创新提供了良好的平台。未来的企业可以为用户定义个性的产品，只要有数据的支持，就可以由软件所定义的生产过程生产出来。

3. 数据驱动生产（Data Driven Production, DDP）：一个数据驱动的组织会以一种及时的方式获取、处理和使用数据来创造效益，不断迭代并开发新产品，并在数据中探索（navigate）。

第四节　数据可视化

图形是直观呈现数据的方法，然而，将大量数据在同一个图表中画出来并不容易。数据可视化就是研究利用图形展现数据中隐含的信息并发掘其中的规律的学科。它是一门横跨计算机、统计、心理学的综合学科，并随着数据挖掘和大数据的兴起而进一步繁荣。

数据可视化的历史可以追溯到 20 世纪 50 年代计算机图形学的早期，人们利用计算机创建了首批图形图表。到了 1987 年，一篇题为 Vsualization in Scientific Computing（科学计算之中的可视化，即科学可视化）的报告成为数据可视化领域发展的里程碑，它强调了新的基于计算机的可视化技术方法的必要性。

随着人类采集数据种类和数量的增加，以及计算机运算能力的提升，高级的计算机图形学技术与方法越来越多地应用于处理和可视化这些规模庞大的数据集。20 世纪 90 年代初期，"信息可视化"成为新的研究领域，旨在为许多应用领域中对于抽象的异质性数据集的分析工作提供支持。

当前，数据可视化是一个既包含科学可视化，又包含信息可视化的新概念。它是可视化技术在非空间数据上新的应用，使人们不再局限于通过关系数据表来观察和分析数据信息，还能以更直观的方式看到数据及数据之间的结构关系。

数据可视化是关于数据的视觉表现形式的研究。其中，这种数据的视觉表现形式被定义为一种以某种概要形式抽提出来的信息，包括相应信息单位的各种属性和变量。

数据可视化技术的基本思想是将数据库中的每个数据项作为单个图元元素表示，大量数据构成数据图像，同时将数据的各个属性值以多维数据的形式表示，可以从不同的维度观察数据，从而对数据进行更深入的观察和分析。

在大数据时代，数据可视化工具必须具有以下新特性。

1. 实时更新：数据可视化工具必须适应大数据时代数据量的爆炸式增长需求，必须能快速地收集和分析数据，并对数据信息进行实时更新。

2. 操作简单：数据可视化工具满足快速开发、易于操作的特性，能满足互联网时代信息多变的特点。

3. 多维度展现：数据可视化工具需要具有更丰富的展现方式，能充分满足数据展现的多维度要求。

4. 多种数据源：数据的来源不仅限于数据库，还支持数据仓库和文本数据等多种数据源，并能够通过互联网进行展现。

数据可视化的思想是将数据库中的每个数据项作为单个图元元素，通过抽取的数据构成数据图像，同时将数据的各个属性值加以组合，并以多维数据的形式通过图表、三维等方式来展现数据之间的关联信息，使用户能从不同的维度及不同的组合对数据库中的数据进行观察，从而对数据进行更深入的分析和挖掘。

一、Tableau

Tableau 是桌面系统中最简单的商业智能工具软件之Y，它不强迫用户编写自定义代码，新的控制台可完全自定义配置。Tableau 控制台灵活，具有高度的动态性，不仅能够监测信息，而且能够提供完整的分析功能。

Tableau 产品主要有：Tableau Public、Tableau Desktop、Tableau Online、Tableau Server、Tableau Mobile 和嵌入式分析等。

其中，Tableau Public 是 Tableau 的免费版本。它需要一些结构化的数据，也需要用户懂一些BI。不过类似于可以拖曳这样的操作，对于那些想尝试的用户来说，还是比较方便的。Tableau Public 作为服务交付，可以立刻启动并运行。它可以连接到数据，创建交互式数据可视化内容，并将其直接发布到自己的网站。Tableau Pulic 通过所发现的数据内在含义来引导用户，让他们与数据互动，而这一切不用编写一行代码即可实现。

Tableau Desktop 是基于斯坦福大学突破性技术的软件应用程序，可以分析实际存在的任何结构化数据，能够在几分钟内生成美观的图表、坐标图、仪表盘与报告。利用 Tableau 简便的拖放式操作，可以自定义视图、布局、形状、颜色等，帮助用户展现自己的数据视角。

"所有人都能学会的业务分析工具"，这是 Tableau 官网上对 Tableau Desktop 的描述。确实，Tableau Desktop 简单、易用，是该软件最大的特点，使用者不需要精通复杂的编程和统计原理，只需要把数据直接拖放到工具簿中，通过一些简单的设置就可以得到想要的可视化图形。

所以，Tableau Desktop 的学习成本很低，使用者可以快速上手，这对日渐追求高效率和成本控制的企业来说无疑具有巨大的吸引力，特别适合日常工作中需要绘制大量报表、经常进行数据分析或需要制作图表的人。

在 2014 年 3 月进行的一项有关数据可视化的调查显示，已经部署数据可视化应用的企业仅为 15%，但有 56% 的企业计划在 1—2 年内部署相关应用。从企业部署数据可视化应用的目的来看，排在前三位的分别为：通过数据可视化发现数据的内在价值（36%）、满足高层领导的决策需要（30%）和满足业务人员的分析需要（25%）。仅有 9% 的企业选择需要更美观的展现效果。

在针对 Tableau、Qlik、Tibco sofware、SAS、Microsoft、SAP、IBM 和 Oracle 八家数据可视化产品和服务提供商的调查中，分别从知名度、流行度和领导者三个角度进行分析。从知名度来看，八家厂商几乎不分先后，只有微小的差距；从流行度来看，SAP、IBM 和 SAS 占据前三位，所占比例分别为 19%、18% 和 17%；从领导者来看，Tableau 以 40% 的优势遥遥领先。

二、QlikView

QlikView 是一个完整的商业分析软件，使开发者和分析者能够构建和部署强大的分析应用。QlikView 应用使各种终端用户以一个高度可视化、功能强大和创造性的方式，互动分析重要业务信息。

QlikView 是一个具有完全集成的 ETL 工具的向导驱动的应用开发环境、考虑到无限钻取的强大 AQL 分析引擎，以及高度直觉化的、使用简单的用户界面。QlikView 让开发者能从多种数据库里提取和清洗数据，建立强大、高效的应用，而且能够使它们被 Power 用户、移动用户和终端用户修改后使用。

QlikView 是一个可升级的解决方案，完全利用了基础硬件平台，用上亿行的数据记录进行业务分析。QlikView 由以下部分组成：开发工具（QlikView Local Client）、服务器组件（QlikView Server）、发布组件（QlikView Publisher）和其他应用接口（SAP、Salesforce、Informatica）。服务器支持多种方式发布，如Ajax客户端、ActiveX客户端，还可以与其他CS/BS系统进行集成。

三、Power BI

Power BI是一套业务分析工具，用于在组织中提供见解。它可连接数百个数据源，简化数据准备工作并提供专门分析。它可生成美观的报表并进行发布，供用户在Web和移动设备上使用。每个人都可以创建个性化仪表板，获取针对其业务的全方位独特见解。它可在企业内实现扩展、内置管理和安全功能。

Power BI是一种基于云的业务分析服务，可为用户提供关键业务数据的单一视图。它使用实时仪表板监视用户的业务运行状况，使用PowerBI Desktop创建丰富的交互式报告，以及使用本机Power BI Mobile应用在旅途中访问用户的数据，轻松、快速且免费。

Power BI的产品主要有：Power BI.Power BI Desktop.Power BI Premium.Power BI Mobile、Power BI Embedded和Power BI Report Server。

Power BI具有如下特征：

1. 在一个窗格中查看所有内容

Power BI将用户所有的本地信息和云信息集中在一个中心位置，用户可以随时随地访问，也可以使用预封装的内容包和内置连接器快速从解决方案（如Marketo、Salesforce、Google Analytics及更多）中导入用户的数据。

2. 让细节更生动

Power BI通过令人惊叹的可视化效果和交互式仪表板，提供企业的合并实时视图。PowerBI Desktop提供不限形式的画布供用户拖放数据进行浏览，并提供大量交互式可视化效果、简易报表创建及快速发布到 Power BI 服务的库，非常适合分析师使用。

3. 将数据转换为决策

借助 Power BI，用户可以使用简单的拖放操作轻松与数据进行交互，并可使用自然语言进行查询，快速获得答案。

4. 共享无数见解

Power BI 使用户在任何地方都可与任何人共享仪表板和报表。通过适用于 Windows、ios 和 Android 的 Power BI 应用，始终掌握最新信息。警报将通知用户数据中的任何更改，以便与团队一起采取相应措施。

5. 在网站或博客上分享见解

可以使用 Power BI 发布数据到 Web 端，数百万用户可以从任何位置、使用任何设备进行访问。Power BI 可以合并数据源，轻松创建今天惊叹的可视化效果，并在几分钟内快速将内容嵌入网站。

第五节　主流企业大数据处理平台介绍

在大数据的处理上，起到关键性作用的就是大数据框架，通过大数据系统框架，实现对大规模数据的整合处理。从人工统计分析到计算机，再到今天的分布式计算平台，数据处理速度飞速提高的背后是整体架构的不断演进。当今，市面上可用的大数据框架很多，最流行的莫过于 Hadoop，Spark 以及 Storm 这三种了，Hadoop 是主流，然而 Spark 和 Storm 这两个后起之秀也正以迅猛之势快速发展。接下来让我们一起了解一下这三个平台。

一、Hadoop

说到大数据，首先想到的肯定是 Hadoop，因为 Hadoop 是目前世界上使用最广泛的大数据工具。具有良好的跨平台性，并且可部署在廉价的计算机集群中，在业内应用非常广泛，是大数据的代名词，也是分布式计算架构的鼻祖。凭借极高的容错率和极低的硬件价格，在大数据市场上蒸蒸日上。几乎所有主流厂商都围绕 Hadoop 进行开发和提供服务，如谷歌、百度、思科、华为、阿里巴巴、微软都支持 Hadoop。到目前为止，Hadoop 已经成为一个巨大的生态系统，并且已经实现了大量的算法和组件。

Hadoop 框架当中最主要的单个组件就是 HDFS、MapReduce 以及 Yarn。

在大数据处理环节当中，HDFS 负责数据存储，MapReduce 负责数据计算，Yarn 负责资源调度。基于这三个核心组件，Hadoop 可以实现对大规模数据的高效处理，同时 Hadoop 出色的故障处理机制，支持高可伸缩性，容错能力，具有高可用性，更适合大数据平台研发。

但是 Hadoop 存在比较大的一个局限就是，处理数据主要是离线处理，对于大规模离线数据处理很有一套，但是对于时效性要求很高的数据处理任务，不能实现很好地完成。

作为一种对大量数据进行分布式处理的软件框架，Hadoop 具有以下几方面特点：

成本低	采用廉价计算机集群，成本低，普通用户很容易搭建
高可用性	采用冗余数据存储方式，即使某副本发生故障，其他的仍能正常提供服务
高效性	采用分布式存储和分布式处理两大核心技术，能高效处理 PB 级数据

续表

可扩展性	可高效稳定运行在廉价的计算机集群上，扩展到数以千计的计算机节点上
多种语言支持	虽然是开发的，但也可使用其他语言编写

Hadoop 架构大幅提升了计算存储性能，降低计算平台的硬件投入成本。但是由于计算过程放在硬盘上，受制于硬件条件限制，数据的吞吐和处理速度明显不如使用内存快，尤其是在使用Hadoop 进行迭代计算时，非常耗资源，且在开发过程中需要编写不少相对底层的代码，不够高效。

二、Spark

基于 Hadoop 在实时数据处理上的局限，Spark 与 Storm 框架应运而生，具有改进的数据流处理的批处理框架，通过内存计算，实现对大批量实时数据的处理，基于 Hadoop 架构，弥补了Hadoop 在实时数据处理上的不足。为了使程序运行更快，Spark提供了内存计算，减少了迭代计算时的 I/O 开销。Spark 不但具备 Hadoop MapReduce 的优点，而且解决了其存在的缺陷，逐渐成为当今领域最热门的计算平台。

作为大数据框架的后起之秀，Spark 具有更加高效和快速的计算能力，其特点主要有：

速度快	采用先进的有向无环图执行引擎，以支持循环数据流与内存计算，基于内存的执行速度比 Hadoop MapReduce 快上百倍，基于磁盘的执行速度也较之快十倍
通用性	提供体系化的技术栈，包括 SQL 查询、流式计算、图形等组件，这些组件可无缝整合在同一应用中，足以应对复杂计算

续表

易用性	支持 Scala、和 R 等语言，API 设计简洁，用户上手快，且支持交互式
运行模式多样	Spark 可运行在独立的集群模式中，或运行在 Hadoop 中，也可运行在 Amazon EC2 等云环境中，并且可以访问 HDFS、Cassandra、HBase、Hive 等多种数据源

我们知道计算模式主要有四种，除了图计算这种特殊类型，其他三种足以应付大部分应用场景，因为实际应用中处理主要就是这三种：复杂的批量数据处理、基于历史数据的交互式查询和基于实时数据流的数据处理。

Hadoop MapReduce 主要用于计算，Hive 和 Impala 用于交互式查询，Storm 主要用于流式数据处理。以上都只能针对某一种应用，但如果同时存在三种应用需求，Spark 就比较合适了。因为 Spark 的设计理念就是"一个软件栈满足不同应用场景"，它有一套完整的生态系统，既能提供内存计算框架，也可支持多种类型计算（能同时支持、流式计算和交互式查询），提供一站式解决方案。

此外，Spark 还能很好地与 Hadoop 生态系统兼容，Hadoop 应用程序可以非常容易地迁移到 Spark 平台上。

除了数据存储需借助 Hadoop 的 HDFS 或 Amazon S3 之外，其主要功能组件包括 Spark Core（基本通用功能，可进行复杂的批处理计算）、Spark SQL（支持基于历史数据的交互式查询计算）、Spark Streaming（支持实时流式计算）、MLlib（提供常用机器学习，支持基于历史数据的数据挖掘）和 GraphX（支持图计算）等。

尽管 Spark 有很多优点，但它并不能完全替代 Hadoop，而是主要替代 MapReduce 计算模型。Spark 没有像 Hadoop 那样有数万个级别的集群，所以在实际应用中，Spark 常与 Hadoop 结合使用，它可以借助 YARN 来实现资源调度管理，借助 HDFS 实现分布式存储。此外，比起 Hadoop 可以用大量廉价计算机集群进行分布式存储计算（成本低），Spark 对硬件要求较高，成本也相对高一些。

三、Storm

与 Hadoop 的批处理模式不同，Storm 使用的是一个流计算框架，该框架由 Twitter 开源，托管在 GitHub 上。与 Hadoop 相似，Storm 也提出了两个计算角色，Spout 和 Bolt。

如果说 Hadoop 是一个水桶，一次只能在一口井里装一个水桶，那么 Storm 是一个水龙头，它可以打开来连续生产水。Storm 还支持许多语言，如 Java、Ruby、Python 等。因为 Storm 是一个流计算框架，它使用内存，这在延迟方面有很大优势，但是 Storm 不会持久化数据。

但 Storm 的缺点在于，无论是离线、高延迟，还是交互式查询，它都不如 Spark 框架。不同的机制决定了二者所适用的场景不同，比如炒股，股价的变化不是按秒计算的，因此适合采用计算延迟度为秒级的 Spark 框架；而在高频交易中，高频获利与否往往就在 1ms 之间，就比较适合采用实时计算延迟度的 Storm 框架。

Storm 对于实时计算的意义类似于 Hadoop 对应的意义，可以简单、高效、可靠地处理流式数据并支持多种语言，它能与多种系统进行整合，从而开发出更强大的实时计算系统。

作为一个实时处理流式数据的计算框架，Storm 的特点如下：

整合性	Storm 可方便地与消息队列系统（如 Kafka）和数据库系统进行整合
可扩展性	Storm 的并行特性使其可以运行在分布式集群中
简易的 API	Storm 的 API 在使用上既简单又方便
可靠的消息处理	Storm 保证每个消息都能完整处理
容错性	Storm 可以自动进行故障节点的重启，以及节点故障时任务的重新分配
支持多种语言	Storm 支持使用各种语言来定义任务

就像目前云计算市场中风头最劲的混合云一样，越来越多的组织和个人采用混合式大数据平台架构，因为每种架构都有其自身的优缺点。

比如 Hadoop，其数据处理速度和难易度都远不如 Spark 和 Storm，但是由于硬盘断电后其数据可以长期保存，因此在处理需要长期存储的数据时还需要借助于它。不过由于 Hadoop 具有非常好的兼容性，因此也非常容易同 Spark 和 Storm 相结合使用，从而满足不同组织和个人的差异化需求。

考虑到网络安全态势所应用的场景，即大部分是复杂批量数据处理（日志事件）和基于历史数据的交互式查询以及数据挖掘，对准实时流式数据处理也会有一部分需求（如会话流的检测分析），建议其大数据平台采用 Hadoop 和 Spark 相结合的建设模式。

大数据处理的框架是一直在不断更新优化的，没有哪一种结构能够实现对大数据的完美处理，在真正的大数据平台开发上，需要根据实际需求来考量。

第四章　天生数据化的互联网企业

第一节　互联网企业的天生数据化

互联网的诞生加速了世界经济一体化进程，各种 IT 业态中，互联网成长壮大的速度最快，更新换代的周期也最为迅猛。互联网是由 IT 技术和通信技术为支撑建立起来的，其实现在互联网已经超越了 IT 和通讯领域，IT 成了互联网的组成部分。对互联网来说，创新是互联网保持如此快速成长并走向繁荣的重要动力。谁能在互联网上掌握这个核心竞争力，谁就能够成为巨大财富的创造者。一代又一代纵横驰骋于互联网江湖的大大小小的企业，不仅用自身的奋斗历程演绎着互联网的商业传奇，也推进了互联网商业发展的历史进程，诉说着互联网企业发展的前世与今生。

在 20 世纪 90 年代，随着电脑的普及和信息技术的发展，互联网迅速走向商业化，对互联网进行商业化利用，一方面加速了互联网的推广普及和发展更新的步伐，另一方面也促进了网络服务的发展，让众多的企业和商家从互联网中看到了商机，于是一批先驱者开始了互联网创业，互联网企业也由此开启了一个属于互联网时代的商业革命。

　　移动互联网环境下内容、关系、服务三者的交融，使新媒体的平台化成为趋势。平台化也是提升新媒体盈利能力的基础。一个新媒体平台，应该具有以下几个特征：

　　首先，与一个产品只是在单一环节提供单一功能的满足不同，平台应该涵盖产品生产与消费的更多环节，提供综合的服务。

　　其次，平台的生产主体是开放的，平台也是由所有生产主体共同经营的。一个良性的平台生态决定了这个平台上不同生产者的积极性与贡献度。

　　再次，平台是产品的孵化器。平台需要为新产品的开发提供用户基础以及开放的入口。最后，平台不只是各种产品的集合，而是以用户为核心、围绕用户的需求而形成的一个商业体系。一个平台的理想目标是构建合理的生态链条和平衡的生态系统。

　　诺基亚轰然倒下，联想鲸吞摩托罗拉，海尔自我革命，全新谋变；小米4年创100亿元市值，天猫、京东联手干掉传统卖场。

　　自互联网进入中国，到移动互联网随着智能手机的出现走入大众生活中，"互联网+"逐步掀起一股发展浪潮。"互联网+"影响了多个行业，不同的领域对于"互联网+"的理解不同，同时他们的切入点也不同。大家耳熟能详的电子商务、互联网金融、互联网餐饮、众筹影视等行业都是"互联网+"的杰作。"互联网+"不仅被全面应用到第三产业，形成了诸如互联网金融、互联网交通、互联网医疗、互联网教育等新业态，而且正在向第一和第二产业渗透。但"互联网+"也不是万能的，并不是药到病除的良药，"互联网+"既是机遇也是挑战。

　　现在，如智能手机、平板电脑这样的移动智能设备正在以迅猛的速度增长，就像是侵入人体的病毒，未来的世界将被移动互联网所掌控，已经没有人会对这个结论产生异议。那么在以后的世界中，还会有行业脱离开互联网和移动互联网而独立存在吗？

如果有的话，这些行业可获取更多的好处吗？答案是显而易见的，没有，肯定是没有的。

现在，就算是还有一些行业主要的运营模式不是互联网模式，但是，互联网给这些行业所带来的种种好处，是摆在眼前的。不过，如果他们想在未来的市场分一杯羹，就必须要把握住现在的互联网的好处，并且向互联网转型。

中国在 2008 年之后，市场就开始进入电子商务快速发展的时期，互联网也开始从传统的 PC 端互联网转变成移动互联网，发展的模式都差不多，还是沿袭了 PC 端发展模式，并且速度很快。时至今日，移动互联网已经把控中国的每一寸土地，而商机则变为了与移动互联网接触的各个移动终端。按照数据所反映的情况来看，有相关的专家预言，用不了几年，移动互联网就可以霸占中国所有的行业，其规模要比传统的 PC 还要大，甚至都有可能超过实体市场。

预言成真，只用了短短的两年时间，中国的互联网市场的规模就有了要超过实体市场的势头，这里所说的是 PC 端与移动互联的结合，而互联网市场的增长速度已经把实体市场远远甩在了后面。

进入移动互联时代，不仅是把使用互联网的人的数量拉了起来，而且还把用户的活跃指数提升了不少。因为移动终端的加入，使得 PC 端的短板得以弥补，这就使移动互联这个蛋糕的边界被无限放大。而要在这个很新鲜的市场里面抢夺先机，得到更多的蛋糕，各个行业的各个企业，都开始摸索并实施切实可行的模式与构架。全新的商业平台的推出，都会使数不胜数的运营商趋之若鹜。而每个运营商只要可以摸索出移动互联的一个点，只要对传统的商业构架进行改造，那么就可以无限延伸，创立新的模式构架。

有一家比较老的网游代理公司叫作九城游戏中心，它的转折点就是在 2005 年的时候抓住机会，成为火爆的经典网游《魔兽世界》的代理商，而《魔兽世界》的成功也造就了它的成功。从2005年开始，仅仅是这款游戏的点卡销售额就从来没有低于过9000万元，而且这个数字还要大于实体卡一年的销售量。

而当九城公司与暴雪娱乐公司的合约到期以后，九城公司敏锐地捕捉到了市场变化的气息，加紧向移动互联市场进军，抢占市场，而且九城公司并不是转行去做别的，而是依托移动互联的模式，继续运作游戏产业，而对此所把握的商机就是依附于移动互联的各种新型的娱乐游戏，公司把自己的经营重点放在了游戏社交平台这个点上，而这个平台是可以兼容各个智能终端的，比如手机、平板等都可以，结果就是在主流的智能系统之上打造出的各个游戏，刚上市就得到了巨大的反响，手机游戏的注册用户甚至超过百万。现在的九城游戏已经成为融合主流智能系统的最大的游戏社交平台，旗下所涵盖的游戏就有几千款之多，而且拥有了几千万的注册用户。这就是九城公司新的盈利手段。

要想创造出一个前所未有的经营模式，就必须要有一个"导火索"。现在，移动互联就给了我们这样的机遇，这是身处于互联网的时代的我们所独有的优势，不过这样的优势还需要我们牢牢把握，否则就会白白流失。

现在的移动互联网，还是在按照传统的 PC 发展模式在高速发展，只不过移动互联的发展速度要远远超过当初的 PC 端，而且移动互联的规模还有人数超过 PC 端这是迟早的事情。那么基于这样的改变，所有处于传统模式当中的行业和企业也必须要有所改变。

移动互联网的大潮正在以前所未有之势席卷众多传统行业，在融合与碰撞中，行业重塑正在进行。

2015 年年底，全球接入互联网的用户已达到总人口的 40%，全球移动互联网用户已超过 30 亿。移动互联网普及率在发达国家为 78%，在发展中国家仅仅为 32%，尚未使用移动互联网的人90% 以上生活在发展中国家，发展中国家将成为移动互联网化的主力地区。移动互联网用户总数快速膨胀，接入设备迅速增加，移动互联网渗透进度加速，网络视频成为年轻人的首选，网购增速远超线下零售。到 2020 年，预计全球互联设备将产生 500 亿的连接。具体到中国，GSMA 数据显示，中国 M2M（机对机）连接数已超越了美国和日本的总和。无论在全球还是中国范围内，人手一机的场景将会马上到来，每个人和每部手机，都会成为移动互联网产业不可忽视的渠道力量。到 2019 年，手机产生的流量将超过笔记本电脑、台式电脑、平板电脑所产生的流量总和。智能手机将不再被独宠，新热点迭代频出。

全智能设备时代孕育着更加庞大的机会，以智能硬件、智能家居和车联网为核心的物联网经济将成为最新一轮热点，思科公司预计，未来 10 年物联网经济产值将高达 19 万亿美元。大公司已经注意到这个趋势，并通过收购案来巩固自己的地位。

2013 年以来，以美国谷歌、苹果、脸谱网为代表的海外巨头，及腾讯、阿里巴巴、百度等国内巨头不断出手进行大手笔并购，数额十亿、百亿美元的收购屡见不鲜。

目前，几乎所有的 PC 和移动游戏都可以联网进行，热门的旅游、餐饮、教育等行业渗透正在加速。团购大战和打车软件大战共同催醒了 O2O，打车软件大战和千团大战是商家的竞争，同时也教育了商家，为市场发展奠定了基础。

无论是线上的商家还是线下的消费者，都已经具备了大规模线上交易的基础设备和条件。

未来的线上、线下，将进行更深度的渗透并最终完成全方位的融合。

进化是这个星球永远的主题，人类从工业时代进入信息时代，现代化的通信技术和新能源的应用，将成为改变这个时代权利所属的驱动力。世界权利的格局更替，从掌握资源进化到掌握信息。

拥有高科技公司数量的多寡将直接影响国家未来在世界上的

地位。

百度 CEO 李彦宏曾经说过，互联网的第一幕是 PC 互联网，现在这一幕是移动互联网，但移动互联网的红利期已经基本结束，而互联网的下一幕就是人工智能。李彦宏这句话很好地概括出了互联网科技的过去、现在及未来的发展方向。

以信息科技为支撑的中国互联网企业经过近 20 年的发展已日趋成熟，特别是处于当前"互联网＋"及"大众创业、万众创新"的大时代背景下，中国互联网企业更是不断迸发出新的生机和活力，产业转型升级也更加活跃和频繁，互联网领域呈现出创新创业的热潮并由此引发了新一轮的科技革命和产业革命。2017年 8 月，中国互联网协会、工业和信息化部信息中心在京联合发布 2017 年"中国互联网企业 100 强"名单，腾讯、阿里巴巴、百度、京东、网易、新浪、搜狐、美团点评、携程、360 位列前十名。经过激烈的市场竞争和洗礼，在电商、搜索、社交、游戏、资讯、美食、旅游、安全等众多领域出现了具有一定规模且发展势头良好的互联网企业。互联网企业整体呈现如下发展态势。

一是企业的规模实力进一步壮大，并保持了较快的增长速度。截至 2016 年 12 月底，我国境内外上市互联网企业数量达到 91 家，总体市值为 5.4 万亿元。其中腾讯公司和阿里巴巴公司的市值总和超过 3 万亿元，互联网业务人达到 2958 亿元，利润达到 997.52 亿元。两家公司作为中国互联网企业的代表，占中国上市互联网企业总市值的 57%。工业和信息化部部长苗圩表示，2016 年中国互联网行业收入增长超过 40%，其中，电信业务总量、业务收入分别增长 53% 和 5.1%，软件和信息技术服务业收入增长 15%。可见，2016 年中国互联网企业整体发展势头良好，增长规模与速度提升迅速。

二是企业业态呈现多元化发展。覆盖综合门户、垂直门户、电子商务、互联网金融、网络视频、网络游戏、网络营销、大数据服务、IDC、CDN、互联网接入等主要互联网业务领域。一些有实力的互联网大企业如阿里巴巴、腾讯、百度、京东等也不断扩大经营范围，以并购为主要手段，纷纷拓展主营业务以外的业务领域，打造全产业链，充分挖掘互联网各个领域的商机。像阿里巴巴经过多年的规模发展，已经形成了一个通过自有电商平台沉积及 UC、高德地图、企业微博等端口导流，围绕电商核心业务，支撑电商体系的金融业务及配套的本地生活服务、健康医疗等，囊括游戏、视频、音乐等泛娱乐业务和智能终端业务的完整商业生态圈。

三是电子商务发展迅猛。目前中国电子商务正以每年 20% 左右的速度增长，2017 年中国电子商务规模突破 20 万亿元。在"互联网 +"政策引领下，中国电商企业从 2015 年的 20 家增加到 2016 年的 34 家。在北上广深，小到美甲、外卖、按摩，大到家居、装修、租房等，当地居民生活的方方面面都与电子商务紧密地联系在一起。在 2016 年"双 11"期间，淘宝交易额突破 1207 亿元，京东下单量超过 3200 万单，同比增长 130%，交易额同比增长 59%；苏宁易购线上订单量增长 210%。此外，国美、唯品会等电商平台"双 11"当日的销售同样比 2015 年大幅增长，小米、华为、暴风科技等公司的全网销售量也继续高歌猛进。根据商务部等权威部门统计数据，以及阿里巴巴、京东、苏宁等主流电商此前公布的财报数据，2016 年电商行业保持了较快的增长势头。中国电子商务研究中心发布的《2016 年（上）中国电子商务市场数据监测报告》显示，2016 年上半年我国电子商务交易额达 10.5 万亿元，同比增长 37.6%，增幅达 7.2 个百分点。其中，B2B 市场交易规模达 7.9 万亿元，网络零售市场交易规模为 2.3 万亿元，均比去年同期有显著增长。"双十一"当天，天猫无线端成交额占比达 83.62%，京东无线端下单量占比达 85%，苏宁易购移动端支付占比达 83%。三家电商平台超高的移动端成交数据，显示出电商应用正在从城市地区快速渗透到乡村地区，相关地区的消费潜力将在未来得以释放。

四是创新驱动成果丰硕。越来越多的中国互联网企业意识到创新是驱动企业发展的核心竞争力，因此纷纷加大研发投入。以中国三大互联网企业 BAT（百度、阿里巴巴、腾讯）为例，阿里巴巴在 2017 年 10 月份宣布成立达摩院，进行基础科学和颠覆式技术创新研究，并表示三年内，阿里在技术研发上的投入将超过 1000 亿元人民币。一直以投资研发作为企业重要任务的百度，把公司 15% 的收入都用于研发，特别是近年来百度一直致力于人工智能开发，在过去两年多的时间里主要用于这方面研发的投入就超过 200 亿元人民币。欧盟委员发布的"2016 全球企业研发投入排行榜"显示：2016 年，百度用于软件和计算机服务方面的研发投入人为 14.44 亿欧元，腾讯用于软件和计算机服务方面的研发投入为 11.77 亿欧元。此外，中国互联网前十名企业中的携程网在旅游休闲方面的研发投入为 4.66 亿欧元，奇虎 360 用于软件、计算机服务的研发投入为 4.40 亿欧元，等等。中国互联网企业的人工智能、大数据、云计算、物联网、工业互联网等领域的大幅度创新投入，加速了前沿技术产业化。据工信部数据显示，中国互联网企业的人工智能、大数据和云计算的技术较为成熟，用户量大，产业化程度高，物联网和区块链领域还有待企业加强研发投入、战略布局和市场拓展。

五是"大众创业、万众创新"政策效果初步显现。各地互联网行业快速发展，特色鲜明，领军企业纷纷涌现，呈现"百花齐放"的格局。以重庆为例，近年来重庆互联网企业发展迅速，2016 年互联网行业企业已达 6000 余家，从事网站开发与运营业务企业占比超 60%，电子商务业务占比 24.5%，网络推广、互联网金融和物联网等业务企业超过 10%，其中 30% 的企业主营业务收入超 100 万元。而一些知名的大企业如阿里巴巴、腾讯、百度、搜狐等都成为当地互联网企业的领军代表，带动一方互联网产业的发展壮大。在移动互联网时代，基本上每一个 App 都是某个行业或者其细分领域的代表。像微信、携程、唯品会、美团、新华网、迅雷、人民网、蘑菇街、凤凰网、影音风暴、滴滴出行、芒果 TV、猎豹浏览器等，涉及即时通讯、旅游、购物、美食、影视、娱乐、资讯、出行、搜索等众多互联网领域和业务，成为人们手机里最常用也最受欢迎的 App。这些 App 很好地满足了互联网时代人们日常工作、学习和生活中的所需所想，为网民提供了极大便利，也让众多互联网企业能够更好地占领、掌握移动终端市场。

六是中国互联网行业整体向规范化、价值化发展，同时，移动互联网应用服务不断丰富，与用户的工作、生活、消费、娱乐需求紧密贴合，移动互联网推动了消费模式共享化、设备智能化和场景多元化。例如共享单车，只需要用智能手机就能实现寻找附近车辆、移动支付、扫码开锁、计时收费等功能，实现了单车使用的便捷化与高效化。当前，互联网分享经济的热点主要集中在生活资料分享，即"消费协同"，下一步将转向生产资料分享，即平台经济。以平台为支撑发展互联网分享经济，将在移动互联网领域最先成熟。

基于庞大的市场需求和日益完善的技术应用，移动互联网行业规模将持续扩大，移动互联网塑造的社会生活形态将进一步加强。

在 2016 年 11 月召开的第三届世界互联网大会上，美团 CEO 王兴曾表示，中国互联网已经进入下半场，在上半场，中国互联网竞争很激烈，很多行业第一和第二合并。那么在下半场的互联网角逐中，互联网企业又将在哪些领域进行布局，占领行业制高点呢？

技术创新将成为互联网企业新的风口。

人工智能、云计算、物联网、5G 等将为互联网带来新一轮创新，也让互联网企业寻找到新的经济增长点。在 2016 年世界互联网大会上，被提及最多的就是"人工智能"。百度 CEO 李彦宏在大会论坛上发表演讲称，未来的机会就在人工智能，人工智能会给每一个人、每一个行业、每一个国家带来很多变化。他强调，在 ToC 端的无人车、智能翻译、物联网，ToB 端的医疗、物流系统、客服行业等领域，人工智能将大大提高工作效率。目前百度在语音识别、图像识别、自然语言处理、无人驾驶、机器学习、深度学习等人工智能相关领域共公开了 1500 余件发明专利，在无人车、语音搜索甚至 O2O 领域开启了普遍应用。搜狗公司 CEO 王小川也屡次强调了人工智能，并透露了搜狗的一款新产品——实时中英转录。360 董事长周鸿祎则表示，普及人工智能产品只是时间问题。可见互联网企业家们纷纷聚焦人工智能领域，人工智能将开启一个新的互联网时代。

云计算与大数据这两个分不开的应用方向近两年被全行业所熟识。浪潮集团董事长孙丕恕表示，人工智能的大趋势已经非常清晰了，但是需要基于计算和数据。阿里巴巴集团 CEO 张勇指出，2016 年是阿里云整个大数据在个性化上面的全面应用，整个电子商务交易系统在"双 11"实现了充分弹性计算，使得阿里为此准备的基础能力可以和阿里公共云计算的能力进行实时调度。张勇指出，在这个过程当中，"双 11"关键技术使用，其实包括了首先采用异地双活技术和首创模拟"双 11"当天的各种变化，特别是数亿人访问的全链路压力测试的体系，这个压力测试体系是由阿里云的大数据来支撑的。阿里云在阿里 2015—2016 年多个季度的财报中都以高于 100% 的速度增长，逐渐成为阿里集团强有力的收入来源。在 2016 年"双 11"期间，天猫创造的 1207 亿元能在 24 小时内发生，其背后是以阿里云飞天技术平台为基础的整个技术架构在发挥作用。可见，云计算与大数据这两样互联网技术已经为互联网企业带来了经济利润，未来，两项技术还将为互联网企业带来更大的经济效益。

物联网作为人工智能快速实现应用的重点方向也广受推崇。奇虎 360 董事长周鸿祎认为，智能设备将会呈现多样化，智能手机并不是它的终极表现形式。未来五年，手机一定会有另一个重大的变化，可能会被其他智能硬件产品解构掉，这也正是"万物互联"。

中国工程院院士邬贺铨表示，互联网技术发展到 5G，将出现新一批"独角兽"企业。随着云计算、物联网大数据、移动互联网的出现，互联网开始面向生产服务，进入"互联网 +"，所以 5G 是进入产业互联网的时代，进入"互联网 +"的时代，这也为新的企业崛起提供了巨大的机遇。这些年来，互联网的发展成长起了美国的微软、谷歌、亚马逊、脸书等企业及中国的百度、网易、腾讯、京东等一批企业。现在，互联网会和 5G 孕育出大批的"独角兽"，会有新一批互联网企业迅速崛起。

可见，技术创新为互联网企业带来了新一轮的创新与商机，创新驱动发展，未来互联网企业将在新技术的驱动下，出现新的产业业态，获得新的成长机遇和发展空间。

第二节　互联网企业的数据逻辑

在维克托迈尔舍恩伯格的《大数据时代》一书中解释，大数据是指不用随机分析法（抽样调查）这样的捷径，而采用所有数据的方法。大数据是继云计算、物联网之后 IT 产业又一次颠覆性的技术变革消费者的网络足迹是互联网基因网络中的足迹、点击、浏览、留言直接反映消费者的性格、偏好、意愿等，互联网交互大数据就是研究每个用户碎片行为的过程。大数据对于经济发展、企业决策、组织和业务流程，对个人生活方式等都将产生巨大的影响。

大数据作为当下非常火爆的一个词，其价值不言而喻，今天，《互联网周刊》不谈价值，通过聚拢一些实实在在的应用，如电商、传统金融、互联网金融、医疗、制造五大领域的案例，进而衍射出大数据内在的应用逻辑。

一、"用户画像"直击零售商需求

在如此激烈而又庞大的市场中，电商们迫切想知道的想必就是用户需求。当这个用户登录网站的瞬间，就能猜出来这个用户今天为何而来然后从电商的商品库里面把合适的商品找出来并推荐给他，进而展现出符合客户需求的产品都有哪几款。这种服务是消费者想要的，但是谁能帮助电商们做到呢？

随着互联网和电子商务的快速发展，"用户画像"这个概念悄然而生，它抽象地描述了一个用户的信息全貌，是进行个性化推荐、精准营销、广告投放等应用的基础。

如某电子商务平台通过客户的网络浏览记录（点击、链接等）和购买记录等掌握客户的消费模式，从而分析并分类客户的消费相关特性如收入、家庭特征、购买习惯等最终掌握客户特征，并基于这些特征判断其可能关注的产品与服务，从消费者进入网站开始，在列表页、单品页、购物车页等四个页面部署了5种应用不同算法的推荐栏为其推荐感兴趣的商品，从提高商品曝光，促进交叉向上销售两个角度对网站进行全面的优化，应用后商城提升下定订单转化率增长66.7%、下定商品转化率增长18%、推荐栏上线前后动态销量增长46%。将消除个人信息后的数据魔方卖给商家方便商家调整产品投放策略提升服务，精准挽留客户，进而提高客户黏性。

还有，在互联网冲击下大部分传统零售商必须要做改变，大数据下的用户思维便成为符合其需求的一种互联网思维方式和实际体验。那何为大数据体系下的用户思维呢？其实就是以"用户画像"最为核心和基础，通过线上、线下，交易、交互等各种结构化和非结构化的数据让用户更加完整地展现在企业面前，该用户是谁？她在哪里？怎么联系到她？

她需要什么产品？她通过哪些渠道购买？她的购买习惯是怎样的？……在完整的用户画像面前，零售企业相对于面对"裸泳"的用户，用户需要什么，怎么获取，怎么营销一目了然。未来的经济将越来越是一个消费者体验式经济，谁能在精准刻画消费者画像的同时提升消费者体验，谁就将引领并占有市场。

二、客户价值最大化破冰传统金融业

在大数据时代，越来越多的企业管理者已意识到了业务分析的重要性。业务分析洞察已经成为企业转型的有力抓手。当然，银行也不例外，从以产品为中心，也就是销售产品和服务转向现在以客户为中心，更像零售业和制造商。对于以客户为中心的企业，最重要的一点是了解到客户到底是谁，以及客户到底有怎样的需求。

当下，银行业都在大力投入资金做着以下三件事：一是建立客户的单一视窗将以前不同银行部门所了解的客户情况集成在一起；二是按照用户行为对用户进行分类，将之前按照地理区域、年龄、收入分类改为按照用户行为来对用户进行分类三是为客户提供质量一致的客户体验，不管用户通过银行网点移动设备还是社交媒体等渠道来使用银行服务都要为客户提供质量一致的体验。

随着互联网，特别是移动互联网的不断发展互联网金融也在给传统金融业带来不小的冲击，不过，互联网金融是否会对银行等传统机构构成威胁仍无法得出定论。但是，这并不表示银行业可以忽视这股冲击的浪潮，在这个大数据不断壮大的时代传统金融业如何利用大数据来不断创新与变革，如何借助大数据降低金融风险，提升客户体验，进而挖掘客户价值最大化是每个企业都应该深入思考的问题。

如某金融全牌照集团公司希望学习美国花旗集团对已有客户价值挖掘最大化的经验，对现有保险客户进行深度分析，通过对已有客户的大数据分析及问卷调查来细分人群、刻画人群需求特征，从而制定针对不同客户群体的集保险、银行、投资、证券、资产管理、信托等一揽子综合金融产品策略为客户提供一站式财务金融解决方案以期得到每个客户最大价值。

在选用大数据解决方案后，通过分析已有保险客户数据及外部调研问卷将人群细分为统计学上显著区别的人群，根据群体规模、年龄、性别、教育水平、家庭特征、现阶段的收入、消费、理财等行为模式以及他们所处的生命与财富阶段精准分析群体的需求动因后制定有针对性的产品策略及营销策略。

面对来势汹汹的互联网企业，传统金融业们也在加快步伐，但还是没有互联网企业动作快。目前，互联网金融业正从单纯的支付业务向转账汇款、跨境结算、小额信贷、现金管理、资产管理、供应链金融、基金和保险代销、信用卡还款等传统银行业务领域渗透。除了存款银行的主要业务几乎已遇到全面挑战。互联网金融正在叫板，传统金融业又该何去何从？值得思考。

三、精准营销加速互联网金融冲刺

在国外，大数据金融领域的应用相对成熟我们先来回顾一下在美国做的非常典型的大数据金融的三大案例。

人们习惯性地认为，只有银行才能建立信用体系，然而在大数据时代互联网公司运用大数据控制信贷风险已初露端倪。

在进行数据处理之前，对业务的理解、对数据的理解非常重要，这决定了要选取哪些数据源进行数据挖掘，且越来越多的互联网在线动态大数据被添加进来。例如一个虚假的借款申请人信息就可以通过分析网络行为痕迹被识别出来，一个真实的互联网用户总会在网络上留下蛛丝马迹。对征信有用的数据的时效性也非常关键通常被征信行业公认的有效的动态数据通常是从现在开始倒推 24 个月的数据。

通过多渠道获得的数据来源利用数学运算和统计学的模型进行分析，从而评估出借款者的信用风险典型的企业是美国的 Zest Finance。这家企业的大部分员工是数据科学家，他们并不特别地依赖于信用担保行业用大数据分析进行风险控制是 Zest Finance 的核心技术。他们的原始数据来源非常广泛。他们的数据工厂的核心技术和机密是他们开发的 10 个基于学习机器的分析模型，对每位信贷申请人的超过 1 万条原始信息数据进行分析，并得出超过 7 万个可对其行为做出测量的指标，而这一过程在 5 秒钟内就能全部完成。实际上，在美国征信公司或者大数据挖掘公司的产品不仅用于提供给相关企业用于降低金融信贷行业的风险，同时也用于帮助做决策判断和市场营销，还有利用社交网站的大数据进行网络借贷的典型是美国的 LendingClub。Lending club 于 2007 年 5 月 24 日在 facebook 上开张，通过在上面镶嵌的一款应用搭建借贷双方平台。利用社交网络关系数据和朋友之间的相互信任聚合人气。借款人被分为若干信用等级，但是却不必公布自己的信用历史。

还有一家在美国为网上商家提供金融信贷服务的公司 Kabbage，于 2010 年 4 月上线，主要目标客户是 ebay、Amazon、Pay Pal 等电商。它的奇特之处在于，其通过获取 ebay 等公司的网店店主的销售、信用记录、顾客流量、评论、商品价格和存货等信息以及他们在 Facebook 和 Twitter 上与客户的互动信息，借助数据挖掘技术把这些店主分成不同的风险等级，以此来确定提供贷款金额数量与贷款利率水平风险过高则拒绝，风险高低与利率成正比，与贷款金额成反比。

显然，若以银行体系来评价这类网上商家大多数都不符合银行的贷款资格，不过在互联网时代 Kabbage 的案例说明了运大量数据足以支撑这些小微企业信用评价体系。当然，Kabbage 的这种模式也在国内被成功运用，其中，宜信的互联网金融产品就是以互联网为获客主要渠道，除了借贷信用记录，还结合大数据分析技术捕捉来自大众点评、豆瓣等社交网络上的有用信息，帮助信用审核人员多维度分析借款客户的信用状况。

大数据对于互联网金融的助推作用首要体现在寻找合适的目标用户，实现精准营销。互联网金融领域的新创企业或做贷款或卖产品凭借高额收益率，手续费优惠吸引用户选择自己。然而，在越来越多同类企业吹响混战号角的同时，互联网金融企业也不得不面对来自同行业的竞争。欲在竞争激烈的市场中占有一席之地，互联网金融企业需要更精准地定位产品并推送给自己的目标人群。谁是潜在的购买者？如何找到他们？并让他们产生兴趣？精准营销的实现程度是互联网金融企业存活与崛起的关键所在，这个领域虽然未达到成熟的发展状态，但确实已经有了一些有参考价值的营销案例。如：

大数据通过动态定向技术查看互联网用户近期浏览过的理财网站，搜索过的关键词，通过浏览数据建立用户模型，进行产品实时推荐的优化投放，直击用户所需。

其次就是风控。通过分析大的网络交易及行为数据，可对用户进行信用评估，这些信用评估可以帮助互联网金融企业对用户的还款意愿及还款能力做出结论，继而为用户提供快速授信及现金分期服务。

事实上一个人或一个群体的信用好坏取决于诸多变量，如收入、资产、个性、习惯等且呈动态变化状态。可以说数据在个人信用体系中体现为芝麻信用，它便于解决陌生人之间以及商业交易场景中最基本的身份可信性问题，以及帮助互联网金融产品和服务的提供者识别风险与危机。这些数据广泛来源于网上银行，电商网站社交网络，招聘网，婚介网，公积金社保网站，交通运输网站，搜索引擎最终聚合形成个人身份认证，工作及教育背景认证软信息（包括消费习惯兴趣爱好，影响力社交网络）等维度的信息。

对于 P2P 网贷行业而言，能否利用互联网技术有效地搜集用户信息，并对用户的信用信息进行判定和管理，成为考量一家 P2P 网贷平台风控水平的重要标准。严密的风控手段是保证平台出借人的资金安全的重要环节，在风控技术手段创新探索方面，宜信宜人贷作为行业技术创新的代表显然走得更快人一步。通过精确的风险建模，实现了对用户资质的高效审批，为用户提供更便捷的体验。它是基于对自身平台数万名借款用户的了解同时借鉴宜信八年累积的对于用户的了解，从地域、年龄段、职业等多维度对借款用户进行了划分，通过精确的风险模型建立，宜信宜人贷建立了一套独有的、行之有效的信用评估系统通过对用户信息的多维度考察能够快速对用户的信用资质进行评定，从而极大地提升服务效率。

P2P 小额信贷机构如何使用个人及机构的外部数据建立自己的征信系统，在极其有限的客户实质接触基础上仅凭问卷数据、自有数据库等对不同客户进行信用评估，并结合内部业务数据建立风险定价系统、风险预警系统、风险管控方案、应对欺诈规则、惩罚方案等一系列影响核心业务盈利能力的系统方案是机构盈利模式的核心。采用大数据解决方案后，通过自建、购买、客户授权后合作分享等多种方式整合包括互联网社交网络数据在内的多种数据、建立个人及机构消费、借贷财务交易、资金往来等多源信用数据库，在此基础上建立符合自身业务范围的客制化信用评估模型，根据此模型评估借、贷款双方的信用等级。通过建模确立如何匹配借贷双方，具体业务相应的风险评级、授权等级、额度发放等级以及与此相应的风险价格等，并通过已有拖欠、欺诈案例反馈回模型进行机器识别，进一步完善模型。

未来，依托于互联网大数据技术的发展相信将会出现更优质，更便捷的 P2P 网贷服务，来帮助更多有信用的借款人释放信用的价值，让信用生金。

四、个性化数据为医疗插上智慧的翅膀

凯文凯利（KK）在《失控》的第 22 章，"预言机"里曾提到：信息就是数据，数据一旦流动，就创造出透明。社会一旦联网，就可以了解自己。所以，很多热衷于大数据概念的人，他知道哪里有数据，却没有办法去促成数据的流动。

所以，第一要义，数据如何才能形成流动？它的驱动力在哪里？以现在很热的医疗健康大数据为例，来探究数据是如何流动的？

维克托迈弥舍恩伯格的《大数据时代》一书中有两个关于大数据与公共卫生结合的案例令人印象深刻：乔布斯自罹癌至离世长达 8 年之久，这几乎创造了胰腺癌历史上的奇迹。据悉，乔布斯曾在此期间支付大量费用获得了自己包括整个基因密码在内的数据文档。借此，医生们能基于乔的特定基因组成以及大数据按所需效果用药，并调整医疗方案。

（薛女士点评：个性化治疗基于基因分析的个性化用药及诊疗虽然目前还比较昂贵，但它是未来人类财富水平提高后高端医疗的一个趋势，而且成本也会随着大数据模型的完善逐渐降低，变得越来越亲民。）

如果上述案例是个体的，那么带来群体价值的案例，便是 Google 成功预测流感爆发期。2009 年甲型 H1N1 流感爆发几周前，Google 通过对人们网上搜索记录的观察、分析、建模结果显示，他们的预测与官方数据的相关性高达 97%，且判断比疾控中心更及时。

（薛女士点评：这个案例里流行病的预测完全是基于搜索引擎用户终端的第一手时空数据，它是疾病时空分析的一个代表，

类似的研究还有雾霾源头、传播、流动的时空分析，肺癌等疾病的时空分析。）

从个人健康管理到公共健康管理，大数据在对个人医疗的改变以及极富价值的预警能力吸引着 IT 巨头们迫不及待与医疗联姻。例如在中国，某慢性病管理远程医疗解决方案供应商计划外包商保的糖尿病远程管理业务，需要提供人群的糖尿病管理方案包括接触、回应、问卷、回馈、互动、宣教、测试结果报告、产品销售等各个环节的方案设计以及人群配合度、依从性、短期及长期医疗效果、经济效果评估方案。远程医疗提供方案中的成本、经济效益回报会作为与商保、社保合作方案中的重要组成部分。

（薛女士点评：这种慢性病管理的解决方案设计在国外已经比较成熟，但面对中国独特国情即人口还未深度老龄化、重治疗轻预防理念未完全转变、医保基金盈余运营、人们还未充分意识到防未病、治轻症的长远经济效益、对慢性病管理的费用还单纯视为开支慢性病管理被医保采纳，按照大数据解决方案被执行及深入人民群众的生活还有很长的路要走。）

通过采用大数据解决方案，利用既往研究、文献及历史数据中的结果为外包业务人群设计糖尿病管理全流程数据分析方案，包括数据生成、采集、分析方案等，依据一定假设利用糖尿病决策树模型来逐层确定慢性病管理各个环节中的成本及产出。应接触人群、反馈人群、互动人群、依从人群、效果人群、对比人群生成及最终的医疗效果、经济效果评估方案是本项目的关键。利用远程终端的客户反馈数据分析提高客户反馈、依从、购买产品的策略平衡成本与样本规模提高供应商的投产比；使用统计学方法清楚论证及展示慢性病管理远程医疗解决方案的医疗夹着及经济学价值投入产出比。

虽然我们谈了许多关于医疗行业大数据的价值和作用，但今天的大数据在医疗行业应用仍然处于初级应用的阶段部分医疗机构仅使用了初级功能如 BI 等，要想让医疗行业把大数据发挥出最大的价值需要解决以几方面问题：

从技术角度来看，数据采集及标准问题。收集数据是大数据基础，但目前医疗机构采集数据的规范度有限，阻碍了大数据的应用；从医疗经营角度来看管理层缺乏数据价值认知问题。虽然目前医疗机构领导们对于数据的重视程度很高，但是范围仅仅局限于对于内部的数据认知，从总体来看，并没有意识到外部数据如互联网数据与内部数据的结合所产生的价值；从投入成本角度来看，现在大数据的投入产出比不明确。现在 IT 投资都需要讲ROI（投资回报率），由于医疗行业缺乏大数据的成熟案例，考虑到成本因素企业决策者大都不都不敢随便在大数据领域砸钱；从产品角度来看，大数据产品单一，行业成熟度不够。

（薛女士点评：从数据存储与分享的角度来看，医疗数据的社会共享度很差每个医院都为自己数据的存储、备份、迁移大伤脑筋，不愿意花更多精力与成本开发基于数据的疾病预防与管理。个性化治疗、传染病流行病防治、临床路径、循证医学、基因测序治疗……

很多知识产权像金子一样可以从数据中二次、三次开发出来而坐在金矿上的人明白自2暂时还不具备挖掘金矿的能力，但也不愿意请别人来挖掘或是联合其他矿主共同开发。）

从以上问题我们可以看出，医疗行业开展大数据仍然有一段路要走，不过面对所存在的问题，未来随着技术的推进、意识的提高、成本的下降以及相关政策的成熟相信用不了几年时间就可以逐步解决问题未来，大数据必然能够为医疗行业提供更好的服务。

五、数据分析模型让制造业焕然一新

工业 4.0 时代正扑面而来。这是继以蒸汽机、大规模流水线生产和电气自动化为标志的前三次工业革命之后的第四次工业革命。其特点是通过充分利用嵌入式控制系统，即物理信息融合系统（其中大数据扮演主角），实现制造业向智能化转型。

20年沧桑巨变，今天中国已是全球制造业大国。来自中国工业和信息化部的统计数据显示，2013年中国工业占GDP的37%，提供全国25%的就业岗位。在500余种工业产品中，有220多种产品居世界第一。中国制造业在全球的占比约为20%。然而，中国制造业面对云蒸霞蔚的移动互联网和大数据景观却有些不知所措，若不赶紧扭转局面，有可能逐渐丧失制造业大国的地位。大而不强是我们的软肋，大多数中国工厂依然龟缩在产业链低端，缺少制造的核心材料、设备、工艺停留在近乎原始的OEM（贴牌代工）阶段缺乏原创技术和创新产品。不过，凭借庞大的内需市场支撑，中国制造的优势尚存，13亿人口积累的消费数据十分可观。因此，如果能在大数据挖掘和分析上下点功夫，中国制造业还能保持较强的竞争力。

在中国制造业依托大数据打翻身仗的阵营中小米可谓特立独行的领头羊。2010年成立的小米公司是中国制造业企业的成功典范，其主打产品小米手机已蜚声海外，被业内视作苹果、三星的潜在威胁。小米超越同行的业绩，源于其用包括软件、硬件和应用生态的整体方法小米在创造全新用户体验的同时，高擎大数据的旗帜，颠覆了中国制造业公司的传统做法。有了这样的底气，小米董事长雷军才敢与传统制造业的空调玫瑰一格力掌门人董明珠立下10亿元的对赌承诺。

那么，大数据是如何帮助研发人员提高新药研发效率的呢？相关专业人士认为首先，由于药物的生物过程和药物模型越来越复杂，大数据可以通过利用分子和临床数据预测建模来帮助识别那些具有很高可能性被成功开发为药物的安全有效的潜力备选新分子。其次利用大数据可以帮助提升临床试验的效率。例如筛选临床试验受试者的筛选标准通过大数据，可以瞄准特定人群，这样临床试验就可以规模更小、时间更短、成本更低，更加有效。同时可以通过大数据分析来实时监控临床试验及早发现可能出现的问题，避免试验过程中成本增加或出现不必要的延误。第三，相对于原来僵化的数据孤岛，使用大数据可以帮助数据在不同功能单元之间顺畅流动。通过打破内部各功能之间的信息壁垒并提升跟外部合作伙伴的协作制药公司可以大幅扩展他们的知识和数据网络，如与外部合作伙伴——医生和 CRO 共享关键数据。数据的这种顺畅流动，对能创造商业价值的实时预测性数据进行分析非常关键。

此外，为确保合理分配稀缺的研发资金，项目组合与产品线相关的快速决策至关重要。但制药企业经常发现，他们很难做出适当的决定。比如哪个项目该继续，或者有时更重要的是，哪个项目该砍掉。基于信息技术的项目组合管理能快速无缝地实现数据驱动的决策。通过数据分析当前项目的商业开发机会预测其市场竞争力，帮助企业客观地做出决定，以确保研发投入的合理性。

虽然大数据可以有效地帮助研发人员提升新药研发效率，但目前大数据技术还有一些方面需要改进。牛津大学统计学教授彼得多纳利指出，目前大数据技术面临的问题有三：首先，信息采集不足。大数据要发挥作用，首先要有足够的病人、药物等相关信息，这是数据分析的基础然而许多病人可能出于隐私考虑不愿提供这些信息制药企业也有可能因为商业利益不愿共享药物成分等敏感信息，这就直接导致信息采集不足。

其次，要从海量信息中得出有用的结论，专业的数据分析必不可少，采集到足够信息后需要由相关领域的专业人士与信息技术专家一起对数据进行有针对性地归纳和分析，而这种跨学科、跨领域合作能否顺利实现，是大数据技术实际应用中的重要问题，而且正考验着制药企业的大数据整合能力。

第三，在技术层面还存在网络容量有限的问题。很多新药研发机构现有的基础设施无法满足海量信息分析和处理的需求，因此如何降低存储成本，以及提升应用价值就成为大数据所面临的关键技术难题。

第五章　大数据与企业运营

第一节　运营体系

　　一般的企业会将大数据体系的构建分为六个层级，但并非是线性过程，每个层级之间或多或少都有基础关系，但并不是说一定要逐层构建。例如创业型企业，在缺乏数据研发实力的时候，多数企业会借助第三方平台进行数据上报与分析。如图 5-1 所示。

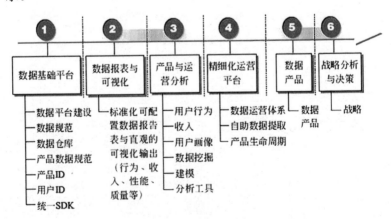

图 5-1　企业大数据体系

一、数据基础平台

数据基础平台建设工作包含的内容，如图 5-2 所示。

图 5-2 数据基础平台建设工作的内容

很多企业的数据无法有效利用，原因是缺乏统一的规范，产品数据任由开发者按照自己的理解和习惯上报，没有标准化的 SDK 和上报协议，并且数据散落在各个部门产品的服务器中，无法构建结构化的数据仓库。做数据平台的架构，很多人会理解为高端的技术活，其实整个数据平台价值的体现，需要企业各个部门的配合。

比如，关键数据指标体系的建立，需要从各个部门中的业务指标进行提炼，并得到业务部门认可。常见的关键指标有：DAU、PCU、WAU、MAU、按天留存率（1—30 日留存）、累计留存率（7日、14 日、30 日累计留存率）新增用户、有效新增用户、活跃转化率、付费转化率、收入指标、ARPU 人均收入、渠道效果数据等。

二、数据报表与可视化

在第一层级中，进行数据指标体系规范，统一定义，统一维度区分，就可以很方便地进行标准化可配置数据报表设计，直观的可视化输出设计，包括行为、收入、性能、质量等多种数据类别。

三、产品与运营分析

在建立数据平台和可视化基础上，对已有的用户行为和收入数据等进行各种分析，输出日报、周报、月报和各种专题分析报告。

用户画像也是常见的数据分析方式，包括用户性别、年龄、行为、收入、兴趣爱好、消费行为、上网行为、渠道偏好、行为喜好、生活轨迹与位置等，反映用户各种特征，以达到全面地了解用户，针对性地为用户提供个性化服务的目的，通常每半年做一次用户画像的专题分析。如图5-3所示。

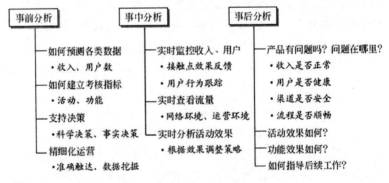

图 5-3　常见的数据分析思路

四、精细化运营平台

基于数据基础上搭建的精细化运营平台，主要的平台逻辑多数是进行用户细分，商品和服务细分，通过多种推荐算法的组合优化进行商品和服务的个性化推荐。另外还有针对不同产品生命周期和用户生命周期构建的产品数据运营体系。

五、数据产品

广义的数据产品非常多，例如搜索类、天气预报类等。

比如，腾讯的数据产品有广点通、信鸽；阿里巴巴的数据产品有数据魔方、淘宝情报、淘宝指数、在云端；百度的数据产品有百度预测、百度统计、百度指数、百度司南、百度精算。

六、战略分析与决策

战略分析与决策层，更多的是与很多传统的战略分析、经营分析层面的方法论相似，最大的差异是信息来自大数据。

有很多企业错误地把"业务运营监控层"和"用户／客户体验优化层"做的事情放在经营分析或者战略分析层来做。其实"业务运营监控层"和"用户／客户体验优化层"更多的是通过机器、算法和数据产品来实现的，"战略分析"和"经营分析"更多的是人来实现的。很多企业把机器能做的事情交给了人来做，这样导致发现问题的效率较低。

从这点上来说，尽量用机器来做好"业务运营监控层"和"用户／客户体验优化层"，在此基础上让人来做人类更擅长的经验分析和战略判断。

第二节　运营模式

大数据产业能够催生更大的市场和利润空间，将构建数据行业应用于新体系。在这个产业链中，不同环节的商业需求正在催

生新的运作方式和盈利方法，从而引发新的运营模式，如图 5-4
所示。

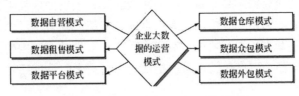

图 5-4　企业大数据的运营模式

一、数据自营模式

数据自营模式是指企业自身拥有海量数据和大数据技术，同
时具备一定的分析能力，能够根据数据分析结果改进现有产品或
预测未来，从而使企业获得利润的商业模式。这种商业模式的成
功运行是需要一定条件的。

能根据分析结果进行商业决策，通过不断改进原有产品、推
出新产品以及预测企业的发展方向使企业获得利润。这种模式适
用于综合实力较强的企业，基本上囊括了大数据产业链的各个环
节，集数据生成、存储、处理和应用为一体，形成了良好的产业
链循环体系。因其自产自销，不仅降低了成本，更适应企业的需
求，使企业在大数据市场上占有一席之地。

比如，亚马逊自身拥有海量用户信息和交易数据，根据对
用户的浏览历史和购买记录进行分析的结果，采用"item-to-
item"协同过滤技术找到客户之间的相似性以及产品之间的关联
性，形成个性化推荐系统，从而进行精准营销和个性化广告推
介。亚马逊的个性化推荐系统为其销售额的增长做出了巨大贡
献，它创造的价值占其销售额的 1/3。由此可见，数据自营模式
为亚马逊带来了巨额利润和良好的发展空间。

二、数据租售模式

数据租售模式是通过一定的媒介，将广泛收集、精心过滤的数据销售或者租赁给客户来获取报酬的方式。这需要企业具有强大的收集数据和整合萃取信息的能力，以此形成数据采集、信息萃取、价值传递的完整链条。如图 5-5 所示。

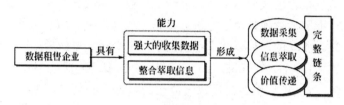

图 5-5　数据租赁模式

在这种商业模式下，数据实现了增值，成为可供交易的商品，很好地诠释了"数据就是资产"。这种模式适用于拥有海量数据的企业。对他们而言，不用费很大的力气，只需对数据进行简单的加工便可获利。数据租售模式能使企业形成较强的差异性竞争力，使他们超越竞争对手。

比如，百度创造了以销售数据为主的商业模式，它建立了网游用户行为数据库，能够将游戏玩家的搜索热点记录汇聚其中，然后再把这些数据销售给网络游戏运营商。百度作为搜索引擎巨头，可以轻松地获取搜索信息，并且这些信息无须进行深加工便可出售获利。

三、数据平台模式

数据平台模式是指数据的分析、分享和交易等功能都能通过平台来实现，通过为用户提供方便快捷的个性化平台服务来获取利润的商业模式。

1. 数据分析平台模式

数据分析平台模式是指通过灵活租赁的方式为用户提供数据存储、数据运算和数据分析的平台服务。

数据分析平台模式要求用户掌握一定的数据分析技能，用户只需将数据上传到平台上，便可使用平台上面的分析工具进行数据分析。

数据平台模式适用于技术创新型企业，因其拥有先进的平台技术，能够自如地利用平台进行数据处理和交易。由于这种模式是由技术驱动的，只要技术不断创新，未来将不可估量。

比如，谷歌（Google）提供了在线数据分析平台Big Query，用户不必投资建立自己的数据中心就可以上传大量数据并通过其直接进行交互式分析，Big Query 为用户提供了方便快捷的服务，还节省了时间和成本。

2. 数据分享平台模式

数据分享平台模式是指平台服务商凭借其拥有的数据资产，

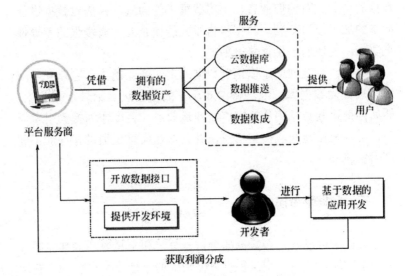

图 5-6　数据分享平台模式

为用户提供云数据库、数据推送、数据集成等服务，同时开放数据接口、提供开发环境，供开发者进行基于数据的应用开发，从而获取利润分成，如图5-6所示。

数据分享平台模式需要平台服务商具有强大的数据采集能力和分析能力，这样才可轻松运行。

比如，阿里巴巴的"聚石塔"数据分享平台将支付宝、淘宝、阿里金融、B2B的数据囊括在内，利用"云计算"提供数据云等服务，将买家的访问量、购买意向、已下订单等数据汇总到大平台上，通过浅层分析预测商品的生产量、物流调配能力，以此快速地应对不同的情况。该平台为卖家带来了巨大的商业价值和发展空间。

3. 数据交易平台模式

数据交易平台模式是指第三方平台提供商为数据所有者和需求者提供数据交换、交易的服务平台。

数据交易平台模式需要完善的平台技术保证交易的顺利进行，数据的拥有者将数据上传到平台上，需求者便可从平台上下载。

四、数据仓库模式

数据仓库模式是指通过整合所有类型的数据来为企业提供决策支持，从而达到获利目的的商业模式，如图5-7所示。

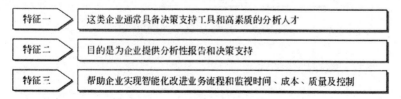

特征一	这类企业通常具备决策支持工具和高素质的分析人才
特征二	目的是为企业提供分析性报告和决策支持
特征三	帮助企业实现智能化改进业务流程和监视时间、成本、质量及控制

图 5-7 数据仓库模式的特征

数据仓库模式适用于决策型企业，帮助用户快速地做出正确的决策，实现投资回报率的最大化。

比如，天睿公司（Teradata）是全球最大的致力于数据仓库、咨询服务、提供企业分析和决策方案的供应商，它的数据仓库拥有大规模并行处理（MPP）平台，该平台是目前性能最高、最可靠的平台，能够高效处理海量数据，有效提升企业的数据资源利用能力，帮助企业在最短的时间内做出正确的决策，从而提高整体运营效率。

五、数据众包模式

众包是指企业在线发布问题—大众群体（专业或非专业）提供解决方案——为赢者获取报酬，且其知识成果归企业所有，是一种在线、分布式问题的解决模式和生产模式。

数据众包模式是从大数据的角度出发，指企业从创新设计领域切入，将产品设计转向用户，通过搜集消费者设计的海量数据进行数据测评，找到最佳的产品设计，同时借助社会资源提升自身的创新与研发实力。如图 5-8 所示。

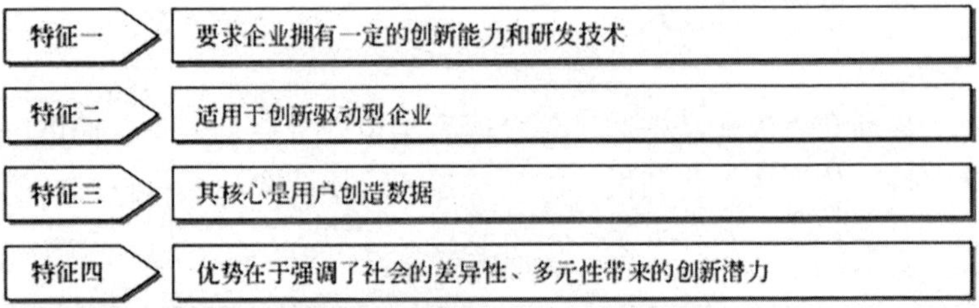

特征一	要求企业拥有一定的创新能力和研发技术
特征二	适用于创新驱动型企业
特征三	其核心是用户创造数据
特征四	优势在于强调了社会的差异性、多元性带来的创新潜力

图 5-8　数据众包模式的特征

六、数据外包模式

外包是指企业为获取竞争优势，把除核心资源以外的其他资源借助于外部最优秀的专业化资源予以整合，达到降低企业成本、提高绩效、提升企业核心竞争力和增强企业对环境应变能力的一种管理模式。

数据外包模式是指企业将数据收集、数据处理等业务环节剥离出来，外包给专业机构，通过优化资源配置来降低成本，增强核心竞争力。数据外包模式主要包括决策外包和技术外包。这种模式对企业有一定的要求。

第三节　应用场景

大数据在企业运营管理过程中可落地的应用场景，主要有八种，如图 5-9 所示。

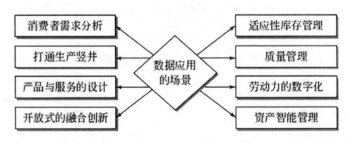

图 5-9　数据应用的场景

一、消费者需求分析

很多企业管理者都意识到消费者再也不是营销产品的被动接收器了，通过大数据来了解并设计消费者的需求的产品，可能是所有企业都应该去考虑的第一个大数据的生产应用场景。

借助大数据，企业对采集来的内部数据（如销售网点的数据、消费者直接反馈等）与外部数据（如社交媒体的评论、描述产品用途的传感器数据等），通过微观细分、情感分析、消费者行为分析以及基于位置的营销等手段，让企业"擦亮眼睛"，摸清消费者的需求，彻底改变曾经那种"跟着感觉走"的状态，走出直觉猜测消费者的需求的局面，如图 5-10 所示。

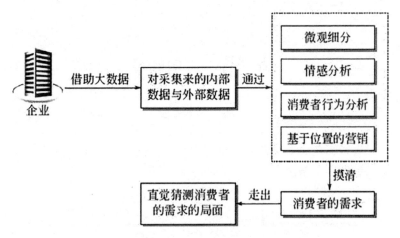

图 5-10　借助大数据对消费者需求进行分析

企业由此迫切需要建立利用内部数据以及外部数据的机制，全渠道了解消费者的需求，使用多重分析法（如联合分析法）来确定消费者对于产品某种特点的支付意愿，了解使产品抢占市场的重要产品特征，从而改善产品设计，为产品提供相应的改造升级的明确方向和规格参数。

二、打通生产竖井

竖井有两层含义，如图 5-11 所示。

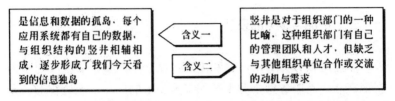

图 5-11 竖井的含义

跨越竖井是当代企业营销面临的重大挑战之一。重塑企业架构是必由之路。企业必须改变妨碍消费者体验的组织结构，建立基于消费者的意愿、去改变组织结构、去影响消费者与品牌打交道的方式。通过接触其他文化、改变先前的设想，并且要去除联想障碍，来实现各渠道创造无缝体验。

大数据的先进架构，例如大数据湖，可以让跨部门、跨公司、跨地域甚至跨行业的相关组织，在共同遵循的数据治理框架下，产品设计者与制造工程师可以共享数据，模拟实验以测试

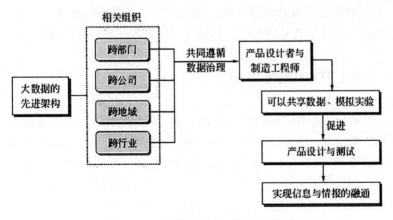

图 5-12 大数据能打通生产竖井

不同的产品设计、部件与相应供应商的选择，并计算出相关的成本，以促进产品设计和测试，实现信息与情报的融通，如图5-12所示。

三、产品与服务的设计

产品可以分为有形产品和无形产品。生产型企业生产的多为有形产品，而服务型企业生产的多为无形的产品。无论有形、无形或是把产品服务化的企业，其最终的目的都是以通过服务来增加利润，并且在同质化竞争中体现差异性。

产品设计是明确企业产品性质与特点的过程，这个过程复杂且代价高。生产成本的 80% 左右会受到产品设计阶段的决策影响。因此，如何提升产品设计的决策是所有企业家和管理者的共同挑战。

企业在设计并且生产出消费者需要的产品的过程中发现，产品的设定和生产要素，与流程、工艺、市场、消费习惯、销售策略、区域、气候等都有千丝万缕的关系，数字化能够帮助企业把这个轮廓勾勒出来。利用大数据的实时数据分析，将数字勾勒出来的消费者偏好转化成为有形的产品特点，利用数据设计产品，实现研发与运营共享数据，共同参与产品设计的改进和调整。

四、开放式的融合创新

Web 2.0 的出现和广泛流行至今，深远地影响了用户使用互联网的方式。互联网、移动通信网以及物联网是当今最具影响力的三个全球性网络。移动互联网恰恰融合了前两者的发展优势，而物联网传感器数据则使得创新型售后服务成为可能。现在，人们越来越习惯从互联网上获取所需的应用与服务。

供应商、消费者、第三方机构等与此同时将自己的数据在网络上共享与保存，能取得开放式的融合创新。

五、适应性库存管理

众所周知，库存成本往往占产品成本的 50%，过多的库存会造成过高的库存管理成本。与此同时，库存的多少似乎永远也无法解决商品的脱销。无论是库存量还是脱销量，企业在发展过程中，都希望利用信息化手段，能够通过实时跟踪货物，采集数据，确定不同地区在不同时间的库存水平，使得库存水平具有适应性。

运用大数据使得供应与需求信号紧密联系在一起变得容易实现和具有可操作性。我们可以把销售记录、销售网点数据、天气预报、季节性销售周期、区域库存信息等不同纬度的数据融合起来，形成实时感应需求信号，与实时货物位置等信息能关联分析，匹配供求关系。

产生的精确的信息，可以反馈到生产计划、库存水平与订单量等库存计算的各个环节，使企业了解具体地区的库存量并且自动生成订单，从"需求感应"实现"适应性的库存"管理，不断优化库存水平。

六、质量管理

早在 20 世纪 90 年代开始，大量的企业就开始通过应用分析法来提高产品质量和生产的效率，其核心是实现生产与服务的需求相匹配。今天的大数据分析手段也是如出一辙。大数据不仅能够使生产商制造产品的时间缩短 20%—50%，还能够在产品批量生产前通过模拟，防止产品缺陷，减少产品开发周期过程中不必要的环节等。

质量管理强调产品质量要符合消费者预期，这个预期包括预算、功能、外观等。这是大数据分析法提升质量管理环节的首要收益。通过对内部与外部数据的实时采集和分析，企业能够准确地了解消费者需求以及购买行为，明确产品特征，运用高级分析法准确地指导生产、运输与采购，以提升产品或服务的质量。

大数据的实时性与实效性，给企业的生产质量管理提供了质的飞跃。传统质量管理主要是通过静态的、历史的、沉淀的数据，通过检查表、散点图、控制图等检测手段，来发现生产过程的质量问题。大数据通过物联网以及在产品上安装传感器、标签等手段，实时监测采集数据，认知产品性能，实时提高质量。

七、劳动力的数字化

劳动力是除了产品成本外，企业最重视的开支。而且，也是最容易出现问题的。其中有很大一部分问题的出现，与管理水平低下有关。因此，管理者不应只强调员工的问题，而忽略自身和机制的问题。特别是在零售、分销、加工等这些劳动密集型企业，劳动力问题尤为突显。

任何一个企业，都应该通过有效的科技信息手段，基于企业的行为和文化标准，从雇佣的质量、继任计划，以及到员工的成长进程，做好全人才生命周期的管理。通过大数据方式，找到进行员工调度的最佳模式，缩短管理时间，实现技能与岗位的周期匹配、劳动力效率最优化。

让劳动力的管理成为可预测的，且基于分析学的方法来实现人才资源的管理。这样的方法一是客观，二是从大数据统计的角度将员工的绩效指标和行为特征连接了起来，为每个企业都创造一个"最适合"的劳动力模式。

八、资产智能管理

物联网的发展以及感应技术的兴起，为企业开创了一个能紧密连接物理空间许多事物的信息网络。随着大数据分析技术的发展，特别是预测分析的发展，结合互联网云化的广泛应用，物理空间与虚拟信息空间的形成与同步，离不开设备的自我意识和自主维修机械系统。

智能设备的未来，一定是能够自主评估健康状况和退化情况，主动预防潜在性能故障，并且做出维修决策，以避免潜在故障的系统。要实现健康条件评估，就需要利用数据驱动算法分析从机械设备及其周边环境中得来的数据。

企业要启动大数据战略，想让大数据提升企业运营效率以及提升业务绩效，需要从图 5-13 所示的五大方面制定符合企业情况执行方案，让大数据渗透到企业的"骨骼"和"血液"。

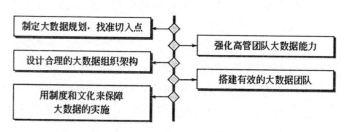

图 5-13 企业实施大数据的关键点

(一) 制定大数据规划，找准切入点

成功的大数据规划聚焦于下图所示的四个核心要素，企业着手实施大数据战略要着重考虑这四大方面，管理者需要在这四方面做好规划，才能给企业带来更好的业务价值。

1. 应用场景

企业高管需要和各业务的整体负责人、数据专家一起开展研讨会，分析哪些业务投入大数据可以使得业务的绩效提升最为显著，从而确定不同业务投入大数据的优先级，找准大数据的切入点。

2. 数据产品

数据和分析模型本身的输出可能会比较复杂，比较难理解，这样往往导致经理或者一线员工等数据用户不能理解，更称不上运用。所以，只有数据产品在业务具体的场景运用的时候，以非常简单易用的方式来呈现，才能让更多的数据用户使用。

3. 数据模型

企业在制定大数据战略方向时，需要介入数据专家，根据应用场景和数据产品的输出来选择模型以及优化模型，从而确定模型研发的方向和优先级。

4. 数据资产

有了应用场景、数据产品和数据模型这三大方面，我们就能更清楚地知道为了实现这三大方面，我们需要哪些数据，什么数据是企业现在拥有的，什么数据可以通过合作产生的，什么数据需要外部整合，什么数据需要进行购买或者投资。

有了应用场景、数据产品和数据模型的规划，大数据的采集、整合、管理的策略便能比较容易理清头绪和进行相应的规划。只有我们合理地整理企业所拥有的数据，并整合有利于业务发展的外部的数据，形成系统化的管理，才能很好地形成企业的数据资产，如图 5-14 所示。

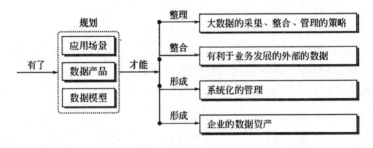

图 5-14　数据自产的管理

（二）强化高管团队大数据能力

在互联网和大数据高速发展的时代，大数据正在深刻地改变商业的前景，如果企业要想抓住这个机遇，企业高管的数据决策力和数据管理能力也需要加强。高管团队中需要有专人负责制定大数据的战略、跟进、监控，以及指导大数据战略的实施。如果在高管团队中没有设立相关的数据负责人的职位首席数据官（CDO），则很难把数据分析和数据挖掘所发现的机会应用于企业战略层的业务发展决策以及相应的组织层面的变革。所以，如果企业确实要推动大数据，一定要考虑设立首席数据官职位。

（三）设计合理的大数据组织架构

企业的组织结构是企业战略能够顺利实施的基础，所以，合理地在组织架构中设置大数据团队对于大数据战略能否成功实施尤为关键。

1. 数据分散的组织结构

很多企业设立数据团队缺乏统一的规划，哪个事业部需要数据人员则在该事业部（或业务部门）设立。

2. 远离数据业务的组织结构

3. 合理的数据团队

首先，设立公司级的中央数据部门，集中存储和管理数据；其次，每个事业部（或业务部门）都设立数据团队；再次，在总办设立 CDO 的岗位。这样的好处在于数据能够集中管理，并且贴近业务，可以很好地发挥数据的价值；同时，在总办（高管团队）设立 CDO 岗位，可以让数据更好地为决策层服务，数据分析所发现的商业价值也可以更快地应用于业务战略调整。

（四）搭建有效的大数据团队

人才是大数据战略实施至关重要的方面，因此，设置符合大数据能力要求的团队显得尤为重要。如果组织缺乏合适的人才或能力，大数据战略实施的结果很可能会令人沮丧。因此，企业应做好相应的人才规划，按照合理的规模和构成来建设人才库。在合理的大数据组织架构下，有两类数据团队。

（五）用制度和文化来保障大数据的实施

大数据的顺利实施还需要构建数据决策的企业文化和相关的制度来保驾护航。没有企业高管的重视，没有一线员工积极地参与，大数据在具体的实施过程中会变得效率很低。通过企业文化和相关的制度调动组织的积极性，才能让大数据的实施取得更好的效果，具体做法有三大方面。

1. 转变思维方式，形成数据决策的文化企业文化的本质是领导文化，如果要构建数据决策的文化，企业领导们则需要形成看数据的习惯，领导要带头看数据，通过邮件看每天的关键指标的日报，看每周的周报，看月报、季报等。无论是日报、周报还是月报，一旦发现数据有异动，则马上回复邮件询问数据异动的原因。同时，领导在做相关决策的时候，形成用数据决策的习惯，让下属提供充足的数据决策依据，这样才会驱动员工更关注数据。

2. 相关岗位增加数据分析能力在企业可能运用数据较多的职位，如运营岗位、客户服务岗位、营销岗位、人力资源、产品设计等，增加数据分析能力的要求。员工在各自方向晋升的时候，需要评审其数据分析能力，需要举证相关的数据支撑日常工作的案例。通过这样的要求，员工自然对数据的使用度会更高。

3. 通过系统化的培训来培养员工的数据分析能力由专业数据分析人员和算法人员设计的数据分析解决方案或者产品必须以简单易用的方式提供给一线员工，同时，更为重要的是加强相关解决方案的或者数据产品的系统化培训，让更多的员工意识到这些解决方案或者产品的价值，并乐于在日常工作中使用。

很多企业往往陷入一个误区，将绝大部分资金（如超过80%）用于建立模型或者开发数据产品，仅将很少的资金投入到一线使用。如果让大数据产品或者解决方案更为广泛地被一线员工接受，数据建模／数据产品研发的费用和培训的投入应该是对半分的。未来更好地推进培训，企业还可以考虑成立兴趣驱动的数据协会，让更多的员工加入该协会中，定期举行培训课程、研讨沙龙以及聘请外部专家进行相关分享以开阔视野。

第六章　大数据与企业管理

第一节　企业管理概述

一、企业管理的概念

企业管理（Business Management）是企业为实现利润最大化而对企业的生产经营活动进行组织、计划、指挥、监督和调节等一系列职能的总称。这一定义说明了管理采用的措施是计划、组织、控制、激励和领导这五项基本活动。这五项活动又被称之为管理的五大基本职能。所谓职能是指人、事物或机构应有的作用。每个管理者工作时都是在执行这些职能的一个或几个。

计划职能包括对将来趋势的预测，根据预测的结果建立目标，然后要制订各种方案、政策以及达到目标的具体步骤，以保证组织目标的实现。国民经济五年计划、企业的长期发展计划以及各种作业计划都是计划的典型例子。

组织职能一方面是指为了实施计划而建立起来的一种结构，该种结构在很大程度上决定着计划能否得以实现；另一方面是指为了实现计划目标进行的组织过程。

比如，要根据某些原则进行分工与协作，要有适当的授权，要建立良好的沟通渠道等等。组织对完成计划任务具有保证作用。

控制职能是与计划职能紧密相关的，它包括制定各种控制标准；检查工作是否按计划进行，是否符合既定的标准；若工作发生偏差要及时发出信号，然后分析偏差产生的原因，纠正偏差或制定新的计划，以确保实现组织目标。用发射的导弹飞行过程来解释控制职能是一个比较好的例子。导弹在瞄准飞机发射之后，由于飞机在不断运动，导弹的飞行方向与这个目标将出现偏差，这时导弹中的制导系统就会根据飞机尾部喷气口所发出的热源来调整导弹的飞行方向，直到击中目标。

激励职能和领导职能主要涉及的是组织活动中人的问题：要研究人的需要、动机和行为；要对人进行指导、训练和激励，以调动他们的工作积极性；要解决下级之间的各种矛盾；要保证各单位、各部门之间信息渠道畅通无阻等。

二、企业管理的范畴

企业管理的内容包括了企业发展过程的全部工作内容。

按照管理对象划分包括：人力资源、项目、资金、技术、市场、信息、设备与工艺、作业与流程、文化制度与机制、经营环境等。

现代企业管理一般将管理分成业务管理和行为管理。业务管理更侧重于对组织的各种资源的管理，比如与财务、材料、产品等相关的管理。而行为管理则更侧重于对组织成员行为的管理，以此而产生了组织的设计、机制的变革、激励、工作计划、个人与团队的协作、文化等的管理。企业的业务管理和行为管理应该是相辅相成的，就像人的两只手一样，要配合起来才能更好地发挥管理的作用。如果其中任何一只手出了问题，都会对管理的整体带来损失，甚至让企业管理停滞不前，受到严重的阻力。

按照成长过程和流程划分包括：项目调研—项目设计—项目

建设项目投产—项目运营--项目更新—项目二次运营—三次更新等周而复始的多个循环。

按照职能或者业务功能划分包括：计划管理、生产管理、采购管理、销售管理、质量管理、仓库管理、财务管理、项目管理、人力资源管理、统计管理、信息管理等。

按照层次上下划分为：经营层面、业务层面、决策层面、执行层面、职工层面等。按照资源要素划分为：人力资源、物料资源、技术资源、资金、市场与客户、政策与政府资源等。

第二节　大数据与企业管理的关系辨析

数据分析对管理的重要性，在《孙子兵法》中已有深刻的认识："夫未战而庙算胜者，得算多也。"数据始终贯穿在管理的计划、组织、领导、控制和创新中。在进入大数据时代后，如何更好地利用信息爆炸时代产生的海量数据为管理服务和利用数据创造财富是不可回避的命题。管理决策日益基于数据和分析而作出，而并非基于经验和直觉，对企业正确地制定发展计划与合理安排企业资源有重要的意义。其中预测在企业中有重要的意义，在大数据时代，预测的准确度或许能够更上一个台阶，进而促进企业健康发展。

一、大数据对企业的影响

（一）大数据对企业管理思想的影响

大数据时代的来临改变了企业的内外部环境，引起了企业的变革与发展。企业越来越智能化，管理实现了信息化。企业中的数据收集、传输、利用需要现代管理思想的支撑。大数据环境下的企业管理应当以人为本，在实践的基础上运用现代信息化技术，采用柔性管理，将数据当作附加资产来看待。企业运营离不开数据的支撑，企业管理当中如果不能够深刻认识到大数据的重要性，仅仅以公司短期盈利作为目标，是缺乏战略性的思考。有效地利用数据分析结果，提前进行预测，抓住市场先机、顾客需求，就能主动赢得市场，才能在企业管理与销售业绩上创造出更大的财富。

（二）大数据对企业管理决策的影响

大数据背景下数据的分析利用是企业决策的关键。首先，大数据的决策需要大市场的数据。基于云计算的大数据环境影响到企业信息收集方式、决策方案选择、决策方案制定和评估等决策实施过程，对企业的管理决策产生影响。大数据决策的特点体现在数据驱动型决策，大数据环境下的管理决策对于企业不仅是一门技术，更是一种全新的决策方式、业务模式，企业必须适应大数据环境对管理决策的新挑战。

其次，大数据对决策者和决策组织提出了更高的要求。大数据时代改变了过去依靠经验管理理论和思想的决策方式。管理决策层根据大数据分析结果发现和解决问题，预测机遇与挑战，规避风险。这就要求决策层具有较高的决策水平。由于大数据背景下需要企业全员的参与，动态变动环境下，决策权力更加分散才有利于企业做出正确的决策。这就要求企业的组织更加趋于扁平化。

（三）大数据对企业人力资源管理的影响

人力资源是企业中最宝贵的资源，是企业创造核心竞争力的基础。基于大数据技术，企业将大大提高人力资源管理的效率和质量，有效地加快人力资源工作从过去的经验管理模式向战略管理模式的转变。

公司从员工招聘到绩效考核与培训，积累了大量的各类非线性数据，这些数据都是无形的资产，利用大数据技术，将这些数据进行整合分析利用，能够为企业带来巨大贡献。首先，在员工招聘上，只需将单位用人要求与员工各项能力数据相匹配，结合人力资源招聘的经验，便可轻松选出符合要求的员工。其次，在绩效考核上，进行标准化管理，将员工日常的各类数据进行分析，设定等级标准，即可得出客观公正的考核结果。这大大排除了绩效管理的主观性与不全面性。最后，根据大数据的分析结果，针对不同员工区别培训，更有效率地提高了培训水平。

(四) 大数据对企业财务管理的影响

大数据使财务管理的模式和工作理念颠覆性的改变。首先，财务管理更加稳健。公司将各类财务数据在大数据技术下进行发掘，提纯出更多有用的财务信息，及早地发现财务风险，为管理决策者提供重要的决策依据，做出正确的决断。其次，财务数据的处理更加及时高效。财务数据在企业日常运营当中举足轻重，企业的各项交易都依赖于财务数据的分析，企业基于大数据，通过对财务数据的分析和处理，能够改进财务管理工作的运行模式，并且是有效率的，企业资金资本运作成本降低和压缩了，利润相应提高了。企业资源积累最丰富的、最基础的财务数据，通过大数据技术对其进行整理和分析，实现了企业价值增值。

综上所述，大数据影响着企业管理的诸多方面，大数据时代的到来对于企业管理来说，既是机遇又是挑战。

二、大数据时代企业管理的机遇

(一) 从大数据中充分及时地挖掘顾客的需求

大数据的出现使得人们不再需要通过调查问卷等形式来了解客户群，对大数据的利用和整合使得人们能清楚地看到顾客的偏好。比如，在网络购物盛行的今天，我们经常在邮箱中收到根据我们的偏好所推荐的产品等信息，而这些偏好信息从哪里来，当然是根据我们在网络购物中所浏览的产品、收藏的产品以及订单购买的产品。而商家通过网络平台，可以很轻易地收到这些信息，根据这些信息，不仅可以向顾客推荐降价优惠产品，也可以调整自己的生产库存量、产品设计倾向，还可以在顾客的消费评价中找到需要改进的地方。这种情况既方便了消费者，又为商家提供了一条捷径。

（二）针对客户的需求和评价随时对产品做出改进

对大数据的应用和分析可以使生产者们了解到顾客需要什么以及什么时候需要，针对他们对已购买商品的评价可以对已生产的产品做出改进，针对产品需求的发展趋势可以做出新的产品设计。最重要的是，这些信息通过大数据是可以及时收集到的。所以，在现代的消费者导向市场，对大数据的应用更是势在必行。当然，大数据对于生产者的有用性，不仅适用于线上产品生产商，同时也适用于线下产品生产商。也就是说，获取大数据信息既可以通过直接的途径，也可以通过间接的途径。

（三）寻找新的市场和商业机会

通过利用大数据，企业甚至可以预知顾客尚未提出的需求，而这通过企业掌握的数据模式和回归分析即可实现。大数据也可以帮助企业发现哪个市场适合首先推出新产品。

（四）高效节约的组织管理企业

通过对企业所掌握的大数据的分析，可以轻易地发现组织管理中效率较低的地方，从而改进目前的管理制度设计和方法，使得企业管理变得更加高效。特别是在物流业中，将道路状况、交通信息和天气条件以及客户的位置结合起来进行配送安排，可以大大减少资源的浪费。比如，沃尔玛的成功即源自其对大数据的成功应用，它的采购、库存、订货、配送和销售已实现一体化，在节省很多时间的前提下，加快了物流的循环。高效的运行效率，使其总是先人一步，进而从激烈的市场竞争中脱颖而出。

（五）加强企业风险管理

对企业经营的各个过程进行风险预测、风险监督和风险控制是企业管理的一个重要方面。利用大数据，可以针对企业的生产经营以及接触的客户或供应商确定其风险类别。特别是在保险业，对大数据的应用可以确定客户在未来可能的损失，帮助保险公司以恰当的价格和时间范围为客户提供恰当的产品，并降低索赔成本和避免客户骗保行为。当然，在除了保险业以外的其他行业，该项技术应用都是非常有用的，对于向外界提供贷款的金融行业来说，利用大数据对客户进行全方面分析，也是当务之急。

三、大数据在企业管理中的具体应用

（一）真正实时地了解客户

在过去，企业普遍通过采用小组讨论和调查问卷的方式找出客户在哪里。而当调查结果总结出来时，结果往往已经是过时的了。而利用大数据，这种状况将不再发生。大数据能够帮助企业完全勾勒出其客户的行为和需求信息。充分了解客户是有效地与客户达成生意合作的关键。当然，企业要确保客户的隐私不受威胁，大数据可以为企业提供针对个体客户的十分个性化的见解。使用互连的社交媒体数据、移动数据、网络分析和其他数据分析，企业可以充分了解每一位客户，实时地知道他们想要什么，以及何时想要。

真正了解客户，意味着可以结合客户的个性化特点，给出有针对性的建议或显示广告。亚马逊已然将这一点做到了极致，他们为客户推荐的产品绝不是一个巧合。亚马逊的推荐引擎完全是基于客户在过去一段时间的购买行为所做的：客户的购物车中所收藏的商品、客户喜欢的商品、其他用户浏览或购买的商品。亚马逊使用该算法，为每位客户定制了专属的个人主页。利用该策略使该公司在其 2017 年第三财政季度期间销售增长 27%，达到了 131.8 亿美元，而 2016 年同期的销售额则为 96 亿美元。

（二）企业共同创建、实时改进和创新产品

大数据分析可以帮助企业更好地了解客户所想要的产品。通过从社会媒体和博客上收集人们如何评价某款产品，能够为企业提供比传统的问卷调查更多的信息。特别是这些信息是实时收集到的，企业可以立即有针对性地对可能存在的问题做出改进。这样不仅可以很好地评估您的产品，同时还能够收集到不同人口群体或不同地方的人对于某款产品的评价。大数据还可以帮助企业同时进行数以千计的实时模拟，测试新产品或改进的数字化产品。利用可扩展的计算机资源，结合仿真算法，可以在同一时间运行和测试成千上万的不同的变化。每个设计只需一点点的调整，仿真程序可以结合所有的小改动，显示一款产品的改进。

互联网线下产品，如果知道如何操作和执行，也可以利用大数据进行改进和创新，如汽车。福特公司便在硅谷开设了一间实验室进行汽车产品的改进研发。为了提高汽车的质量，减少燃油消耗，提升安全性能，减少排放，福特公司收集了超过 400 万辆汽车的数据，包括汽车传感器和远程应用程序管理软件。所有的数据都是实时的，允许工程师实时分析问题，了解并掌握汽车在不同的道路和天气状况以及任何其他因素影响下的行驶状况。

（三）确定企业面临的风险有多大

确定企业所面临的风险是今天企业业务的一个重要方面。为了确定一个潜在的客户或者供应商的风险，需要对客户或供应商进行特定的归类，每位客户或供应商都有自己的风险水平。更多的时候，如果客户或供应商被归类到一个错误的类别，无疑将导致错误的风险归为一类。利用大数据可以针对每位客户或供应商过去和现在的实时数据有针对性地确定风险类别。

特别是在保险业，预测分析可以用来确定一个客户在未来可能花费多少钱。可以帮助保险公司以最为正确的价格在最为恰当的时间、地点为客户提供最为恰当的保险产品，以确保降低索赔

成本和避免顾客欺诈骗保行为。利用大数据技术，如模式识别、回归分析、文本分析、社会数据聚集和情感分析（通过自然语言处理或监控社会媒体）360度无死角地考察一位潜在的客户。这种整体的分析可以显著地降低风险。这样一个360度的分析，当然也可以被用来确定一个新的或现有的供应商的潜在风险。这项任务对于许多金融机构来说，可谓是未来几年工作的当务之急。

（四）个性化网站和针对个人客户提供实时的定价

企业曾经采用劈裂试验（split-test）和A/B测试以确定客户的最佳布局。利用大数据，将永远改变这一过程。网络数据可以实时地分析，这将使企业有一个流体系统的外观、感觉和布局变化，反映多种影响因素。可以收集每位客人所希望的网站需求，进而为其专门定制一个网站。客户一个星期或一个月后再次访问，可能会看到一个根据其之前的人性化要求所专门定制的完全不同的网站。

大数据也会对价格产生影响。其可能会为电子商务中的收益管理带来全新的意义。Orbitz尝试利用大数据，使向苹果用户显示的酒店价格比PC用户更昂贵。Orbitz发现，较之PC用户，Mac用户平均一晚的酒店花费要贵20美元到30美元使用算法，还可以帮助企业针对市场上竞争对手的市场策略进行实时的反应并调整价格。企业已经开始使用大数据来提供个性化的在线服务，满足个性化的需求，同时也享受到了销售和利润的增长。

（五）改善服务支持客户

利用大数据，可以远程监控机器，查看机器的运行情况。使用远程信息处理，能够对机器的各个不同部分进行实时监测。数据将被发送给制造商，进行实时的存储分析。每个振动、噪声或错误均会自动检测，当算法检测到正常运行的偏差，服务支持将发出警告。机器甚至可以被安排在不使用时自动维护。当工程师来维修机器时，他可以利用所有可获得的信息准确地知道应该进行哪些维修工作。

（六）寻找新的市场和新的商业机会

政府部门越来越多地利用各种政策来刺激企业利用和收集大量开放数据。在 2011 年，欧洲联盟举办了公开数据挑战。这是欧洲最大的开放式数据竞争，激发创业者利用政府部门的大量的开放式数据做出创新的解决方案。荷兰政府将重点放在积极促进文化数据的再利用和企业编程马拉松（hackathon）来创造新的解决方案。

此外，企业可以使用大数据发现顾客尚未提出的需求。通过分析企业已经掌握的数据模式和回归分析，会发现客户自己尚不知道自己的需求和愿望。大数据也可以帮助企业发现在哪个市场推出首款产品，或在哪里放置产品更为合适。丹麦的一家能源公司维斯塔斯风力系统使用大数据和分析，找到了世界上最好的使用风力涡轮机的地方。

（七）更好地了解竞争对手，行动在对手之前

所谓知己知彼，百战不殆。充分了解竞争对手，分析竞争对手当下的状况，将为企业提供一个有价值的开端。使用大数据分析算法能够找出竞争对手产品价格的变化，从而自动改变自己的价格以及保持竞争力。也可以监测竞争对手的其他行为，如自动跟踪对手的新产品或促销活动。这么多的数据对于企业和竞争对手来说都是开放的数据，因此竞争对手自然也可以跟踪到自己企业的数据。

（八）更有效地组织企业以节省资金

通过分析企业所掌握的所有的数据，可以更好地组织企业各个部门。特别是使用新的大数据源，可以使供应链中的物流业变得更高效。卡车内的电子车载录像机可以告诉我们他们在哪里，拖车和分销的帮助负载的卡车就可以更有效地结合道路状况、交通信息和天气条件以及客户的位置进行运送，大大节省时间和金钱。

上述用例仅仅只是大数据的巨大潜能的一小部分。这些例子

也同时表明了利用大数据有无穷的机会。"大数据存在着巨大的商业价值，但目前大多数数据都被浪费了。"每家企业都有不同的需求，并且需要采用不同的大数据分析方法。

第三节　企业管理创新

　　管理伴随着社会的形成而形成，跟随社会的发展而发展，具有鲜明的时代性，可以说管理是人类社会最基本的活动之一。大数据时代的到来，给管理提出了新的要求。随着大数据时代的来临，企业的工作环境和内容都发生了一系列的变革，逐步走向人性化、知识化、柔性化和信息化的发展道路。当今世界进入了一个以高科技、信息网络、知识等为重要构成部分和主要增长动力的新经济时代，固定不变的常规型企业管理已不能适应于时代，管理创新势在必行。

　　管理创新是指企业在现有的资源的基础上，发挥人的积极性和创造性，通过一种新的或更经济的方式来整合企业的资源，并能有效地加以实施，以达到管理效益最大化的动态过程。企业管理是为了实现利润最大化而对企业的生产经营活动进行的，包括计划、组织、协调、控制等的一系列行为。对企业进行有效管理对企业获得更高利润、不断提升竞争力和实现可持续发展具有重要的意义。对市场经济活动中产生的数据进行搜集、筛选、建模、分析，最终获得能够支持企业战略和经营决策的信息，然后加以运用都属于管理范畴。同样，大数据也在改变着企业管理的思维，要求企业必须进行管理方面的创新。

　　创新是我国企业发展的一个重要课题。但是，中国企业长期以来创新不够，企业的管理水平还较落后。大数据给中国企业带来巨大机会，也给中国企业带来更大挑战。这就要求中国企业必须创新，才能适应环境的变化，才能得到持续稳定发展。我国企业在新经济时代所面临的竞争是全方位的，差距是明显的，要弥补这个差距，实现跨越式发展，根本出路在于创新，特别是管理创新。

一、数据时代进行企业管理创新的必要性

进行企业管理创新的原因，主要有两方面，一方面是源自大数据时代为企业发展带来的机遇，另一方面是大数据时代为企业管理带来的挑战。大数据中蕴含着经济价值，如果企业能够通过管理创新，利用这些数据为企业的经营管理和决策提供有效信息，将会为企业带来巨大的收益和进一步的发展，这是企业发展的内在需要；同样，大数据给企业管理带来了一系列的问题，企业想要在当前时代中获得生存和更大发展就必须进行管理创新。

（一）企业发展的内在需要

大数据时代进行管理创新能够为企业发展带来的好处，本文主要从企业经营管理、企业竞争力和人力资源管理三个方面进行分析。

1. 企业运营管理

企业运营管理的本质是为企业带来更多的客户，提高企业的竞争优势。而获得大量数据在于掌握和预测客户现有或者潜在多元化的需求，并通过采用相应的策略予以满足。大数据时代的经营管理创新最主要是加强对大数据的有效利用。大数据中包含着大量消费者个人情况、动态需求、消费行为和习惯等有用的信息，因此，可以通过专业的数据挖掘和分析等手段，获得客户的需求和偏好信息，找准切入点，进行精准营销，最大程度地满足客户要求，在竞争中占据优势。

2. 企业竞争力

在以往企业的市场竞争中，政府的支持和保护政策，以及地理位置优势开始逐渐失去当初的重要作用，归根结底是企业自身价值的提升，才能更加长久地在竞争中占据一席之地。在大数据时代，数据信息成了企业竞争力的重要构成要素之对数据的科学合理分析，除了可以挖掘出客户需求，制定有效的策略以抢占市场份额外，还可以进一步优化企业数据信息资源，准确把握和预测市场情况，为企业制定更为合理、更具前瞻性的发展战略，对企业各项活动做出高效的决策，体现企业的潜在价值，既能够节约成本又可以促进企业的数据信息增长，提高企业的核心竞争力。

3. 企业人力资源管理

无论外界环境怎样改变，人才始终是企业的核心竞争力。借助大数据进行人力资源管理创新，可以建立员工个人信息和工作信息数据库，从大数据中获得员工的相关信息，综合挖掘员工内在的诉求，预测其发展走向，尽可能地满足员工的需求，一方面，可以减少人才流失，提升忠诚度；另一方面，能够吸引更多的优秀人，才为其所用，能够大幅度提升人力资源管理的水平，为企业未来发展带来无限的发展动力和发展活力。

（二）应对大数据时代挑战的必然要求

大数据具有数量巨大、结构复杂，较强时效性等特点，这些特点为企业进行数据分析处理的工作时，带来了很大的困难和问题，同时在数据信息的运用中也存在着一些问题，而以往的企业管理已经难以满足需要，这也是企业不得不进行管理创新，实现对大数据有效利用的原因，这些问题主要有以下几个方面：

1. 企业数据分析要求实时性

当前社会经济发展变化速度非常快，企业发展的内外部环境也在不断更新，这样一来，需要企业进行搜集、筛选、整理和分析的数据也会快速更新，数据量不断增大，而企业想要对企业内部进行有效控制、对外部市场进行准确了解和把握，必须对这些数据进行快速处理，由于需要处理和分析的数据量过于庞大，企业很难保证其时效性。

2. 数据整合要求提高

当前时代，网络和信息应用程度较高，数据的收集途径除了传统渠道，还包含一些网络社交、电子商务等环境，从这些环境中所获得的数据相较于传统结构化的数据在形式上更具多样化，比如视频、地理位置、图片等。但无论是何种样式的数据信息都对企业管理决策具有重要意义，而企业真正能够进行有效处理的只有结构化的数据，对这种非结构化或者半结构化的数据，往往缺少有效的整合和处理方式，不能使其发挥价值。

3. 决策观念有待改变

任何企业的经营决策都需要有一定的基础和依据，往往一目了然的数据更容易用来辅助决策，且将数据分析结果作为决策依据，能够使决策更具科学性和合理性，也能够有效降低管理的风险。同样数据分析的深度和质量，也影响着决策的水平。在大数据时代，企业管理者已经不能像以往那样只是通过一些简单的数据信息，对企业自身发展情况进行分析，而是需要通过深度挖掘信息，更多地对横向的外部竞争环境和竞争对手进行对比分析，以更好地发现自身问题和发展机会。因此，企业的决策观念需要进行转变，以加强对数据的有效利用。

4. 数据安全需要得到保证

数据的增多，大大增加了企业数据管理的工作量和难度，而企业的数据中存在，着较多含有隐私的信息，且都是通过网络和计算机进行储存，存在安全隐患。因此，在复杂的数据和网络环境下，企业需要加强信息管理创新，对客户和自身的各项数据加强安全保护，以免因为数据的泄露或遗失，造成企业的损失。

综上所述，大数据时代给企业带来了全新的发展机遇，但也为企业管理带来了，新的问题，这两方面都促使企业在当前时代进行管理创新，以更好地适应时代发展，把握发展机会，提升自身竞争力，实现可持续发展。

二、大数据时代企业管理创新的途径

（一）构建信息数据集成系统

面对大数据时代庞大的数据量，企业处理和分析数据的效率对企业管理具有重，大意义，想要提升对大数据分析的数量和质量，不仅需要充分运用云计算和数据挖掘技术，还需要通过高效的分析，为企业决策提供科学合理的预测和判断，因此，企业应该根据自身需求，构建一个大数据集成系统，便于多种数据的共享和整合，从而进行更高效率的数据处理工作，在信息时代为企业把握外部环境和抢占发展先机提供支持。

（二）将数据作为运营和决策的依据，改变决策方式

大数据时代，产生和传输的数据不只包括结构化数据，还包括大量的以网络、地理位置、图像、视频等形式存在的非结构化数据。要进行企业管理创新，就要重视这些非结构化数据的作用。企业不仅要进行企业信息网络的构建，还要针对非结构化的信息，进行数据管理平台的创新，并将这些非结构化信息纳入产品和用户中，并做好相关数据的收集和筛选工作，并添加到企业信息数据库。还要将这些数据信息进行有效的保存和管理，进行实时的监控和检测，呈现动态的服务和产品信息，开发和加强企业分析数据信息的检索功能，不断提高企业数据管理工作的效率，将数据作为企业经营决策的依据，推动企业发展、提高管理水平。

在大数据时代，网络和信息技术的广泛应用为企业带来了大量的信息数据资料，而大量和复杂的数据也给企业管理带来了难题和挑战，同时，形式多样的数据难以提供直观的决策支持，因此，企业必须改变以往那种仅通过一些简单的数据分析作为决策

依据，以及进行片面分析的思路和方式，而是应该注意对数据进行结构化处理，在数据分析过程中建立合理的模型，对数据包含的信息进行深度挖掘，确保数据信息的准确性和有效性，并通过横纵双向的对比，保证企业管理者决策的全面性、正确性和合理性，降低决策风险。

（三）建立高效的企业信息网络

在大数据时代，企业不再依靠以产品为核心，注重产品、营销和成本信息的管理模式，而是将企业服务和服务质量作为重点，首先构建一个企业数据信息网络，将企业的产品、成员和服务等各方面的数据信息纳入其中，并进行加工处理，以便更好地进行企业内部管理；其次，将企业生产经营的上下游节点企业、合作伙伴、客户等成员的数据信息录入企业信息数据库，然后将企业内外部的数据信息进行相关性的分析和研究，并通过这些有联系，形成一个完整的、带有自身特色的企业信息网络，为企业在大数据时代的发展和管理创新提供强大的信息支撑。

（四）大力培养数据信息管理人才

大数据时代，企业需要加强数据处理和信息管理工作。相应地，企业也就需要更加专业的数据信息管理人才，这是使企业数据信息管理能够充分发挥其作用的重要基础，也是企业管理模式进行创新和升级的人力支撑。优秀的数据信息管理人才，能够有效地进行数据信息开发，并充分利用企业搜集的各项数据信息，保证企业和社会的良性互动，充分发挥其作用。因此，企业必须加大对专业人才培养的力度。

企业的数据信息管理人员需要具备信息技术和营销知识，以及较强的数据信息处理能力。加强这方面人才的培养，一方面，可以通过招聘、选拔具有专业知识和实践水平的人才；另一方面，对现有的数据信息管理人员进行定期的专业培训，掌握最新的数据处理和分析技术，以提高企业的数据管理水平，也可以建立一个专门的数据部门，更好地提升企业员工的数据信息管理意识和水平。

第四节　大数据与企业战略思维

　　移动互联网和现代信息技术的快速发展，将人们的生产生活带入到了"大数据时代"。根据互联网数据中心（IDC）估计，到2020年全球数字信息量将增长44倍，2011—2012年全球所创建的数据内容增长了48%，目前全球90%的数据都是在近两年中生成的。"大数据"与"海量数据""大规模数据"的概念一脉相承，指的是"科学仪器、传感设备、互联网交易、电子邮件、音视频软件、网络点击流等多种数据源生成的大规模、多元化、复杂、长期的分布式数据集"。大数据在改变人们日常生活方式的同时，也显著地影响着企业的营销方式、管理模式、商业模式、竞争情报获取等多方面。有学者认为，大数据增强了企业决策的不确定性和不可预测性，传统的战略论逻辑遭遇到了严峻挑战。大数据的兴起与应用，本质上意味着"一场管理革命"，改变了传统上依赖于经验与直觉决策的行业与领域，将企业带入到精准量化管理时代，使企业可以进行更可靠的预测、更有效的决策。

　　大数据发展对企业经营管理的各方面都产生了深刻影响。管理学界对大数据的影响已有敏锐的洞察，学者们开始重视并试图分析其对商务管理各方面潜在的影响。但梳理已有文献，笔者发现学者们对大数据影响的讨论与分析，主要聚焦于营销管理领域。如美国零售业巨头西尔斯公司通过群集（cluster）收集来自不同品牌的数据，基于此进行深度分析，结果让公司的推销方案变得更快捷、更精准。学者对大数据的分析之所以聚焦于营销管理领域，与大数据主要产生于消费者的访问，交易与评价记录有关。国际商业机器有限公司（IBM）中国开发中心首席技术官（CTO）毛新生指出，大数据不再是商业活动的附属品，大数据对企业而言，如同石油一样重要，收集、整合、分析、利用、校准大数据，每一个环节都体现了全新的商业能力。企业高管应重视大数据的价值，将其视为一种竞争要素和战略资源。

一些学者也认为，大数据对企业的战略管理发展有着重要的影响，具体表现在：

1. 大数据资产化成为企业战略思维拓展的关键

企业管理过程中有两种比较常用的战略决策思维方式，分别是我们比较熟悉的分析企业外部环境的波特五力竞争模型和分析企业内部环境的SWOT分析法。但不管我们使用哪一种方法，都要以资源的获取为前提。在互联网时代，这里所指的资源，不再是传统的物质资源如生产原料、人员等，还包括大数据这种无形的资源。正是这种看不见摸不着的信息资源，构成了企业竞争强有力的砝码。

2. 大数据常态化成为企业经营环境重塑的动力

技术是企业经营环境的重要组成部分之一，信息技术前沿领域中大数据的应用对企业经营环境的重塑作用不可小觑。大数据的有效收集、整理、归纳以及分析应用决定着企业的行业分析、市场分析、决策制定甚至是发展战略的重大调整。企业如果抢占了这个技术前沿，就有可能为企业赶超强敌提供强有力支撑，重塑企业经营环境。

3. 大数据规范化成为企业战略决策优化的帮手

大数据时代的发展对企业战略决策的变革主要来源于两个方面：其一，从企业的战略决策主体来看，大数据促使企业战略决策主体趋于大众化。企业的发展若想改进商品服务、提高核心竞争力、扩大市场占有率，必须将大众、一线员工和基层管理者纳入企业决策主体队伍中来，最大化地利用并结合数据，最终实现企业价值的最大化。其二，大数据使企业决策的依据趋向精准化。在大数据时代，对海量数据进行梳理、筛选、分类，提高信息的有效性和关联性，基于数据量化分析结果做出理性的决策，必须让"大数据"说话。

4. 大数据精准化成为决策效果实时评价的要点

在大数据时代，具备的一个突出特征就是时效性高，企业不仅在决策时可以应用企业建立的大数据资源库去更加便捷地获取市场信息，而且可以通过先进的信息技术手段对信息进行实时监控，从而实现对决策效果的跟踪评价，随时根据现实情况及时进行战略调整，帮助企业紧随市场需求占领先机。

鉴于战略管理领域关于大数据的影响分析现状，本节重点探讨大数据对企业战略思维的影响以及大数据时代企业战略思维的特征，以期为企业在新的竞争环境下进行管理决策提供参考。

一、大数据时代战略思维的主要特征

在互联网时代，人们经常讨论怎样用互联网的方式思维，以及如何持有互联网的思想、互联网的思考方式。在大数据时代，应该有大数据的思维方式。参考美国西北大学凯洛格商学院陈宇新教授的论述，大数据时代的"大数据战略思维"特征主要表现为：定量、跨界、执行和怀疑。

（一）定量思维特征

它是指"一切都可测量"。虽然现实经营管理的情况不是都可以测量，但是企业决策者要持有这样的理念。例如，现在很多餐饮连锁企业都有消费会员卡，但是一般只记录顾客的消费金额，关于顾客消费什么则并没有记录。如果有了这样的记录，每个顾客来消费时，就不仅可以判断他的消费水平，也能分析判断他的消费偏好。管理者如果具备定量思维，秉承一切都可测的思想，记录有用的顾客信息，将会对企业的经营和战略决策产生积极作用。

引领企业实现大数据转型的企业决策者，在进行企业重要决策时，应该养成看"数据怎么说"的思维习惯。参考数据分析结果进行管理决策，既能有效避免仅凭直觉判断的不足和风险，也能改变企业内部的决策文化，将企业经营模式从依靠"劳动生产率"转移到依靠"知识生产率"上来。

（二）跨界思维特征

它是指"一切都有关联"。企业经营的各方面之间都有相关性，应该发挥领导者的想象力，将看似不相干的事物联系起来。例如，移动终端和 PC 终端的跨界，微信、社交网络跟电子商务的跨界，通过跨界能够开创新的商业模式，构建新的价值链。如果说通过大数据挖掘消费者需求考验的是企业的洞察力，那么高效地满足客户需求考验的是企业内在的整合与优化能力。企业要想获得价值最大化，就要善于利用大数据提升价值链的效率，对其商业模式、业务流程、组织架构、生产体系等进行跨界整合，以进一步提升为客户服务的效率和企业竞争力。基于大数据的思维不仅可以提升企业的内在效率，还能帮助企业重新思考商业社会的需求，从而推动自身业务的转型，重构新的价值链。阿里巴巴集团就是充分利用大数据，成功地由一家电子商务公司转型为金融公司、数据服务公司和平台企业，它的转型给金融、物流、电子商务、制造、零售行业带来了深刻影响。

（三）执行思维特征

它是指"一切都可利用"。执行思维强调充分地发掘、利用大数据。企业收集了大量的数据，但存放着不利用就属于资源浪费。企业应该注重实效，将大数据蕴含的市场信息发掘出来，并执行下去，及时对市场和利益相关者做出反应。在大数据时代取得成功的企业，并不是简单地拥有大数据，而是通过对大数据的分析，发现市场机会，从而开发新的市场。企业依托大数据分析获得的创意，为市场提供相当独特的产品和服务，通过高效的组织运作与执行，最终赢得顾客、赢得市场。

（四）怀疑思维特征

它是指"一切都可试验"。企业获取了大数据，进行分析获取一定信息之后，有时会导致决策产生更大的偏差。认为有了数据的支持就觉得实际情况就是如此，从而忽略了深入的思考。实际上，有的时候数据会产生误导，所以不能对数据有盲从的思想，相应地还要有怀疑试验的思想。例如，航空公司经常根据顾客在本公司的消费情况计算其顾客价值，进而根据顾客价值的大小采取不同的营销策略。假如 A 顾客在某航空公司年消费金额为 2000 元，公司可能将其归类为低价值顾客，实际上该顾客在其他航空公司年消费额超过 2 万元。面对这样的情形，航空公司仅仅根据自己掌握的顾客消费数据进行决策，难免会产生错误或偏差。因此，管理者还需要有怀疑试验思维，要思考获得的大数据是否全面，来源是否精准，不能盲目认为只要拥有大数据，就能够进行精准的决策。

基于以上分析，参照麻省理工学院安德鲁·麦卡菲教授提出的"企业 2.0"提法，大数据时代应发展大数据战略思维，同时应该将传统的战略思维升级到 2.0 版本，体现大数据时代的战略思维特征。大数据时代，消费者的决策方式、购买行为等发生着显著变化。为此，企业经营管理过程中的战略思维应该进行变革。一方面，要对传统以资源、竞争和顾客为本的战略思维进行升级拓展；另一方面，要发展形成全新的大数据思维。

企业的战略思维涉及企业管理的最高层次，关乎企业的生存与发展前景。当代企业决策者要想获得商业成功，要筑百年基业，就要具备大数据时代的战略思维。许多成功企业的经验证明，正是企业领导层具有大数据时代的战略思维，引领企业开创了新的商业模式、新的价值创造方式，更好地为顾客、为社会创造了价值，才最终成就了企业的爆发式增长。因此，升级传统战略思维，构建大数据战略思维，开展体现大数据时代思维特征的战略管理，是企业可持续发展的重要条件。

二、大数据时代企业战略管理创新途径

新时期，从战略角度有效应对大数据带来的机遇和挑战，企业应该：

（一）树立大数据意识，建立有效的信息平台

现代社会是信息爆炸的社会，企业是否能够树立有效的大数据意识，是否能够合理有效地收集数据并进行分析处理，对于企业来说是一项非常巨大的工程。因此，建立有效的信息平台，为专业数据信息分析提供规模性的专业信息服务保障，才能为提高企业服务水平、优化企业战略管理奠定、夯实基础。

（二）重视大数据技术，推进技术革新与改造

重视新技术的推广与应用，是大数据开发的基础和源泉。但复杂的大数据并不一定会为企业创造可观的价值，关键还要看数据分析与应用的效果，特别是大数据时代已经打破了行业之间壁垒，因此，如何利用大数据技术充分发挥其效用，并加快技术更新和应用的步伐形成真正的规模化数据是当前推进大数据时代发展应用中企业亟须面对与解决的问题。

（三）调整组织结构，搭建组织信息平台

在大数据时代下，企业获得及时有效的数据信息，不仅需要搭建企业自身的云计算下的大数据平台，还需要组织上下员工共同参与到这个过程中来。同时为了适应分散决策的要求，必须调整组织结构，将高耸型组织调整为扁平化的组织结构，调动一线员工工作的积极性与主动性，缓解高层的决策压力。

（四）加强人才培养，制定大数据人才培养战略

企业战略管理需要大量掌握大数据挖掘和数据分析的人才，这不仅需要具备扎实的数学基础知识、数据库知识、统计原理等，还要具有大数据思维意识，能够利用数据分析结构对企业发

展、市场前景、竞争趋势进行有效预测，为企业决策提供数据分析支持。因此，这类人才不仅需要大规模的填补，更需要企业制定大数据人才培养战略，进行人才的储备、培养与激励，为企业大数据战略转型提供人才支撑。

第五节　大数据在企业物流管理系统中的应用

物流管理系统产生的数据分散存储，数据模型不统一，标准化程度低，无法支持非结构化和半结构化数据处理，数据未能有效地进行商业利用，基于大数据的物流管理系统构建数据集中、数据模型标准化、数据统一存储和处理、多结构化数据处理的模式。对产品搜索引擎和询价日志进行收集并管理，对海量数据进行计算和分布式处理，实现海量管理系统数据的实时快速加载、实时复杂查询和数据的实时入库，结合用户上网日志和互联网网页内容，进行深度数据挖掘和分析，为企业把握用户行为偏好、改善用户体验、精准行销、进行产品竞争力分析提供数据支持。

一、物流管理系统数据库

（一）Hadoop 介绍

MapReduce 模式，其中心思想就是分而治之。MapReduce 集群由普通 PC 机构成，为无共享式架构。在处理之前，将数据集分布至各个节点。处理时，每个节点就近读取本地存储的数据处理（map），将处理后的数据进行合并（combine）、排序（shuffle and sort）后再分发至 reduce 节点，避免了大量数据的传输，提高了处理效率。无共享式架构的另一个好处是配合复制（replication）策略，集群可以具有良好的容错性，一部分节点的死机不会对集群的正常工作造成影响。

Hadoop 是一个基于 Java 的分布式密集数据处理和数据分析的软件框架。它是一个基于分布式系统（HDFS）及其分布式数据库（HBase）用来将数据存储或部署到各个计算节点。用我们通俗的数学语言来表述，它大致上是：Hadoop=HDS（文件系统，数据存储相关技术）+HBase；（数据库）+MapReduce（数据处理）。其框架如图 6-1 所示：

HDFSF 分布式文件系统	MapReduce API（Map，Reduce）
HBase 分布式数据库	

图 6-1　Hadoop 框架结构

（二）HBase 分布式数据库

HBase 是一个分布式的、面向列的开源数据库，它不同于一般的关系数据库，是一个适合于非结构化数据存储的数据库。另一个不同的是 HBase 基于列的而不是基于行的模式。HBase 使用和 BigTable 非常相同的数据模型。用户存储数据行在一个表里。一个数据行拥有一个可选择的键和任意数量的列，一个或多个列组成一个 ColumnFamily，一个 Fmaily 下的列位于一个 HFile 中，易于缓存数据。

（三）物流管理系统数据库

系统采取以 Hadoop 为代表的 NOSQL 数据库技术和基于 SQL 的分布式数据库技术，采用 Hadoop 和数据仓库混搭的方式，对结构化和非结构化的海量数据和复杂数据进行存储与处理。将结构化、不需要关联分析、查询较少的数据保存在 NOSQL 数据库或 Hadoop 平台中；将结构化、需要关联分析或经常查询的数据保存在关系型数据库中，短期高价值数据放在高性能平台，中长期的数据放在低成本平台中，以实现数据高效率低成本的存储和处理。Hbase 模型如图 6-2 所示。

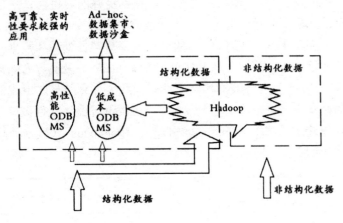

图 6-2　Hadoop 模型

二、物流管理系统中大数据技术的应用

物流销售管理系统中的统计分析子系统通过对用户信息提取、访问热点分析、产品竞争力对比分析，结合用户上网日志及互联网网页内容，仔细对客户进行细分，分析用户决策因素、购

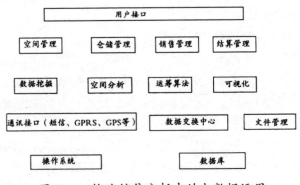

图 6-3　物流销售分析中的大数据运用

物偏好、价格承受范围，为准确把握用户购买心理、产品发展趋势、企业战略规划、系统运营管理提供决策支持。子系统如图6-3 所示。

图 6-3 所示，即物流管理大数据的架构，在此来一一剖析与解读。物流管理大数据的架构，从上至下分为五个层次，它们分别是：用户接口、分类模块、计算模块、存储模块和查询模块。

1. 用户接口

用来与用户对接，方便使用者管理运用，也是数据的来源，在这个模块上产生输入数据。

2. 分类模块

数据由此进入存储中心，分类管理。利用用户接口传输来的数据再传送到下面的计算模块。分门别类地对应空间管理、仓储管理、销售管理和结算管理。

3. 计算模块

在这个计算模块，物流管理采用的是 Hadoop 集群，这个集群是计算模块的主要组成部分。在这个集群上，系统每天会对物流管理数据进行不同的 MapReduce 计算。利用数据挖掘、空间分析、运筹等算法进行数据的分类、整合，进行可视化的处理。

4. 存储模块

在存储模块，采用 HBase 分布式关系型数据库的集群，是基于 Hadoop、HBase 技术的一个 NoSQL 的存储集群，其中还包括了数据交换中心和分布式文件系统（HDFSF）。

5. 查询模块

在这一模块，通过操作系统和数据库对经过大数据技术处理的数据进行查询、分析。

三、大数据应用于物流管理的重要意义

(一)降低物流成本

大数据技术应用于物流管理决策可以提高物品流通速度,降低物流成本。尤其对一些特定产品来说,对时间、新鲜程度的要求很高,发展现代物流,关键是能够充分运用专业化现代化的运输工具迅速及时地运往消费地,提高商品流通速度,降低商品积压在产地所占据的成本,同时通过大规模的作业降低作业成本,减少多次装卸搬运所产生的产品破损,从而有效地降低物流成本。

(二)提升商品价值

大数据技术应用于现代物流管理决策可以促进专业化物流增值服务。提升产品价值,是提高国际竞争力的需要。有些商品本身的价值不高,可以通过发展专业的第三方物流组织,为商品提供专业的物流增值服务,来发掘商品的内在价值。现实中,我国不少商品不仅在质量和外观上缺乏竞争力,而且在流通过程中的产品配送和分销能力不足,交易成本高,损耗和浪费大。大数据应用于现代物流管理决策就是使商品通过低成本、高效率的物流体系送达消费者手中。此外,应用大数据技术对现代企业物流管理决策进行研究也是发展物流产业和降低物流成本的需要,有利于大大提高企业的收入。应用大数据技术对现代物流管理决策不仅可以进行集约化物流,在一定范围内实现物流合理化,从而大量节约物流费用,而且可以节约大量的社会流动资金,实现资金流动的合理性,既提高经济效益,又提高社会效益。显然,完善和发展现代物流是流通国际化,缩小同发达国家之间的差距和提高我国国际竞争力的必要手段。

(三)做出科学决策

物流管理的信息化、网络化发展到一定程度就产生了智能化的需要,因此物流管理的智能化是物流信息化、网络化的高层应

用。物流管理中，不管是管理部门还是生产经营单位，不管是产品配送企业还是商户，都涉及运筹和决策的问题，例如产品储存库存水平的确定，运输路线的选择，产品配送中心的经营管理等决策问题都需要借助大量的管理知识、经验和信息来解决。物流管理的智能化就需要有系列智能的物流管理信息系统的支持，如物流专家系统、物流预测系统、物流配送中心管理决策系统等。当今的一些物流管理信息系统只为管理者提供普通的业务处理数据和简单的分析数据，不具备数据挖掘和知识发现的功能，不能提供立体的，多视角的、有渗透力的数据，更不能提供具有预测性的潜在的信息，不能满足物流网络中各个层次的实时需要。基于大数据的物流管理信息系统可以把相应的业务数据提取出来进行分析，分析过程可以不脱离物流企业和客户的操作流程，时效性强，可以克服在管理决策中出现的大量的主观决策，避免产生牛鞭效应。

（四）有利于物流产业化升级

将数据挖掘应用到物流管理决策中，不仅增强了物流系统的功能，可以实现物流结构的调整，利于物流产业良性升级，减少人工投入量，而且在物流园区、物流中心的建设，库存控制和运输配送等方面建立起能够有效控制的运行机制，使物流体系能够适应市场的变化，提高物流系统的效率和决策的准确性。另外企业领导和管理部门可以将其所掌握的信息转化为决策的依据，提高决策能力、决策效力和决策准确性，减少决策过程中的主观因素，克服决策中的主观随意性和盲目性，减少因决策失误而造成的经济损失。

第六节　大数据与企业信息管理

一、大数据应用意义分析

大数据是近年来备受关注的一类互联网信息化技术。大数据已经成为继云计算和移动互联网应用之后，对互联网信息化管理有直接影响的综合性应用技术之一。信息技术相关从业企业和科研院所纷纷从不同角度展开了大数据技术应用的具体化研究。深度挖掘了大数据技术的潜在价值，使大数据技术走向高速应用的发展之路。

（一）提升了信息管理的效率

大数据应用能够切实有效提升信息管理效率。通过对数据的广泛收集和高效分析，数据掌握者能够更快速地实现信息检索和分析汇总工作，使信息管理工作处于持续的良好状态下，避免信息数据的人为流失，改善信息数据管理的实际模式。

（二）体现信息管理的科学性

大数据技术能够使信息的分类管理和分步管理更加有序和科学。大数据技术将数据片段整合为整体，进而能够实现分类管理，使不同属性的信息能够整合成为一个集合，继而根据相应的信息特点和特质实现有针对的管理，使信息管理的科学性更加突出。同时大数据技术运用也可以使信息管理的流程化更加有序，实现分步的信息管理，使信息规范性更强。

（三）体现信息管理的人性化

大数据能够根据不同的信息管理和使用习惯，体现出信息应用的人性化。在实际的信息管理过程中，信息管理者所遵循的基本管理规则和事项就会成为大数据技术平台的基本规范，进而提升信息管理的实效性，满足信息高效利用的需要。同时大数据技术平台能够实现可视化操作，降低信息管理劳动量，增强信息操作的专业性。

企业信息管理现状在大数据时代的背景之下，数据信息管理已经成为现代企业管理的重要组成部分，随着数据信息的不断膨胀，其对企业的未来发展起着越来越重要的作用，所以，企业的信息管理对于现代企业的生存和发展，有着非常重要的影响。现代企业在运营管理过程中，做好信息管理工作，刻不容缓。

1. 可视化的企业信息需求

随着计算机网络技术的快速发展，数据信息已经成了企业运营中的要素之其与企业人员以及企业制度有着同等的地位。大数据是如此重要，以至于其获取、储存、搜索、共享、分析，乃至可视化地呈现，都成了当前重要的研究课题，"当时代变化的、海量的数据出现在眼前，是怎样一幅壮观的景象？"倒是有公司已经在大数据中有接近上帝俯视的感觉，美国就有企业宣称，他们将全球夜景的历史数据建立模型，在过滤掉波动之后，做出了投资房地产和消费的研究报告。

2. 企业信息依赖性

大数据是信息通信技术发展积累至今，按照自身技术发展逻辑，从提高生产效率向更高智能阶段的自然生长。无处不在的信息感知和采集终端为我们采集了海量的数据，而以云计算为代表的计算技术的不断进步，为我们提供了强大的计算能力，这就围绕个人以及组织的行为构建起了一个与物质世界相平行的数字世界。大数据虽然孕育于信息通信技术的日渐普遍和成熟，但它对社会经济生活产生的影响绝不限于技术层面，更本质上，它是为我们看待世界提供了一种全新的方法，即决策行为将日益基于数据分析做出，而不是像过去更多凭借经验和直觉做出。

3. 企业数据影响

随着社会的发展，计算机网络积水的发展速度也越来越快，大数据的影响并不仅仅限于信息通信产业，而是正在"吞噬"和重构很多传统行业，广泛运用数据分析手段管理和优化运营的公司其实质都是一个数据公司。麦当劳以及苹果公司等专卖店的位置都是建立在数据分析基础之上的精准选址。而在零售业中，数据分析的技术与手段更是得到广泛的应用，传统企业如沃尔玛通过数据挖掘重塑并优化供应链，新崛起的电商如京东、淘宝等则通过对海量数据的掌握和分析，为用户提供更加专业化和个性化的服务。

二、大数据时代信息管理面临的实际问题

信息数据收集、汇总、分析、处理、存储、利用和共享是信息管理的基本流程。多数的信息数据管理都遵循基本的数据信息流程，大数据技术应用到信息管理流程中，其信息管理基本程序不会发生根本性变化。在数据收集汇总、数据分析存储和数据分享利用，这三个主要程序阶段当中，大数据所面对的数据信息等量级要远远超过传统形式信息管理所面对的数据量，在海量数据面前，做好数据收集、分析和解析成为关键。目前来看，大数据时代信息管理面临三方面主要问题。

一是数据收集与汇总工作更加复杂。大数据一个显著特点就是信息数据的多样性，其信息数据的来源极其广泛，数据类型也更加复杂，在复杂的环境下，信息管理面临更大挑战。大数据提供的数据关联和聚合技术，使收集汇总的数据信息能够按照统一标准和结构进行存储，进而为后期的数据利用提供保障。

二是数据分析面临新挑战。信息管理的重点和核心是数据的分析。大数据的价值产生根本在于数据的有效分析，从异构数据源抽取到集成数据构成了数据分析的基础原始数据，根据不同应

用的实际需要，可以从这些具体数据当中选择全部或者部分的数据进行相应的分析和对比。大数据在规则等方面产生了变化，数据分析的类别化差异明显，结合应用实际有针对性实现数据分析成为信息管理的新挑战。

三是数据解析和管理呈现多元化。数据分析和管理是大数据的技术核心。在整个数据解析过程里，其运算规则是复杂多变的，所形成的数据信息存储管理也表现出复杂性和多样性特点。大数据时代信息管理在数据信息解析和管理方面要积极应对多元化要求，继而提升信息管理水平和质量。

三、企业信息资源管理的难点

（一）结构复杂多样，统一标准规范难

大数据这一结构复杂多样的特性给信息资源统一标准和规范的建立带来麻烦，使得体量庞大的结构化和非结构化的信息资源处于无序组织状态。标准化、规范化企业信息资源是未来企业信息化建设的重点和难点之一。

（二）动态性与交互性并存，实时精准管控难

互联网信息是企业信息资源的重要组成部分，互联网信息的动态性是显而易见的，具有很大的自由度和随意性。同时，交互性是网络信息传播的最大特点，互联网形成了企业与用户沟通的桥梁，企业和用户共同参与，使得信息双向流动。企业对信息资源实时精准控制难度越来越大。

（三）数量庞大且内容多样，深层价值挖掘难

一方面是与外部的客户、合作伙伴通过文本信息、社交网络、移动应用等形式进行互动时产生大量的数据；另一方面，企业内部生产研发、综合办公、视频监控等日常经营管理活动产生的大量信息。研究表明，中国捕获和产生的数字信息量有望在 2012 年至 2020 年间增至 8.5ZB，实现 22 倍的增长，或保持 50%

的年复合增长率。企业在 PB 级甚至 EB 级的数据中寻找相关信息无异于大海捞针，利用信息驱动决策的成本和复杂性与日俱增。

（四）管理体系与技术发展不对称

传统粗放式信息资源管理的整合度不高。大多数企业缺乏有效的方法、手段和机制对信息资源进行管理，无法及时有效地对信息资源进行提取、集成和分析，整合度非常低。信息资源管理的核心目标就是确保信息资源的有效利用，做到正确决策。企业只有深度认知大数据特征以及大数据给企业信息资源管理带来的难点，才能有序组织和管理结构复杂、大量、实时且潜在价值高的信息，及时、准确地挖掘分析出海量数据信息的潜在价值，确保信息资源的有效利用。然而，多数企业对大数据的认知还只留于表面，导致信息资源的有效利用率偏低。

（五）信息资源管理缺乏数据治理体系化建设

数据治理尚属比较新兴的、发展中的概念，随着大数据、云计算、移动互联网等新一代信息技术的飞速发展，企业亟须数据治理来输出可信度高的数据。然而，目前国内大多数企业在数据治理方面还处于初级阶段，只是做了简单的数据质量检查、数据归档、数据安全等分散性的数据处理工作，没有形成数据治理方法论，数据作为企业核心资产来运作的理念尚未形成，完整的数据治理体系建设缺失。

四、大数据时代信息管理应对策略

在数据信息广泛传播和利用的环境背景下，信息管理要围绕时代特征而不断创新和优化，进而使信息管理保持高水平和高效能。

（一）树立大数据意识

在大数据背景下，信息管理工作面临一系列新问题，提高大数据意识已经成为优化调整信息管理规则，提升信息管理水平的重要举措。在信息管理工作当中要树立海量信息意识和信息规则管理意识。大数据时代，在互联网等应用推动下，数据信息种类和数量呈现出几何倍数增长，大数据下的信息管理意识要围绕数据持续增长和信息管理规则性不断增强而提升，信息管理思维则要随着大数据技术的不断应用而丰富调整，进而满足新时期信息管理的新要求。

（二）完善大数据的分析应用

信息管理依托于大数据技术而发展，有利于信息管理针对性和科学性的提升。在数据收集、分析、应用、存储、共享等各个环节，大数据技术都与传统数据技术有区别，积极运用大数据技术能够有效建立起新的信息管理框架，使信息分类管理更加科学，信息运用更为灵活高效，全面提升信息管理的时效性和专业性。

（三）注重数据信息管理安全性

在互联网信息化时代，数据获取和传输渠道增多，信息管理工作的便捷性更为突出。但数据信息管理安全性问题值得关注，建立符合大数据规则的信息管理安全体系，确保海量数据和多元化信息应用的安全性和稳定性。

第七章　大数据与企业投资

第一节　企业投资项目与项目管理

　　企业投资的目的是获取投资收益，而投资风险却与投资收益相伴而生。

　　通常，投资收益越高，所遇到的投资风险也越大。因此，企业在投资决策过程中，应充分考虑投资风险因素，在有效控制投资风险时，力求投资收益最大化。

一、大数据挖掘与数据分析解释

　　（一）大数据时代背景与国外相比，我国大数据的研究正处于初步发展阶段。2012 年 5 月，香山科学会议组织了以"大数据科学与工程"为主题的会议，深入讨论了大数据的理论与工程数据研究和应用方向。2012 年 6 月，中国计算机学会青年计算机科技论坛举办了"大数据时代，智谋未来"学术报告会，对大数据时代的数据挖掘、大数据安全、大数据平台开发与大数据现实案例进行了全面的研讨。

　　（二）大数据技术应用在金融投资中的必然性和必要性现阶

段，我国经济处于下行周期，金融投资的风险难度增大，行业产能突出的现象络绎不绝，小企业的经营风险也不断地增大。因此，将大数据技术应用于金融投资中，借其解决投资中遇见的各种问题是信息大战的必然趋势。

当下在各企业的经营中，交叉风险日益加剧，此时需要建立信息共享平台来保证风险控制。在公司的角度看来，经营多元化的趋势日益明显，也由此各业务之间的风险关系也非常复杂。我们通过整合互联网数据平台，并在从各种渠道中获取数据信息，对公司发展前景进行预测与风险评估，由此实现风险管理的意义。

二、大数据分析技术在金融投资风险管理的实践

（一）大数据分析技术非常符合银行的发展需求，现在已有不少银行将其应用于风险管理系统。

大数据分析技术对于银行风险管理的意义有以下几点。

1. 建立风险数据集市

银行利用大数据分析技术对历史数据和突发性事件进行快速整理，分析和预判此类事件再次发生的概率，由此来提高银行的办事效率。

2. 形成全面的客户征信视图

现对客户的信息的真正掌握，达到账户信息，交易信息的结构化管理；通过相关个人交易量、贷款次数、还款日期等，计算个人信贷的评价分数与欺诈系数，将其降到最低。

3. 面向云计算的架构设计

在处理大量的银行业务数据时需要结合云计算进行分析处理。基于云计算，大数据的应用首先要建立和整合银行现有的基础 IT 设施，在这个基础上制定数据处理的方案，才能构建出实现支持大数据集合所需的高性能数据平台。

4. 采用数据驱动设计

数据驱动的系统设计方法的中心是利用数据模型有效地识别原有数据库中的数据，有抽取集成为面向大数据银行业务应用中的主要数据。这种数据驱动的应用，可以有效地将银行处理的每笔业务数据进行对比分析，大大提高了银行数据查询速度。

（二）数据挖掘技术在保险行业的应用。数据挖掘是一个复杂的工程，它的作用就是在众多的数据中找出有潜在利用价值的信息和数据，下面是以 CRM 管理系统为例，简述其在保险行业的具体应用：

1. 建立客户价值模型

客户价值模型，是保险行业对客户所能提供的潜在利益价值进行判断的依据，具体应该包括客户存在周期价值、现有价值和潜在价值。

2. 建立数据库

要想对客户进行数据挖掘，必要条件就是具备完整的数据库，数据库的建立应对保险行业正在开展的各项工作过程中收集到的客户信息进行整理归类，使其成为一个较为完整的数据库，为数据挖掘提供基础条件。

3. 利用分析工具进行数据统筹

在数据库建立完成以后，利用计算机对数据进行分析，就保险行业而言，利用简单的数据挖掘软件就可以对数据库中的数据进程分析，例如 SAS，可以利用其分类、关联等技术对已有数据进行筛选。

经济在进步，社会在发展，当下蓬勃发展的大数据分析技术已经成为各个大中型企业进行金融投资风险分析的主要工具。虽然大数据技术在我国的应用与银行风险管理以及保险行业风险管理当中。如果大数据技术以当下的趋势发展下去，其必定成为未来经济发展的顶梁柱。

三、项目投资管理

（一）项目投资风险的识别

项目投资是指投资中具有长远意义的经济行为，即资本性的投资，又称资本预算。项目投资包含的内容非常广泛，具有单次性任务的属性。项目投资具有三个特点：①所需的投资额较大、周期较长；②项目成果的价值对企业有较大影响；③任务比较复杂、涉及面广。项目投资风险是指由于某些随机因素引起的投资项目的总体实际效果与预期效果之间的差异，以及这种差异的程度和出现这种差异的可能性大小。具体的项目风险有以下三种：

1. 政策与环境风险政策

风险是指项目实施过程中，由于国家的、行业的或主管部门的与所实施的项目相关的政策、法规、法令、规划或标准等的更改、更新、作废等或新的颁布给项目带来的风险。环境风险是指项目实施的环境（自然、政治、法制、经济等）变化给项目带来的风险。总体而言，政策与环境风险的基本特征是客观存在性和不可控制性。对于这类风险，尽管它不可控制，但企业必须制定相应的对策以及处理措施，以防止发生这类风险时措手不及。

2. 公司风险

它也称公司特有风险，是指公司在投资多个项目时所具有的风险。它反映了公司多元化投资对项目风险的影响。公司风险是项目对公司收益变动的影响，可用公司资产的预期报酬率的变异程度来衡量。

3. 项目特有风险

它也称单个项目风险，就是单个投资项目本身所特有的风险。它单纯反映特有项目的未来收益的可能结果相对于期望值的离散程度，通常用项目收益的标准差来衡量。①项目投资准备阶段风险，包括决策风险，利率风险、通胀风险和汇率风险。②项目投资实施阶段风险，包括实施风险、费用风险和进度风险。实施风险是由于设计、勘探、论证等失误造成与实际情况偏离、设计变更和漏项等原因而产生损失的可能性。费用风险是指项目超支或资金短缺的可能性，以及由于项目超支和资金短缺而给项目带来的一些不良后果。进度风险是指项目实施的某些环节或整个项目的时间延误所造成的风险。③项目完成阶段风险，主要是项目收益风险，即投资项目是否获得预期收益。

（二）项目投资风险的评估

通过项目投资风险评估，可以预测各种风险发生的可能性和概率，说明建设项目的可靠性、稳定性，减少不确定性因素对投资项目经济效益的影响。

1. 盈亏平衡分析

它广泛运用于预算项目成本、收入、利润、估计和数量等方面，为制定产品价格及其他重要决策提供依据。

2. 敏感性分析

投资的敏感性分析就是通过分析预测有关因素对净现值和内部收益率等主要经济评价指标的影响程度而进行的一种敏感性分析方法。其主要目的是揭示有关因素变动对投资决策评价指标的影响程度，确定敏感因素。投资敏感性分析包括两个方面：分别计算有关因素变动对净现值和内部收益率的影响程度；计算有关因素的变动极限。

3. 情境分析

它也称剧情分析、场景分析或方案分析，试图考虑引起变量变动的深层次的经济因素以及这些因素对变量同时产生的影响。分析不同情境下项目净现值的变化，有助于对项目的前景有更为清晰的认识，避免错误的投资决策。

4. 蒙特卡罗模拟

它又称计算机模拟、仿真实验法、随机模拟法或同级实验法，通过模拟不确定因素的随机变化，找出其基本规律，并根据这一基本规律的概率分布，计算出项目的 NPV 及其概率分布，据以对项目做出取舍的决策。

5. 统计分析方法

它包括层次分析法、因子分析等。

6. 概率分析方法

对单一资产的风险，一般用期望值收益和方差来衡量。其中，收益用期望值表示，风险用标准差表示。

7. 无差异曲线

风险厌恶表达，人们对风险的容忍程度或承受能力。风险厌恶程度越高，对于同样风险所要求的补偿越大。

（三）项目投资风险的控制

针对项目投资中存在的种种风险因素，对项目风险防范过程的各环节进行分析，从而提出项目风险管理的具体策略。

1. 政策与环境风险管理

控制的基本方法是不断更新收集到的信息，并开展科学性的预测，并制订有针对性的应对方案。由于政策与环境风险难以定量，对于它们的控制与处理主要是制订详细、周全、科学的风险管理计划，以应对可能发生的所有情况。

2. 公司风险管理

公司风险是公司在投资多个项目时所具有的风险。企业要构建合理的多元化投资结构，选择合适的投资时机和投资项目，以降低多元化投资的风险。

3. 项目特有风险管理

（1）项目投资开始阶段的风险管理

认真选择投资机会；合理进行可行性研究；正确进行投资项目的评估与决策。

（2）项目投资实施阶段的风险管理

运用项目管理的基本知识和方法，对项目实施阶段的风险进行控制。

（3）项目投资完成阶段的风险管理

将项目收入货币与支出货币相匹配。例如，在能源开发项目中，若借进的是美元货币，则电力购买协议应主要以美元或其他硬货币来结算。若在当期筹资中，由于项目收入多以当地货币取得，偿债不存在货币兑换问题，将产生项目收入的合同尽量以硬货币支付，尤其是当合同的一方为政府时，还可以利用衍生工具减少货币贬值风险。

（四）案例分析：临沂银座中心项目投资风险管理

临沂银座中心项目是临沂市首个大型体验式城市综合体，是山东省目前建筑面积最大的第二大单体工程。该项目建筑面积 249707 ㎡，占地面积 40289 ㎡，项目类型为城市综合体项目，集购物、休闲、娱乐、公寓、住宅、超市等多种功能为一体。临沂银座中心项目计划总投资约 10 亿元，合同签订 2009 年 11 月 1 日开工，2012 年 5 月 1 日竣工。

1. 临沂银座中心项目投资风险的识别

借鉴生命周期理论，对临沂银座中心项目投资面临的各种风险进行识别。

（1）投资决策阶段风险的识别

投资决策阶段之所以是房地产项目投资过程中最为关键、重要的阶段，主要是由于在该阶段所面临的不确定因素较多。由于房地产项目的变现能力差等特性，使得房地产项目投资一旦开始实施就很难撤出，否则将会为此付出沉重的代价。

1）政治政策风险。就我国来说，在很长时期内国家的政局稳定，国稳民安，综合国力进一步增强，不必考虑政治风险，只需考虑政策风险即可。

可以说国家政策对产业发展的影响是全局性的，由于我国市场经济环境还不是很成熟，因此很有必要了解国家政策，尽量减少由于政策风险给投资者带来的损失。①产业政策风险。国家产业政策的变化将会决定房地产需求结构的变化。如果政府通过产业结构调整，降低房地产业在整个国民经济中的地位，并且紧缩投资于房地产行业的资金，将会大大减少房地产市场的活力，从而给房地产投资者带来一定程度的损失。②金融政策风险。由于房地产行业属于资金密集型行业，对于绝大多数房地产投资者不可能拥有足够的资金进行投资，这样大多数房地产投资者融资的有效手段就是银行贷款。③税收政策风险。由于房地产项目投资中的税费名目较多，并且这些税费已经占到房地产成本的一大部分，国家税收政策的变化也将大大影响房地产的投资。④土地政策风险。对于房地产开发商来说，最重要的就是拥有大量的土地储备，国家土地政策的变化必将严重影响房地产业的发展，并且房地产业的土地成本占到房地产投资成本的 30% 左右，在一线大城市将会更高。

2）投资时机风险。房地产业受经济发展和经济周期的影响很大，在经济发展的不同时期，国家对房地产项目有不同的调控政策和措施，其供求状况和价格也随之波动。

3）区域位置风险。房地产区域、地理位置是购房者最看重的因素之一，因为房地产的不同区域、位置决定了该房地产的价值高低，也决定了其未来升值空间的大小。同样一座城市、地区的房地产所处地段好，就意味着交通便利、位置优越、配套齐全、环境优美等，这将带来销售好、售价好、利润高的结果。

4）项目类型风险。房地产项目类型不同，其所具有的风险也会有所不同。在选择投资何种类型的房地产时，房地产投资者必须考虑其不同风险。

住宅楼、商业楼、写字楼及综合体是房地产项目的主要类型，项目类型选择的恰当与否也具有一定的风险，因为一旦项目开始后，项目类型就很难再进行调整和更改。并且不同项目类型对所处的地段要求也不一样，如商业楼对位置的要求相对来说比较高。

5）出资方式风险。房地产项目主要出资方式有独资投资和联合投资。

独资投资是指房地产投资者独立承担房地产项目的投资和相关风险。其优点为独享收益、权力集中和管理方便；缺点为资金投入大和风险独自承担。联合投资是指两家及两家以上的房地产投资者共同出资、共同管理、共享收益、共担风险。其优点为投资风险分散；缺点为利益分享、管理混乱等。因此，应综合考虑项目特点、公司实力等，选择合适的出资方式，避免因选择出资方式不当而承担较大风险。

6）投资可行性研究风险。房地产项目投资可行性研究是指房地产投资者在进行了充分的市场调查分析后，对所开发项目技术和经济方案的可行性所进行的全面经济技术分析，以确保项目投资价值的可行性。其内容主要有投资项目概况、供求分析、多方案挑选、工期计划、投资预算等。通常由于房地产市场信息不对称及所选模型不当等因素，市场分析的准确性会受到一定的影响，给投资者带来一定程度的风险。因此，在进行房地产项目投资可行性研究时，投资者应注意收集信息数据的代表性及科学性，注意所选预测模型与实际数据的拟合程度。

（2）建设前期阶段风险的识别

建设前期阶段主要是为房地产项目的具体开工做好准备。

1）土地取得风险。房地产开发企业只能通过国家行政划拨和土地使用权出让、转让等方式获得一定年限的使用权。其中，土地使用权转让、出让的具体方式主要有招标、拍卖、协议。目前开发风险最小的行政划拨土地方式使用很少，协议出让方式主要使用在经济适用房、福利性住房等方面，就目前来说，房地产市场获得土地使用权的主要方式就是"招、挂、拍"。此种方式的风险最大，主要原因是国家政策的不确定性，并且土地价格和房价也在不断攀升。

2）筹资风险。在我国，目前筹资方式主要有银行贷款融资、股票融资、债券融资、预售融资等。投资者根据实际情况选择合适筹资方式，有利于降低筹资风险、减少成本。如果投资者筹资不当，有可能造成本上升，最为严重的后果就是将造成资金链断裂，导致企业破产。

3）勘察设计风险。每项工程设计之前，建设单位必须委托勘察单位对要建工程的地质、水文、岩土等情况进行勘察，并形成勘察设计报告提供给设计单位，作为设计院进行基础设计的基础资料。所以，对建设工程的地形、地貌、地质、水文、岩土等勘察分析错误是勘察的主要风险。建筑设计就是设计院依据勘察单位提供的地质勘查报告书、建设单位提供的设计任务书、国家有关规范标准等来进行，最终提供明确的施工图。因此，建筑设计风险主要是由于建设前期进行的建筑设计方案不完善、存在一些缺陷所造成的风险。

4）工程招标风险。由于建设工程事关公共利益和多数人的生命财产安全，因此国家实行强制性招标制度。工程招标风险主要是由于招标人员在能力、经验、道德等方面存在不足而引起的风险。例如，通常受到决策领导的影响而不能招到质优价廉的承包方。为防范招标风险，投资者通常委托专业代理机构，这样可以在公开、公平、公正的基础上招到有资质、有能力的承包商，减少风险的发生。

5）合同风险。①合同中语言文字表达存在漏洞、不严密、条款不完整，在实施过程中可能给后期工程索赔留下隐患；②计价方式的选择不当；③对风险分配不合理。在具体的合同签订中应当增加相应的条款，能够使各方承担自己范围内的风险，从而达到转移风险的目的。

（3）建设施工阶段风险的识别

1）工期风险。在建设施工阶段管理控制不好任何环节，都有可能导致事故的发生、工期的延长。一方面，可能导致错过了最佳的销售时机；另一方面，对预售部分可能还要承担违约损失。

2）质量风险。质量是企业的生命，建筑工程项目质量主要体现在安全性、适应性和耐久性上。一旦出现质量问题，将会给企业、消费者、社会造成不可估量的损失。施工阶段必须加强质量管理，确保合同质量目标的实现。

3）安全风险。安全风险一方面可能导致财务的损失，另一方面可能导致工期的延长。开发商一定要督促、协助施工承包单位搞好安全生产工作，严格按照建筑安全生产法实施。

4）成本风险。企业的最终目的就是以最小的投资获得更大的收益，投资成本的增加必然导致利润的下降。对于建筑工程项目来说，材料成本占到建设施工阶段总成本的 60% 以上，加上建设周期长，材料价格随市场的变化比较大，实施一次性以较低的价格购进所需材料几乎是不可能的，而价格的上涨将会给投资者带来成本的增加。

5）技术风险。①设计单位设计缺陷错误过多并且设计的深度不够导致无法指导施工而带来的风险；②房地产开发商违背合同内容故意增加建设内容及扩大建设规模带来的风险；③施工单位编制的施工组织设计及施工方案不能指导施工，并且在施工工序安排上不合理带来的风险。

（4）租赁出售阶段风险的识别

租赁出售阶段是房地产风险识别的最后阶段，也是房地产项目成功与否的关键阶段。

1）市场风险。这主要是指房地产市场的变化给投资者带来的经济损失。

影响房地产市场的因素主要有供求关系、消费者偏好及购买力。当供大于求时，便会发生房子租赁销售困难、价格下降等问题，给投资者带来一定的损失。

2）价格风险。这主要是指对预售房屋定价不合理从而给投资者带来的损失。若定价过低，虽然有利于房子销售，但是将会损失更多收益；若定价过高，虽然能使得收益增加，但是可能会导致房子滞销。所以，定价必须要合理。在进行房屋定价时，主要考虑的因素有：本地同类房地产的供求状况、房地产的区域位置环境、消费者的心理变化、当地经济发展状况、城市人口变化等。

3）营销风险。它包括营销方式风险和营销渠道风险。房地产的营销方式主要包括媒介宣传及营销人员营销，将这两种方式有机结合是日前采用的主要方式。自营销售和代理销售是房地产营销的两种渠道，如果不能对营销渠道进行合理的选择，将会直接影响房子销售，从而造成资金积压、成本增加，最终导致利润降低。

2. 临沂银座中心项目投资风险的评估

根据临沂银座中心项目的实际情况，在确定临沂银座中心项目所包含的风险因素时，共邀请10位有关经济、投资、施工、营销等方面的专家对临沂银座中心项目进行了全面、系统的分析。经过分析，最后专家们一致确定临沂银座中心项目主要包括19项风险因素，在此基础上建立了临沂银座中心项目投资风险综合评价指标体系。

针对临沂银座中心项目投资风险综合评价指标体系，采用专家意见法确定判断矩阵，采用1—9评价尺度设计调查问卷，调查的对象也是公司邀请的10位有关营销、经济、投资、施工等方面的专家。为了确保使最后结果具有一般性质，受邀请的专家直接采用两两比较法对同一层次的各个风险要素进行两两比较，权衡各个因素两两相对的重要程度，根据已有经验做出结果判断。最后，汇总专家评分结果，建立判断矩阵并解析确定权重为：

U=[0.075，0.124，0.124，0.027，0.045，0.027，0.067，0.085，0.015，0.033，0.027，0.032，0.042，0.023，0.009，0.122，0.037，0.067]。

在确定临沂银座中心项目风险隶属度向量时采用专家调查法，由邀请的10位有关营销、经济、投资等方面的专家，结合自己的经验给出指标层各个风险因素相对于评价评语集中各个风险等级的从属个数，最后经过整理，得到临沂银座中心项目指标层风险隶属度评价结果。

评价评语集归一化，最终计算出综合评价结果："低风险""较低风险""中等风险""较高风险"及"高风险"的隶属度分别为 0.169，0.309，0.340，0.138，0.044，按照最大隶属度原则，最大的数值 0.340 所对应的风险等级为"中等风险"，这就说明临沂银座中心项目未来发生中等风险的可能性，最大，可以进行投资。

3. 临沂银座中心项目投资风险的控制

临沂银座中心项目在经过了风险识别、风险评估以后，便对其所面临的风险和风险的整体水平有了清楚的认识，于是就进入了投资风险管理控制阶段。

（1）投资决策阶段风险控制

临沂银座中心项目在投资决策阶段所面临的风险因素最多，且其风险的不确定性也最大，更是影响项目成功与否的关键因素。鉴于此，临沂银座中心项目的投资者主要从两个方面进行防范应对：一是高度重视临沂银座中心项目的可行性研究，保证其投资决策的准确性；二是加强市场监测，保证临沂银座中心项目投资决策的科学性。临沂银座中心项目投资者聘请青岛鹏翔新地房地产营销策划有限公司进行营销策划并进行可行性研究，历时8 个月之久。他们充分开展市场调研活动，认真分析了影响项目投资的政治经济环境、区域位置等因素，同时还对政策走势、楼市价格、销售数量、供求关系的变化等进行了分析。这样通过科学预测，对临沂银座中心项目进行了市场准确定位，在一定程度上避免了投资的盲目性，确保了临沂银座中心项目投资者选择合适的投资时机、区域位置、项目类型及出资方式，从而保证了该项目投资决策的准确性和科学性。

（2）建设前期阶段风险控制

临沂银座中心项目在建设前期阶段，在对该项目投资风险进行深入分析的基础上，积极采取合同、保险的方式进行风险转移，以便降低风险。将不确定的、可能产生的较大损失转变为确定的、较小的损失，只需支出一定的保险费用，以降低自身的损失程度。临沂银座中心项目在工程招标时聘请山东中咨建成招标有限公司代理，在参加投标的二十多家施工企业中，最后选择实力雄厚、信誉好的山东天元建设集团有限公司为总承包商。该公司资金实力雄厚、施工经验丰富、管理制度正规，采用包工包料方式，并且垫资施工，这样既能解决该项目投资者的大量资金问题，又能通过合同方式转移所面临的大部分风险。

（3）建设施工阶段风险控制

临沂银座中心项目在建设施工阶段所面临的风险因素主要有安全、质量、工期、成本、技术等风险。临沂银座中心项目投资者根据工程的实际情况，采取如下风险应对策略：在本工程刚开始施工时，监理单位人员相对较少并且经验不足。到了该工程地基与基础、主体结构施工阶段，投资者要求监理单位增加专业监理工程师的数量，并且增加的专业监理工程师具有 5 年以上的施工经验，从而满足了对施工单位的监督和控制。在与施工单位签订合同时就明确规定了双方的权利与义务，并且就该工程安全生产、技术质量、工期进度等方面制定了详细的奖罚措施，这样在调动双方积极性的同时，也对部分风险进行了控制、抑制、转移等。例如，在安全文明施工方面与施工单位签订的合同目标为临沂市安全文明卫生工地，在技术质量控制方面与施工单位签订的合同目标为优质结构工程。施工单位建立完善的安全、质量管理体系，切实履行好方案预控、交底先行、样板开路、工序质量放行制度，对重要的分部分项必须努力做好事前施工方案预控，将问题消灭在萌芽状态，加强过程控制，及时发现并解决问题，事后追究相关责任人的责任，对施工的关键部位必须实行监理工程师、施工单位质量负责人"旁站"制度，只有在确保安全、质量的前提下，才能尽可能地加快施工进度。临沂银座中心项目投资者要求施工单位根据签订的合同，在编制完成施工总进度计划的基础上，进一步根据施工总进度计划编制施工节点计划、施工月计划、双周计划、周计划、日计划，狠抓落实，严格控制。同时，该工程投资者每周一上午 9:00 组织相关参加单位在工地办公室召开工程的协调会，主要通报上周工程进度、质量安全、现场文明等情况，并且进一步下达下一周的工作计划；每天下午4:00 召集监理、施工单位在施工现场准时召开碰头会。碰头会时间短、目的明确，主要是通报当天的安全质量隐患，落实当日进度完成情况及明日工作安排。

（4）租赁销售阶段风险控制

1）临沂银座中心项目投资者聘请青岛鹏翔新地房地产营销策划有限公司进行营销策划，目的是规避因自身营销经验不足、营销手段不当带来的风险。并成立了专门的临沂银座营销中心，及时了解分析临沂房地产市场价格、市场需求情况等，科学合理地制定了该项目房地产的价格，以便在短时间内回收资金，减少未来风险的不确定性，同时预售收入能在一定程度上解决部分资金紧张的问题。

2）实施项目投资风险监控。由于项目实施后将会不断地发生变化，这就要求在风险的管理过程中不断重复风险管理的过程。临沂银座中心项目投资者主要从两个方面进行风险监督：确定并进一步分解该项目风险的控制目标；加强责任落实制。

第二节　大数据与企业投资决策竞争情报的需求与服务

企业投资决策是企业所有决策中最为关键、最为重要的决策，是企业众多情报需求中要求最高、最复杂的一种。投资决策最核心的内容就是研究企业现阶段自身的资源禀赋与拟投资项目的可匹配性。随着大数据时代的来临，大数据必将逐步渗透到企业投资决策的每个环节，成为重要的生产要素。

在此背景下，文章从研究企业投资决策各阶段情报需求入手，通过透析大数据对企业投资决策产生的诸多影响，并在深入研究大数据背景下企业投资决策竞争情报需求面临的机遇和挑战的基础上，为竞争情报咨询服务机构如何在大数据背景下为企业投资决策提供高质量服务提出建议。

一、企业投资决策流程及情报需求特点

企业投资决策是企业经营生产过程中的重大事件，是企业对某一项目（包括有形、无形资产、技术、经营权等）投资前进行的分析、研究和方案选择。一般来讲，企业投资决策周期可以分为投资机会研究、初步可行性研究、项目建议书、项目可行性研究、项目评估及最终决策六个阶段。每个阶段研究的内容侧重点有所不同，对竞争情报需求也有所差异。

序号	决策周期阶段	竞争情报需求特点
1	投资机会研究	需要大范围搜集数据，对数据准确性要求不高，情报类型多样化
2	初步可行性研究	缩小情报范围，集中项目及相关情报，情报准确度较情报类型以数据、文字、视频等多种类型
3	项目建议书	以企业内部情报与外部情报融合，准确度要求高
4	项目可行性研究	高度精准数据，项目具体实施方案情报，项目未来市场预测数据及大量结论性情报
5	项目评估	通过大量外部情报验证项目决策结论
6	最终决策	精准数据，结论性情报

可以看出，企业投资决策整个流程的每个阶段都需要大量情报作为支持，投资决策因其具有前瞻性和可行性因此需要精准情报作为决策依据。大数据时代的到来，使得可利用的数据资源空前巨大，可获取的渠道也更加多样，将从根本上改变企业投资决策情报的获取、处理及利用方式。

二、大数据给企业投资决策带来的机遇与挑战

大数据时代具有不同以往的显著特征，具体表现在：数据总量规模增长巨大、数据增长的速度呈指数级持续增长、新的数据来源和数据类型在不断增加和数据的价值日益凸显。大数据正在对企业的每个领域都产生巨大的影响，企业所处的内外部情报环境发生了深刻的变化，企业需要重新思考现有的情报搜集和利用模式，采取何种措施将大数据转化为大智慧。企业对投资的必要性、投资目标、投资规模、投资方向、投资结构、投资成本与收益等重大问题所进行的决策行为将越来越依赖于大数据情报的分析利用。大数据将作为企业重要的资产，受到越来越多的重视，但是，大数据就像一把双刃剑带来全新机遇的同时也给企业带来诸多挑战。

（一）带来的机遇

1. 大数据为企业获取精准情报提供了沃土

投资决策失误是企业最大的失误，一个重大的投资决策失误往往会使一个企业陷入困境，甚至破产。要避免投资决策的失误，精准的情报支持是必不可少的。大数据的特点之一就是体量（Volume）巨大，据国际数据公司（IDC）的研究报告称，2011年全球被创建和被复制的数据总量为1.8ZB，并预测到2020年，全球将拥有35ZB（1ZB=10亿TB）的数据量。如此巨大体量的数据为竞争情报分析提供了空前宽阔的空间。放眼全球，国际零售巨头们早已从大数据情报分析中尝到了甜头：ZARA运用大数据

让自己既有的快时尚模式如虎添翼；亚马逊实现基于大数据的精准营销；沃尔玛分析社交网站海量数据上显露的消费者偏好与需求。庞大的、来源渠道多样化数据更具有统计分析和相互验证意义，更能为各种投资分析模型提供支持。过去企业投资决策往往苦于数据的缺乏和搜集渠道的单一而只能凭借"相对准确"的数据作为投资参考。大数据时代企业则完全可以通过科学的情报分析方法对产品市场数据、竞争对手上下游数据、项目财务数据等海量数据进行处理、组织和解释，转化为可利用的精准情报。

2. 大数据使投资决策情报更加细化更有价值

企业投资决策需要的情报种类可以分为政策类情报、市场类情报、竞争对手情报、财务类情报、技术类情报等。大数据整合了各种类型的数据，包括用户数据、经销商数据、交易数据、上下游数据、交互数据、线上数据、线下数据等等，这些数据经过加工处理，可以帮助和指导企业投资决策流程的任何一个环节并帮助企业做出最明智的决策。大数据对传统的情报进行了更具价值的延伸，特别是随着移动互联网的兴起以及以智能手机、平板电脑为主的智能终端的普及，产生大数据领域越来越多，数据类型也从传统的文字、图片发展到动画、音频、视频、位置信息、链接信息、二维码信息等新类型的数据。

3. 大数据为企业提高投资决策竞争力提供了新的舞台

如上文所述，投资决策是企业所有决策中最重要的决策，因此投资决策是企业参与竞争的一项关键竞争力，通过成功的投资决策可以使企业领先竞争对手建设新的项目，抢占市场制高点。大数据时代，企业这种投资决策竞争力归根到底是数据分析提炼能力，是情报分析利用能力。大数据里隐含了许多"金子"，然而"金子"却不是现成的，需要通过一定方法和工具从中才能"淘"出来。谁掌握最先进的"淘金"方法和工具，谁就能把握先机，从而获得竞争优势，而落后者就可能面临被淘汰的危险，可以说大数据为企业提供了一个全新的竞争舞台。

（二）面临的问题与挑战

大数据时代企业内外部情报环境空前复杂，数据来源的多元化、数据类型的多样化、数据增长更新的动态化都考验着企业数据情报搜集分析能力。根据 Winter Corp 的调查显示，最大的数据仓库中的数据量每两年增加 3 倍（年均增长率为 173%），其增长速度远超摩尔定律增长速度。照此计算，2015 年最大数据仓库中的数据量将逼近 100PB。因此企业从大数据获取情报能力面临诸多问题和挑战：（1）大数据处理专业人才缺乏。一个合格的大数据专业人才要具备以下条件：深入了解企业内部资源禀赋及发展战略、项目投资决策涉及的经济和产业分析方法、具备数据探勘统计应用知识并熟悉数据分析工具操作。只有这样的专业人才才能激活大数据的价值，重新建构数据之间的关系，并赋予新的意义，进而转换成投资决策所需的竞争情报。培养一个兼具 3 种条件的大数据专业处理人才不是一朝一夕就能完成的。（2）面临重新整合企业竞争情报组织模式的挑战。企业以往的竞争情报组织模式大部分都是分为企业自有情报分析部门与独立第三方情报咨询机构共同完成。彼此分工明确，合作模式单一，例如，企业自由竞争情报机构一般侧重企业内部情报的搜集整理，企业外部情报一般直接委托第三方咨询机构以项目或者专业报告的形式完成。大数据时代的对数据反应速度的要求对现有合作模式带来巨大挑战。（3）现有竞争情报分析方法不能适应大数据时代的要求。现有竞争情报分析方法大多是基于静态、结构化数据基础之上。而大数据明显的特征就是分布式、非结构、动态性。例如，很多企业都通过微博发布动态信息，更新频率高的每天可以到几百条（文字、图片、视频等），如果仍旧采用过去竞争对手的监测方法，很多有用的信息会因为不能及时分析而丧失价值。而且现有的分析方法因为信息格式的不同，不能通过构建信息间的关系来获取情报。因此，必须在数据的处理量、数据类型、处理速度和方式方法上进行创新。

三、大数据时代企业投资决策竞争情报服务发展方向

(一) 创新情报搜集研究方法

大数据产生价值的实质性环节就是信息分析，针对大数据所具有的全新特征，传统的竞争情报研究应该从单一领域情报研究转向全领域情报研究、综合利用多种数据源、注重新型信息资源的分析、强调情报研究的严谨性和情报研究的智能化五个方面。以市场情报为例，大数据时代下从广度应该从以前单纯对本项目产品市场调查，扩展到替代产品、同类产品；更多增加对分散的动态竞争情报的分析，例如，竞争对手经销商、消费者需求变化；更多增加预测性情报分析，例如，未来5—10年市场规模、投资回报、价格走势等，大数据使得情报分析精准性大大提升；增加不同类型情报间关联分析，例如，微博信息（数据、位置信息、视频等）与历史数据建立相关性分析等。

(二) 创新服务方式

我国移动互联网的发展已经超过传统互联网，截至2012年7月的数据，移动互联网用户数已经超过了宽带上网用户数，60%的人通过手机接入互联网。智能手机和平板电脑日益普及，企业投资决策一般都是以团队的形式运行，在移动互联网时代，大数据情报搜集分析特别是服务可以采用跨平台连续推送（PC端+iOS设备+Android设备），对于零散的动态数据则采用协作云端平台随时共享。在企业投资决策过程中，需要企业内部情报与外部情报的有机融合，大数据时代竞争情报服务应搭建以云计算为基础通过"非结构数据+创新工具方法+专家智慧"搭配格局的服务方式。

(三) 与企业共同培养大数据专业分析人才

庞大的数据和短缺的人才，造成了一个巨大的鸿沟，阻碍着企业开发和利用数据蕴含的价值。如上文所述大数据分析人才需要具备3大条件，这使得人才的培养不能单靠一方完成，通过与

企业组建大数据竞争情报分析团队的形式，产业经济学专业、投资专业、金融专业、统计专业、情报学专业各种专业背景的研究员通过彼此专业技能的渗透，各自形成既具有某一方面优势，又具有复合能力的大数据分析人才。

第三节　大数据在投资决策中的应用价值

一、优化企业投资决策流程

在大数据背景下，企业投资决策流程得到改进和优化，相比以往的投资决策流程，更具科学性和合理性。在基于大数据的企业投资决策过程中，首先，企业要在内部建立专门的数据采集和分析平台，综合地采集分析处理开展投资决策活动涉及的所有数据信息，提取其中有价值的内容。其次，借助先进的大数据以及云计算技术，形成数据信息分析平台，对企业采集和整合的数据信息展开实时分析，并反馈数据分析结果。再次。利用大数据技术具备的信息数据挖掘功能，分析投资数据信息与投资决策结果间的关联性。最后，根据大数据分析结果，精准地评估和预测企业不同投资方案所能获取的收益，同时要判断投资方案获得的收益，以及具备的风险隐患，进而在结合两者的基础上，选取具备较大收益概率的项目做出投资决策。这能使企业的整个投资决策流程更为完善，用大数据采集、分析和处理数据信息，具有较高的准确性和及时性，大大提高了企业投资决策的正确性。

二、提高企业投资决策效率

在大数据时代背景下，企业在开展投资决策活动过程中，通常会建立量化投资模型，以此实现海星数据信息的处理，相比以往的投资决策数据分析，引入大数据技术手段，能够使企业投资决策者在短时间内了解投资结果的影响因素，并从多个角度展开系统化分析，如对投资结果产生影响的市场环境、盈利能力、未来预期、经济周期以及心理因素等，根据数据分析模型反馈的结果，做出科学的投资决策，显著提高企业投资决策的效率。与此同时，大数据信息处理器和储存器能够分析数据总体而非样本，以往采取的样本分析手段，由于样本数量相对较少，必然会导致分析结果的准确性不高，然而通过整体数据分析，即便其中包含少不精准的数据，也不会对数据分析结果产生较大影响，企业不必耗费大量的成本清除其中不确定的数据，不仅节约了成本支出，同时也提高了数据分析效率，为企业做出科学的投资决策奠定了坚实基础。

三、控制企业投资决策风险

在企业投资决策中应用大数据，为其控制投资风险提供了良好的技术支撑。在该过程中，企业可以借助数字模型实现对不同类型投资风险的组合性分析，这样企业就能在有限的时间内，精准识别不同投资决策可能带来的风险隐患，并对风险展开量化分析，判断风险的可控性，进而实现投资风险的规避和控制。除此之外，根据企业运用大数据技术分析的投资风险反馈结果，自主构建风险预警指标和临界指标，进而能够在投资风险发生前，对投资决策者做出有效预警，及时有效应对风险。

第四节　企业投资决策的优化

一、引进专业化人才

在大数据背景下，企业要想提高投资决策的科学性与合理性，必须加强专业化人才引进工作。对人才提出的要求，不仅要能充分且全面地了解企业投资环境，同时还要能精准地选择投资方向。当前，我国现代化企业在开展投资决策活动的过程中，所面临的投资环境主要可以划分为内部环境和外部环境，其中外部环境是指企业在生产经营以及开展投资活动过程中，面对的政治环境、经济环境、市场环境以及社会环境；内部环境则包括企业对自身发展的战略定位、企业内部已有的资源基础以及组织结构。企业通过引进专业化人才，能够借助先进的大数据技术手段，对内外部环境因素展开综合分析与有效权衡，与自身开展投资活动的实际需求相结合，为企业树立正确的投资方向。在此基础上，企业需要根据投资方向，开展相关数据信息的采集分析以及处理工作，在精准方向的引领下，大大提高企业数据采集和分析的效率，同时也能使数据信息与投资决策方向相匹配，提高企业投资决策的正确性。

二、完善数据管理系统

完善的数据管理系统是企业开展投资决策的基础和前提，同时也是大数据背景下企业投资决策的有利优势。首先，企业在引用量化投资平台开展分析决策前，可以尝试与相同行业的不同企业以及不同行业的企业建立合作关系，并共同构建网络信息共享平台，实现多元化信息资源共享，企业联盟之间均可以通过该平台获取投资决策信息。企业必须正确认知当前的情况，并立足于此打造完善的数据动态调整机制，持续地跟踪与评价企业开展投资的过程。在该过程中，企业能够实时了解投资的真实情况，并根据评价结果及时调整企业的投资结构、投资项目以及投资金额。再次，数据管理系统内的数据信息要根据调整及时更新，避免信息出现滞后，进而影响企业投资决策的科学性。最后，企业还应加强相应基础设施建设，主要包括服务器和储存器，其能安全储存海大数据信息。且需要对数据进行严格的保密，通过设置访问权限和安全防护系统等手段，避免数据信息泄露等安全隐患问题的发生，以至于对企业投资决策产生消极影响。

三、构建风险管理体系

任何投资活动均有相应的风险，所以企业必须构建完善的风险管理体系。一方面，企业需要在外部环境和投资项目内部运行过程中，采集与风险相关的信息，如在对具体的行业或企业开展投资活动中，企业可以了解该公司的财务报告、行业分析报告以及企业管理层访谈，精准评估所投资企业经营管理、产品生产以及市场发展过程中存在的风险因素。另一方面，在掌握风险信息后，企业由专业人员识别与判断信息，主要包含该风险的来源性质以及大小，初步筛查与整合所有的风险因素，以此为依托，形成投资风险预警指标，其中既要涉及财务指标，也要纳入非财务性指标，并针对不同的指标体系设定安全范畴和临界值，每项指标均可作为企业投资风险评估的重要基石，并且可以将获得的投资风险评估结果，按照不同的风险大小等级以及对企业的影响程度进行排序。企业投资决策者要想有效控制投资风险，最为要的是要将侧重点放在临界值的指标方面，一旦超过临界值，必须立即采取应对措施，进而有效管控投资风险。最终获取的风险管理反馈结果，能为企业日后开展投资决策活动奠定基础，进一步降低企业在投资决策过程中受不确定性因素的影响，并使企业在开展投资与经营活动过程中，能具备较强的风险防范意识以及风险抵抗能力。

第八章　大数据与社交商务

第一节　社交媒体改变商务

如果从社会发展的角度来看营销，其最终的作用就是提供了供需双方信息交换的可能，从而在最大程度上实现供求平衡，让供应方能够按需生产，让需求方能够得到满足。所以，供应方就不得不利用各种各样的方法、工具去接触需求方，获取需求信息，然后将产品和服务提供给需求方。然而，这个过程如果仅凭经验去判断、去做决策的话，必然会出现偏差，于是数据就成为判断和决策的重要参考。所以，营销从若干个生产者决策、选择方面的观念，演变成一系列的理论和模型，再衍生出许多工具和方法，帮助生产者不再盲目地生产、盲目地供应、盲目地铺货和投放。

因此，通过不断地尝试、修正、再尝试，围绕着供求双方，逐渐形成了一个从生产者视角出发的、较为稳定的营销体系，目的就是推测需求、预测需求、把握需求。在这个营销体系当中，首先，假定消费者的需求是"可测量、可诱发、可创造"的，消费者是可以通过一些渠道和方法被接触到，作为营销信息的接收者而存在的；其次，为了与消费者进行沟通，大众媒介成为营销的重要信息传递工具，这些工具在早期是作为稀缺资源而存在的，是控制在少数机构手中的，具有绝对的权威性；最后，为了实现有效的营销，不同的角色，如广告公司、媒介代理公司、数据服务机构、公共关系机构、咨询公司等开始出现，这些公司共同的特点是强调科学性，他们进行了大量的关于消费者、媒介、广告主的数据信息搜集工作，并以此为基础进行营销策划，制定相应的营销战略。

至此，营销体系的各个环节彼此依存，环环相扣，形成一个牢固的链条，逐渐朝着日益成熟的方向发展，并且真正实现了科学化的操作。构建这个体系的目的其实就是不断地接近真实的需求。与此同时，低成本、高效率成为成功的营销活动的两条重要考核标准这是一个不断调整、修复、优化的过程，同时，由于在这个过程中，数据始终扮演着非常重要的角色，因此我们也将这样一个以不断接近真实需求为目的的过程称为数据化的过程。

我们都知道，科学是具有局限性的，会受到人们探寻事物本质的能力的限制。由于信息的缺乏或者误解、工具与手段先进性的不足，人们有时候也会得出错误的结论。

但是科学本身是具有自我纠错能力的，当我们获取了新的知识，原本的一些结论也会随之得到调整、修改，甚至被摒弃。

在营销学领域也是如此，虽然，经过近百年的努力，一套科学化的营销体系被建立起来，然而却也只是相对环境下的有限的科学，这种科学性在今天出现了被打破的可能性。随着近年来社会环境、经济环境、技术条件发生了巨大变化，原本的营销体系开始出现动摇。假如说原本营销体系的建立基座是需求和数据，那么正是需求和数据的变化，导致整个体系出现了震荡。首先，海量数据成为现实，这让营销体系的数据化面临挑战，因为传统的营销调研和数据处理方式无法适应海量的数据信息；其次，新媒体的出现、发展和成熟，在极大程度上改变了原本的传播环境和传播规则，新媒体承担着营销信息的传播工作，也扮演着新营销产品的创造者的角色；最后，营销体系中的角色发生了改变，营销传播的环境也出现了变革，因此在传统方法下从营销者视角出发的需求推测、需求把握变得非常困难。

当整个营销链条中的这些重要环节出现颠覆性变化时，原本稳定的体系也就因此而改变了。

海量的数据需要的是与之相对应的数据存储、运算、处理、分析和运用方法。正如前文所述，营销调研确保了营销理论及其体系的科学性，因此，当整体营销调研工具及方法受到挑战，无法适应海量数据的现实，无法实现其应有的与数据现实相匹配的精准程度时，原有的营销体系也必然受到影响。

从营销领域来看大数据，其最为直接的影响就是，消费者在网络、媒体、终端上的所有行为信息、语言信息都转化成了数据，而这些数据的量级显然是非常惊人的。毫无疑问，这些数据信息都具有极高的价值，是对消费者行为、心理、需求进行研究的重要支撑，然而传统的数据处理方式显然无法与这样的数据量相匹配。

正是在这个过程当中，人们基于传统媒体环境和数据处理技术所建立起的营销体系已经无法匹配当下的发展现实，新的营销理念、营销工具和营销方法开始层出不穷，如何构建起新媒体环境下的营销体系成为学界与业界探讨的重点。

一、消费者、受众正在改变

原本营销环境中，消费者是集中存在的，是容易被接触到的，是媒体传播渠道的信息"受众"。虽然在1950年前后就已经有人提出了关于用户信息规避行为的研究，然而总体上来看，在传统营销体系中，消费者处于一个相对被动的状态，是营销信息的接收者，在那个环境中其"互动"的方式也相对简单，即信息的反馈和规避。然而，技术改造了社会，一方面信息爆炸的环境让人类个体改变了原本的信息接收模式，筛选、回避等行为已经非常常见；另一方面，技术带来的媒体巨变使得信息的传播渠道发生了极大的改变，消费者或者受众开始参与到信息、内容的生产中，拥有了极大的主动权和真正的互动性。在这个阶段中，碎片化和主动性成为消费者最为明显的特征，冲击着传统的营销体系。

二、信息传播的介质——媒体正在改变

在原本的营销环境中，媒体资源是稀缺的，是传播的一种"管道"，因此当时的信息传播是控制在少部分人和机构手中的，他们代表着一定的"权威"：传播体系中的身份和角色是明确的，传者负责生产信息，媒体负责传播信息，受众负责接收信息，定位和界限都很明确。

然而以互联网为代表的新媒体在近年来颠覆了整个传媒产业：传输网络、内容生产、媒体功能都朝着融合化、平台化的方向发展，媒体和信息的稀缺性不复存在；传播的控制权发生了偏移，传播者、传播工具、接收者都可以生产信息内容、发布并传递信息、接收信息，原本清晰的边界已经消弭，营销的科学性也就无从谈起了。

在这种情形下，营销者很难按照原本的方式去接触和覆盖消费者：碎片化的消费者无法用有限的媒体形式实现全面的覆盖；用媒体组合的形式去覆盖目标消费者会直接提升营销成本；消费者在传播中的主动性使得营销信息即使被送达也无法保证能够被接受。此外，海量数据颠覆了传统的调研方法、数据处理方式等，对它们提出了新的挑战，营销者面对着海量的数据，却不知道应该如何去处理和分析。在这样的背景下，生产者和营销者想要实现对需求的精准把握自然变得非常困难，而当营销无法实现"按需生产"，调节供求之间的关系时，原本建立起来的科学化营

销体系自然就被打破了，传统营销模型也就随之"失灵"了。

通过此前的探讨，我们得出了营销传播体系不断完善的过程就是数据化的过程的结论，然而新媒体迅猛发展所带来的海量数据恰恰让原本的"数据化"无法实现，从这个角度颠覆了原本的营销体系。数据信息的增长已经从量变走向了质变，因此在原有的调研方法、数据分析方法的基础上进行局部调整、修补，无法解决这一问题。大数据开始参与到构建新媒体营销体系的活动中，并对其产生了极大的影响。

无论是基于传统媒体还是新社交媒体的营销传播活动，都离不开几个基本的环节：市场分析、消费者研究、产品与服务的设计和调整、营销战略的制定、营销战略的执行、营销效果的监测与反馈。这些基本环节组成了一个营销传播的闭环，而大数据已经渗透到了每个环节当中，这是大数据与社交媒体营销的重要关联点。

第二节　企业网络联通社交商务

企业社交网络是企业利用 Web 2.0 进行信息化改革的一部分。德勤中国科技、传媒和电信行业的负责人周锦昌认为，允许用户创建及修改内容的、各种各样的沟通形式，都可以是 ESN 的一种。它如同光谱，一端是简单的内部沟通的信息工具，另一端可能是一些尖端的微型博客或 Twitter 等。

企业社交网络成为企业 2.0 市场中最重要的组成部分。企业社交网络的概念也在从狭义的企业内部社交网络向两个方面进行广义的范畴延伸，成为连接企业和商业合作伙伴的协同沟通平台，以及连接企业和消费者的公关媒体平台。

除了建立网上的个人身份互通和联系之外，Linkedln 已经展现了其商务应用的发展方向。企业按照社交网络的形式，对内部信息沟通系统进行改造，必然将进一步体现社交网络的价值。

业界对于企业社交网络的安全性也不无担忧。企业内部的社交网络在与外部社交网络对接，或与商业合作伙伴和个人社交网络对接时，不得不面对企业机密信息泄露的危险。相比于个人社交网络，企业的社交网络必须要有更高的安全性和隐私保护机制，能真正进入全面化、全球化的社交商务互联网时代。

在国外有人预测，超过 90% 的世界 500 强企业在 2013 年底将部分或完全应用企业社交网络，未来几年，企业社交网络将成为公司通讯的主要工具。可见企业社交网络对于企业有着举足轻重的地位。

简单来说，企业社交化将企业内部社交网络引入到企业管理中，以实现企业内部员工间高效、透明、便捷的沟通与协作的云时代企业。建立企业社交化将是未来的企业核心竞争力的关键。它不是一个时髦的空洞概念，而是一个有真正应用潜力的未来管理利器，它能够让组织，也包括企业获得真正的竞争力。

在国内，金蝶集团副总裁、企业互联网事业群总经理王天宇在"2013 中国管理，全球论坛"致辞中表示：时间就是金钱，在工作过程当中，有效地使用社交化工具可以提升生产力和效率。企业社交化颠覆了企业传统管理模式，突破办公室局限，随时随地提升全体员工的高效沟通与协作，为流程注入生活化、人性化元素。目前，国内的企业社交平台如云之家等正在兴起。

至于企业社交网络的意义，国外 Forrester 研究的关键是提高企业社交平台采用更好的业务流程和业务价值的链接，说："社会环境中的业务解决方案已经部署和采用已经有问题，调查数据表明认为缺乏商业价值（46%）和缺乏整合工作流程和业务应用程序（50%）的关键障碍。"

为了更好地、更成功地协调企业与企业社交化，并将其部署。组织应遵循四个主要原则：

一、无缝整合社会工作

软件应该是社会的东西，显示了当你需要它，你已经做的启用和加强。它应该解决离散问题，并直接改善现有的性能指标。我们的目标不应该被"杀电子邮件"但使商务人士更有效。

组织需要详细了解在不同的业务流程合作很有意义。销售人员的不同人力资源团队协作，例如。合作应该是现有的工作流程的一个组成部分，而不是一个独立的系统。例如，一个销售人员每天使用客户关系管理中的应用应该可以直接从该环境合作。

二、正确企业社交的工具

如聊天工具、论坛、博客或维基，应用程序内部公开还是不够的。企业社交网络工具是一个很好的解决方案，为员工的问题，他们希望传播到许多其他国家，如营销寻找客户参考。

但是，当他们收到几十个回复，他们需要不同类型的工具，以找到最好的答案，收集数据，享有不同的可能性，并做出决定。

这些类型的合作需要更窄，更专注于工作任务，如赞成／反对表，排名，议程创造，对齐社会与业务工作流程，使得它可以简化界面，仅显示最重要的，最适合的工具在任何时刻。

反过来，这使得它更容易建立合作的价值。

三、争取主动提出建议

为了迅速启动，企业用户采用社会制度，应使用在该公司提供的信息的全部力量。除了直接由员工自己创建的社会关系，组织内部信息系统，可以用来做智能建议。例如，根据员工的角色和在企业层次上，人们可以自动登记在特定群体的人跟随文件阅读，培训课程采取建议。随着时间的推移，系统应该从使用学习，不断提出新的和精致的建议。

四、普及和容易获得

组织今天有一个巨大的各种不同的企业系统。与业务流程整合企业社交平台，也意味着将其与不同的需求和内部部署（on-premise）系统内部和组织外部的，以及通过移动设备。

转型商业机会 Forrester 研究的奈杰尔·芬维克认为，有一个巨大的机会："下一代市场领先的组织将数字化与信息技术结合的创新能力，使他们的企业模式……超越线性的，过程驱动型组织创新的，动态的，网络化的企业，注重客户价值。这些社会企业改变竞争和企业，政府和非营利组织如何提供价值的新标准。"

世界正在发生变化，企业必须改变它。按照这四项原则，组织有更大的机会成功嵌入社会进入职场的技术，使他们能够充分利用新的业务流程和机会。

企业社交网络，是为了在互联网时代更好的凝聚企业共识，激发员工创新，提高协作效率。目前我国大型跨国企业海尔总裁张瑞敏率先提出海尔移民互联网战略，其中海尔集团内部信息交互平台已经成功上线，采用的是金蝶云之家企业社交化协作产品。这是海尔勇敢迈出的一步，也是说明了企业社交网络在中国企业互联网转型极具意义。

第三节　大数据分析引导社交商务

社交商务大数据伴随着消费者和企业的行为实时产生，广泛分布在社交商务平台、社交媒体、智能终端、企业内部系统和其他第三方服务平台上。社交商务数据类型多种多样，既包含消费者交易信息、消费者基本信息、企业的产品信息与交易信息，也包括消费者评论信息、行为信息、社交信息和地理位置信息等。移动智能终端对社交商务的影响越来越大，移动终端的移动性、便捷性和私人性等特征促进了移动社交商务的快速发展，产生了大量的社交商务数据。对社交商务数据进行挖掘、创造价值，将成为社交商务企业的主要竞争力。eBay、阿里巴巴、亚马逊等社交商务平台充分利用大数据开展个性化推荐和按需定制等服务。

一、大数据背景下的社交商务价值创造

Raphael Amit 等认为社交商务价值创造主要来自四个方面：效率、互补、锁定和创新。效率是指社交商务快速、高效的信息传递方式；互补是指大量的交易双方需求信息形成规模经济效应；锁定是指通过需求满足锁定客户；创新是指产品与服务的不断创新。在大数据背景下，社交商务的价值创造方式呈现出新的变化。

（一）社交商务营销精准化和实时化

社交商务平台、社交网络、移动终端、传感设备等促进了消费者数据的快速增长，整合来自不同渠道的消费者数据形成了消

费者的全面信息，为及时、全面、精准地了解消费者需求奠定了基础。云计算、复杂分析系统的出现提供了快速、精细化分析消费者偏好及其行为轨迹的工具。移动智能终端的快速发展为随时随地向消费者有针对性地提供相关产品和服务成为可能。移动智能终端一方面提供了用户的地理位置数据，使得提供基于地理位置的服务成为可能；另一方面智能手机通常为个人所独有，使得一对一的定制化服务成为可能。因此，大数据、云计算、移动智能终端促进了数据收集、智能分析、精准推送产品和服务的一体化，实现了营销精准化和实时化。

（二）产品和服务高度差异化和个性化

大数据的产生在很大程度上降低了消费者和企业之间的信息不对称程度。一方面，企业通过多元化的信息获取渠道掌握消费者的全面信息，提供的产品和服务更具针对性；另一方面，分散孤立的消费者同样通过多种渠道了解产品的各种信息，需求逐步呈现出个性化和多样化趋势。交易双方信息的愈加透明促进消费者与生产企业之间更加互动，消费者的个性化需求成为生产企业关注的核心。因此，大数据等新一代信息技术的发展使得消费者的地位日益重要，推动社交商务的价值创造方式发生转变，生产企业以消费者为中心提供高度差异化的产品和服务，并且引导消费者参与产品生产和价值创造。

（三）价值链上企业运作一体化和动态化

大数据时代快速满足消费者需求成为企业的核心竞争力。大数据等新一代信息技术推动来自各个渠道的跨界数据进行整合，促使价值链上的企业相互连接，形成一体。地理上分布各异的企业以消费者需求为中心，组成动态联盟，将研发、生产、运营、仓储、物流、服务等各环节融为一体，协同运作，创造、推送差异化的产品和服务，形成智能化和快速化的反应机制。大数据时代企业间通过信息开放与共享、资源优化、分工协作，实现新的价值创造。

（四）新型增值服务模式不断涌现

新一代信息技术在社交商务中的应用产生了消费、生产、物流、金融等多方面的大数据。来自不同领域的数据进行融合推动产生新的增值服务模式。买卖双方的交易数据与物流、金融数据的整合为确切地掌握消费者与企业的信用奠定了基础，拥有大数据的公司积极开展信用服务，进而推动了供应链金融、互联网金融等增值服务的快速发展，为中小企业的发展提供了帮助。

二、基于大数据的社交商务模式创新

传统社交商务创新主要局限在社交商务的效率、便利化、营销方式等方面，大数据技术的广泛应用给社交商务的模式创新带来机遇。基于大数据的社交商务创新主要在于提炼大数据的价值并将其应用于社交商务的各个流程，形成新的商业模式。

（一）按需定制

大数据时代社交商务模式创新的一个典型特征就是识别消费者的个性化需求，创造实时化、差异化的产品及服务以满足不同消费者需求。按需定制模式就是以消费者需求为中心，设计、研发、生产、配送个性化产品，消费者积极参与到各个环节。按需定制具有以下几个特征：一是利用社交网站、社交商务平台、移动终端等多渠道获取消费者全景信息，通过大数据、云计算技术挖掘潜在需求；二是基于消费者偏好及其潜在需求，提供个性化和高度差异化的产品和服务；三是柔性化生产与价值链协同，动态组织价值链上相匹配的相关企业，协同运作，快速制造产品，自动选择物流企业与运输路径，满足客户需求最大化。

目前的按需定制模式主要是由消费者提出需求，企业快速响应消费者需求，进而进行定制化生产。云计算、大数据、物联网的进一步应用将会推动按需定制的深入发展。各个渠道全面信息的获取为按需定制提供了从挖掘消费者潜在需求、共同设计产品、组织生产到物流等整个链条上的智能化和快速反应机制。

(二) 线上线下深度融合模式

社交商务经济中的价值链由实体价值链和虚拟价值链构成，随着对信息的利用愈加深入，价值活动的实现逐步从实体环节向虚拟环节转变。实体企业与社交商务的结合形成了新的商业模式，促进了线上线下共同发展。线上线下融合分为以下几个阶段：移动互联、社交商务与社交商务相结合，推动线上线下互动融合；消费者全方位的消费习惯迁移，深化线上线下紧密融合；线上资源和线下资源全面整合，推动线上线下全面融合。线上、线下、移动终端资源的融合，一方面，推动社交商务充分利用消费者的碎片化时间提供全渠道的无缝服务，增强用户体验，增加用户黏性，锁定用户；另一方面，线上线下互通促进实体零售企业转型，增强物流仓库功能，优化存货配置。

(三) 互联网金融和在线供应链金融

消费者数据、电商企业数据、物流数据与金融数据的相互结合，推动了互联网金融的发展。社交商务平台消除了地域的限制，信息搜寻更加容易，买卖双方直接对接，大数据和云计算的应用降低了交易双方匹配和风险分担的成本，解决中小企业融资难问题，促进流通与消费，已成为近年来关注的焦点。目前在互联网金融方面社交商务平台提供的多是借贷服务。阿里小额贷款将线下商务的机会与互联网结合，为电商平台加入授信审核体系。Lending Club 将网络借贷平台与社交网站相结合，借贷需求者通过社交网站直接进入 Lending Club 进行交易。现有的社交商务平台还充分利用云计算、大数据技术集将商流、物流、资金流、信息流集成一体，提供在线供应链金融服务。相较于传统的供应链金融，社交商务下的在线供应链金融存在以下主要优势：一是社交商务平台与企业的信息系统无缝对接，能够实现数据资源共享，加强社交商务平台企业对电商企业的信用状况和经营状况的深入了解。二是高效的信息传递、交易行为的网络化使得融资方式更为灵活、便捷。三是资金结算更加安全，第三方监管结算系统不仅保障了买方付款的安全，也规避了卖方收不到货款的风险。四是融资成本降低，物流、社交商务应用与金融结算的有效协同服务能够在很大程度上降低了运营成本。

三、大数据在社交商务应用中面临的挑战

以大数据为切入点，着重分析社交商务企业在大数据时代迎来的机遇，重点讲述社交商务企业在大数据拥有、大数据处理以及隐私保护等方面存在的种种挑战。

（一）**数据共享存在困难**

大数据作为一种生产要素，引起了各个部门、各个企业的高度重视，将大数据视为重要的战略资源。大数据的关键在于应用，只有将大数据进行处理、分析与应用，才能充分发挥其价值，否则大数据将会成为企业的负担。然而，数据处理、挖掘与分析需要很高的技术能力，许多企业虽然拥有数据，但并不具备这些能力。正是因为大数据的重大价值，一些拥有大数据的部门和企业在开放共享数据方面存有疑虑；一些拥有数据的企业虽然没有处理、分析与应用数据的能力，但是也不愿意将其开放共享；一些集数据收集、处理与分析于一体的企业加工利用数据的能力较强，依此开发新的商业模式，也不愿意将其拥有的数据开放与共享。各个部门、企业的数据形成"信息孤岛"，制约了大数据的广泛应用。

（二）**低质量数据增大处理难度**

尽管技术上的不断革新，提高了大数据的处理能力。但由于大数据来源于各个渠道，类型多样，纷繁复杂，其中必然包含许多没有用的数据。大量的干扰数据必然影响数据的分析结果，使用与实际情况相差甚远的结果进行重要决策将产生难以弥补的后果。一些研究人员认为目前大数据技术更多地用于推荐和营销正

是源于它的容错空间较大，推荐结果不准确对消费者的影响较小。

（三）大数据安全问题突出

随着技术的发展，数据的收集、整理变得愈加容易，各个渠道的打通使得社交商务汇集了消费者的全面信息，包括消费者基本信息、交易信息、偏好信息、社交信息和位置信息等。在为消费者提供个性化服务的同时确保信息安全、用户的隐私不受侵犯日益受到关注。大数据属于新生事物，我国关于数据安全方面的法律法规比较简单，在数据隐私安全性和数据控制方面存在着很大的局限。因此，从事大数据应用的企业应遵守行业规则，同时应积极采用新技术保护数据安全，防止涉及消费者和其他企业的信息泄漏。我国相关部门应及时加强相关法律法规的制定，为数据安全提供保障。

第四节　社交商务案例

一、FACEBOOK

FACEBOOK 是一家起源于美国的社交网络平台。该平台用户通过建立个人专业、添加好友、加入社群、交换信息等手段实现线上社交。平台除了提供社交渠道外还会提供通信信息自动更新等服务。FACEBOOK 在全世界范围内具有广泛的用户，成为全球最受欢迎的社交媒体。

基于社交电商平台上绝对优势的用户流量，FACEBOOK 开展了名为 F-commerce 的社交商务。这种社交商务是基于社交用户基础，借助社交平台用户的互动、分享和交流等手段展开电商交易的社交化社交商务。目前该平台的 F-commerce 类型主要分为浏览式店铺、粉丝专享店铺和 F-STORE 三种类型。

第一，浏览式店铺是电商品牌借助 FACEBOOK 平台开设的。这类店铺只能查看不能直接购买。这类商铺作为商品的流量导入端，用户只能查看商品的图片、价格以及评论等相关信息。消费者如果有交易的意愿就需要点击到电商企业的主站完成交易。在此种电商交易中，FACEBOOK 除了提供商品窗口展示平台服务外，还是消费者好友之间商品信息交流互动的平台。这正体现了FACEBOOK 所开展社交商务社交化的特征。

第二，粉丝专享店铺是 FACEBOOK 专为粉丝开设的店铺。这里的粉丝可能是某位明星，也可能是某个品牌。明星会在 FACEBOOK 主页推出自身代言的服饰、音乐专辑等带有明星标志的产品。这类产品往往具有限量性。而知名品牌也会在FACEBOOK 上开设粉丝专享店铺。粉丝可以在这类店铺上优先购得实体店还未上市或仅仅流通于网络渠道的特供款产品。从粉丝专享店铺的运营模式可以看到，粉丝可以通过粉丝身份从粉丝专享店铺享用一定的粉丝特权。这种店铺在出售相关商品的同时，更为消费者提供了粉丝特权这类增值服务。从社交化角度来看，这类店铺就是通过"特权"服务来推进与粉丝之间的互动，并完成与客户之间的关系。

第三，F-STORE 是 FACEBOOK 自营的电商商铺。在 F-STORE上，用户的消费体验与在其他社交商务网站上的消费体验相同。这类商铺为消费者开设了直购渠道，消费者可以在 F-STORE 上直接完成购物。由于 F-STORE 是依托于社交平台的，在 FACEBOOK上用户与朋友相互讨论产品、分享购物体验。社交平台所提供的直接购物功能服务，使得购物成为社交的一种方式。F-STORE 所推出的这类社交商务是以营销为目的的，因此也是 FACEBOOK 上能体现社交化社交商务的店铺类型。

二、微信

在多种传媒方式中，微信脱颖而出，不仅仅是因为它作为一款日常聊天、生活的交际软件，微信能够随时随地上网，为了解身边人的动态提供了便利条件。这是电脑无法超越的一个优势，同时也决定了微信将在日后更加满足人际交往、购物聊天等需求。

大部分人添加的微信好友都是知根知底的亲戚朋友，增加了网络交易的可信度。据微信官方终端数据表明，截至 2017 年 9 月，微信日登录用户超 9 亿，较去年增长 17%，月老年用户 5000 万，日发送消息 380 亿条，日发送语音 61 亿次。网络成为一种抽象意义上的连接方式，将世界各地的人联系起来。这一款手机软件在如此短时间内获得大众的关注，不仅仅是因为它的便捷，更是因为它具备了跨地域跨区度跨平台加好友的模式，可以迅速找到你想要添加或者是你可能认识的人。这就突出了微信区别于其他社交模式的最大优势——建立熟人关系网络。这就使其中的人际关系可信度大大增加，是其他网络交易模式所无法比拟的。

就微信本身而言，有两个极大的优点。第一，功能丰富，微信终端的更新和发展，为用户提供了更多的便利，比如对讲功能，可以为远在他乡或者大洋彼岸的朋友亲人提供更省钱的联系方式。而在工作中，这一功能也得到了很好地利用，随时随地开会，无须见面，轻松交流，符合现代社会时间管理和快餐式的生活方式。另外还有一些功能，比如手机支付，可以让用户不再带着钱包鼓鼓囊囊地出门，反而可以只携带手机完成大额交易。第二，内容丰富，近年来兴起的各种自媒体，为用户提供了更多资讯。人与人之间的社交不再局限于文本交流，可以通过图片、视频甚至是一些表情符号丰富交流的内容和形式。

个人和企业申请自媒体公众号，一经微信公众平台发布，消息很快会到达用户的账号中。使用这种模式发布的广告被阅读率大大增加，同时在很多知名的公众平台上发布广告，更能增加企业的影响力。一旦选对了粉丝量庞大、影响力巨大的自媒体发布者，借助其自身的流量更容易实现推进营销内容的扩大化。因为公众号粉丝对自媒体的认可，投放广告不易引起抵触心理，达到事半功倍的效果。

微信采取了定位服务，为用户提供了更多的交际方式，比如"漂流瓶""附近的人"等特色功能。这可以不光可以满足用户多种交友需求，还有利于商家根据定位提供更加优质的服务。举个例子，一家比较火的网红店铺办活动，抽奖送蛋糕，此项活动只限于几个省市。为了增加宣传力度，并标明具体的活动城市，采取随机抽奖模式。此时为了保证用户可以在限定活动的城市拿到奖品，店长决定从地理定位符合的人群中抽取。由此可见，地理位置作为一项精准营销的特殊手段，一方面可以了解自己的用户群体的分布，另一方面还可以让消费者将实体店的地理位置发布在朋友圈，吸引更多的消费者。

许多企业选择注册微信公众平台，随时随地为消费者提供线上服务，并根据节日和四季为消费者推送生活小贴士，增加好感度。例如，阿迪达斯的微信公众平台提供新产品网上预约以及抽号服务，帮助消费者了解即将上市的新产品，同时还避免了线下排队的麻烦。用户也可以根据后台服务，输入自己想要询问的内容，及时获得回复。这就使得用户和商家之间形成了一种良性交流。

三、新浪微博

新浪微博是新浪企业旗下基于用户关系的信息获取、分享和传播平台。新浪微博用户可以依托新浪微博网页、WAP 页面、外部程序、手机短信、彩信等渠道发布信息、上传图片和链接视频，达到即时分享信息的目的。基于新浪微博巨大的流量优势，新浪微博提出了互动精准广告、社交游戏、实时搜索、无线增值服务、社交商务平台及数字内容收费六大商业模式构想。从目前实际运营现状来看，新浪微博绝大部分是通过广告营销取得收入。这说明新浪微博的社交化社交商务还处于创建发展阶段。

新浪微博的社交化社交商务的特色之处在于其产品是微博信用卡"达人信用卡"，这是新浪微博与招商银行合作推出的信用卡。这种信用卡在中国属于首例，它第一次将用户社交活动与消费行为进行深度整合，为社交消费的线上线下一体化整合提供了条件。从社交化社交商务角度来看，达人信用卡用户享有积分互惠、商家互惠和个性卡面等特权。这在一定程度上是对支付渠道的把握。新浪微博借助巨大的客户流量，再借助支付端把控，能够引导用户"定向消费"。由于新浪微博所提供的"定向引导"服务与该平台提供的社交内容具有一致性。这种消费与社交之间的联系就更为密切。消费者的社交活动会积累相应的积分也进一步丰富了自身在这一消费闭环中的特权，巩固了客户与消费支付渠道的关系。

四、Snapchat

笔者在此着重探讨其为降低广告排斥效应和提升广告转化率所做出的创新：在制作模式上，Snapchat采用纵向视频和全屏播放，使展示空间更大并不需要横向翻转手机。在展示方式上，Snapchat会为商家设置专门频道且收费高昂，其基于"阅后即焚"的瞬时记忆理念多次为知名品牌举行新品发布会并获得成功。瞬时记忆理念契合了人类大脑的遗忘特性，有助于减轻人们的社交顾虑。同时，此举还通过饥渴营销增加了用户的好奇感其在美国年轻人中的流行性超过Facebook。在用户体验上Snapchat不再采用前置广告而是采用后置有声广告，广告的音频特色也被视为用户体验的重要部分，用户还可跳过广告直接观看视频，这些创新都尊重了户的选择权和自主权，既改善了用户体验，也不会减少广告接触和连接客户的机会。这些独具特色的价值传递活动是社交媒体特有的新功能。

五、Line

社交媒体 Line 为例，其以贴图服务为核心的知识产权衍生品系列在 2016 年的销售收入达到 8.6 亿元，占当年总收入的 61.1%。Line 还为贴图服务发展了表情商店，用户可以付款购买表情贴图作为礼物或者用于聊天。截至 2018 年，Line 已形成拥有 262 万个表情的创造者市场，还会发行特殊活动限量版纪念贴纸集并将代表性贴图与平台业务融合，以及建立贴图形象立体化矩阵和拟人化特质，这些举措都夯实了 Line 的品牌战略。其他增值服务的典型运用有 VKontakte 的音乐点播、Snapchat 的寻宝游戏等，这些基于用户心理需求的虚拟产品和享乐服务都为社交媒体贡献了商业价值。而另一些重要的增值服务，譬如微信的定位服务和在线会议服务等，往往采用免费使用模式可以理解为社交媒体用于保留用户和提升用户满意度的成本项目。

第九章　大数据技术在金融领域中的应用

第一节　大数据技术在金融领域中的应用现状

　　近年来，中国的金融业科技高速发展，在许多领域都一直走在全球前列。而大数据分析、人工智能、云计算技术、移动互联等新科技与传统金融业务的深入融合，极大促进了中国金融转型升级，助力传统金融业更好地服务于实体经济，也有效推动了中国普惠金融业发展。在这一发展过程中，又以大数据分析技术发展得最成熟、运用最普遍。从发展趋势特征研究与发展趋势分析，金融服务云快速建成落地夯实了中国金融业大数据分析的应用基础，金融数据分析技术和其他跨领域数据分析的融合应用日益加深，人工智能日益成了金融业大数据分析运用的新兴方向，金融服务产业数据的集成、共享与开放日益形成态势，为中国金融服务产业发展提供了全新的发展机会与强大的发展动能。

　　为推动大数据科技在金融服务领域的技术创新与有效运用，中国全国支付清算协会在原金融科技专业委员会的基础上，新组建了金融大数据应用课题组，借助原金融科技专业委员会所进行的科研验证与实践活动，进一步发挥行业协会等贴近市场企业与研发组织的资源优势，深入探讨金融业大数据分析应用基础理论与实际问题。课题组自建立至今，在原领导单位国家信息通信研究所云计算技术中心和大数据处理研究院的领导下，在广大会员机构的大力支持与协助下，积极开展市场调研，着力建设信息交流平台，积极探索新技术标准建设，进行了不少富有成效的研究工作，并获得了积极成效。

数据是数字经济时期的新型技术生产资料，通过大数据的产品变革与经营管理模式革新正在驱动着世界范围内经济可持续发展与各个产业的数字化、智能化变革，发展大数据业已成为大国策略。十九大公报明确提出，要促进"网络、大数据、人工智能与实体经济深度融合"。

金融领域信息来源丰富，信息应用由来已久。根据应用特征与发展趋势分析，金融服务风云快速的落地夯实了金融大数据分析的应用基础，而金融数据分析和其他跨行业数据分析技术的整合应用也日益完善，人工智能化日益成为金融大数据分析应用的最新趋势，金融行业数据的集成、共享与开放日益形成了潮流。

随着大数据分析技术的深入普及与发展完善，金融大数据分析运用已形成了业界热点发展趋势，在交易前欺诈鉴定、精准销售、黑产预警、消费信贷、信贷风险评级、供应链融资、股市行情预测、股票预警、智慧投顾、骗保鉴别、风险定价，以及涵盖银行、券商、保险公司、支付清算机构和网络金融服务等多个行业的具体服务中，已获得了广泛应用。涌现出一批创新、业务突破的应用案例。总结而言，针对大数据分析的运用分析能力，正在成为金融机构未来发展的核心竞争要素。

毋庸置疑，金融大数据已经具备了巨大的前景。但是，金融业大数据应用中也存在着数据资产管理能力欠缺、企业技术创新困难较大、技术标准不足、政府安全监管压力较大，以及政策法规保护体系仍不健全等各种约束因素。为促进金融业大数据的更好发展应用，就需要从政策法规支撑保护、数据处理能力增强、产业标准规范建立以及应用合作创新等几个方面着手，提高企业应用的基础实力，以不断完善产业生态环境。

第二节　大数据的兴起与金融大数据的发展

一、大数据的兴起

近年来，通过摄像机、可穿戴设备、GPS 等传感器采集了大量声音、视频、图片等各种结构化和非结构化的数据，而随着电商、社区、综合信息网站以及互联网应用的蓬勃发展，大量数据通过互联网大规模产生和储存，信息量爆发式增加。据美国 IDC 的调查表明，全球数据量年均复合增速 50%。这个增长速度表明在未来两年，全世界新增的数据量将大于人们有史以来累积的世界数据总和。2020 年，世界数据总和将超过 40ZB（400 亿 TB），代表地球上每天平均会产生 5TB 的数据。

人们正在由 IT 时代进入 DT 时代，大数据就是数字化时代的"石油"，大数据就是数字化时代的"冶炼工艺"。利用大数据分析的采集、储存、分析和可视化等技术手段，处理大数据分析中海量、高速、多变、低密度的问题，将数据从分散的信息，化为集体知识和智能，有助于组织处理社会发展过程中面临的现实问题。

纵观金融产业的发展历史，每届都有技术的革新促进了金融产业的发展和转型。而电报信息技术、网络技术的普及，也对现代金融的业务模式和风控方法产生了重要影响。近年来，中国各地政府部门持续强化了对科技创新的关注力度。技术革新的步伐也持续推进，并已逐渐与传统金融业务深入结合，以大数据、云计算技术、人工智能、区块链技术等为代表的新兴科技，已逐步成为中国金融经济增长的新动力。

二、金融大数据的产生

金融数据所产生的对象主要分为三类："人""机""物"。"人"指的是人类活动的数据，它是人类在活动过程所产生的各类数据，包括评论、通话记录、照片、网页浏览痕迹、交易记录等信息。"机"指的是信息系统产生的数据，这些信息主要以文件、多媒体等形式存在，包括审计、日志这样自动生成的信息。"物"指的是物理世界生成的信息，如通过摄像机、感应器等数字装置在监测时采集的信息，比如服务器运行监测信息、押运车辆监测信息等。

三、金融机构数据获取方式

金融机构有三个信息收集的途径：在自己体系内沉淀、通过网络收集和向第三方购买。

1. 在自有体系中，沉淀数据。金融机构一般都会部署数百个应用系统，这些信息系统在日常运营中不断生成和保存数据，而通过长时间的数字化经营积淀，数据处理的规模已相当巨大。以银行业为例，目前在我国单一家股份制经济商业银行所积累的数据，已超过了几百 TB。根据波士顿管理咨询的研究报告显示，中国银行业每创收一百万元，平均就会生成 820GB 的数据。

2. 在网上进行数据分析。现代金融机构在网上主要进行公司的舆情数据分析和个人的行动数据分析。将公司舆情数据分为两大方面：一是政务公开数据分析：工商、司法、行政机关和一行三会的处罚/涉诉数据分析等；二是公司的运营动向信息：资产重组、投融资、高管变更、人员招聘、最新产品推出情况和市场销售状况等。而个人行为数据也分为两大方面：一是基本属性数据：性别、年龄、学历、职位等；二是基本兴趣爱好数据：访问网页、浏览产品、网页时间、所关注的产品、消费的商品、产品评价、产品投诉、产品建议、所参与的社群、经常交流的话语等。

3. 向第三方买数据。金融机构买的大多是公司的财务数据，所以个人的选择要更加慎重。在信息买卖上，主要银行普遍认为相对敏感，应小心应对。目前，主要银行向第三方购入信息的动作基本暂停，大多是从政策方面购入公共数据，比如公积金、社会保险和税收信息等。

四、金融大数据的发展特点

1. 金融云的快速落地夯实了大数据分析的应用基石。金融机构利用云计划具备的高速交付、高扩展速度、低运维成本等特点，可以在充分考虑金融机构对数据安全、监管合规、数据隔离和中立性等方面需求的情况下，为金融机构及时解决突发服务需要、有效部署服务快速上线、进行服务创新改革等提供强大支撑。所以，金融一直在较为积极地推进着云计划的落地。

目前，主流机构纷纷开始了基于云计算技术的信息系统结构转变之路，逐渐将服务向云端转移。大型机构一般青睐于混合云结构，把非核心应用先转移到公共云上，然后再把部分核心应用转移到私人云平台上，在关键服务上则仍然采用传统结构。而新型机构，如蚂蚁金服、微众银行等从发展之初就已经将整个 IT 体系架构到云端之上。

2. 实时的统计数据分析能力，是金融大数据分析应用的首要关键。银行的经营需要大数据分析平台具备即时运算的功能。目前，银行最常运用的大数据分析运用领域包括精准销售、数字风控、交易分析和抗欺诈等领域均需要即时运算的支持。

以精准销售与交易预警为例，精准销售需要在对顾客短暂的访问和咨询时段内发现顾客的投资偏好，并推介合适的商品。交易预警场景，需要通过大数据分析平台在秒级内完成由情况出现、到感知市场变化、到得出正确计算结果的完整流程，以辨识出用户行为的重大异常，从而及时进行交易警示。所以，流式运算架构的实时计算大数据分析平台目前正逐步被金融机构进行使用，以适应低延迟的复杂应用场合需要。

3. 金融业务创新将更加依赖对于大数据的分析能力。顾客对金融服务体验的需求也愈来愈高，要求金融机构随时都可以提供金融服务，设计得更方便、更直观，响应也更迅捷。而金融企业创造新商品与服务的重点，也逐渐由单纯的标准化，转换为人性化。

大数据分析可以从产品与服务两个层面增强创新能力。在产品中，大数据分析可以有效地运用各种信息，对用户形成完整的用户画像，了解用户的需要。通过有效的用户感知，银行能够细分用户的需要，从而针对性地制定出满足他们多样化需要的、场景化的服务。在客户服务方面，大数据分析能够提升服务的智能化水平，进而拓展产品与服务的覆盖面、扩大用户基数，让银行能够覆盖原先需求不足的长尾用户。另外，服务自动化也可以迅速地根据用户要求进行反馈，增强用户黏性。

4. 金融数据正不断地向金融与科技产业巨头的汇聚。互联网和高科技产业中出现的"赢家通吃"模式，在中国金融服务产业不断上演。同时由于产业的迅速融合，原本散落于各个金融机构中的大数据资源也迅速地向金融技术产业巨头中聚集，进而产生大数据寡头。

以支付业务为例，原本散落在各个商业银行身上的支付数据也迅速地向支付宝和财付通上聚集。目前，支付宝和财付通已涵盖了大部分的消费场景，并涵盖了电商购物、餐饮、旅行、航旅、公共事业缴费、线下购买等几乎全所消费场景。过去商业银行能够利用借记卡和信用卡上的消费记录来分析个人顾客的消费情况，为金融服务公司的业务和产品发展提供帮助。但现在由于这种小额消费大多都通过第三方消费服务产生，因此商业银行根本无法获得具体的个人消费数据。而客户对消费数据分析的缺乏，也正在影响着商业银行对个人客户消费的认识与分析。

五、金融大数据的发展趋势

1. 大数据分析的运用水平正在变成金融机构竞争力的核心要素。现代金融服务的核心是风控，而风控又以大数据分析为导向。机构的风控与管理水平将直接影响坏账率、业绩以及盈利。而通过长时间的数字化转型，机构已经累积了大量的信息系统，并利用这些信息系统累积了海量的数据，不过由于这部分数据还是散落于各个系统中，无法进行集中分类。因此机构也开始意识到，需要更高效地管理其越来越重要的数据资产，机构正在积极思考并实施数据化资产管理的办法。

目前，金融机构正不断增加在大数据管理项目中的资金投入，并结合了大数据管理平台建设，逐渐形成了公司内部统一的大数据管理池，以进行大数据管理的"穿透式"管理。

大数据时代，数据管理是金融必须深刻反思的命题，通过合理的数据资产监管，才能让大数据资产变成金融的核心竞争力。

在国内，机构对大数据分析的理解开始由摸索阶段进入到认知阶段。普华永道调查表明，83%的国内机构表示期待在大数据分析上开展融资。金融服务产业对大数据分析的要求处于服务驱动型。其迫切希望应用大数据分析技术使市场营销更精确、风险辨识更精准、运营策略更具针对性、产品设计更具吸引力，进而减少公司生产成本，增加公司收益。随着更多机构通过大数据分析获取可观的收益，将逐步消除它们的担忧，促进大数据分析的广泛应用。

2. 金融行业信息整合、共享和公开将是必然趋势。信息越关联越有效益，信息越公开也越有效益。随着各国政府部门和公司越来越意识到数据共享产生的效益和商业价值，世界开始出现一场信息开放的浪潮。大数据的蓬勃发展要求各种机构与个人的联合合作，把个人私有、公司自有、政府部门自有的信息加以集成，使私人大数据变成公众大数据。

3. 金融数据和其他跨领域数据的融合应用将进一步加深。未来，数据流通的市场体系将更加完善。金融机构将能够更加便捷地收集电信、电商、医药、旅游、教育以及其他产业的数据，一方面也将更加有力地推动金融机构数据与其他产业数据融合，从而促使金融机构的经营管理与风控模式更加精确。而另一方面，跨行业数据融合也会催生出跨行业的应用，从而使得金融服务产业能够设计出更多的基于场景的金融服务产品，与其他产业实现更加广泛地融合。

4. 人工智能研究正成为金融大数据分析运用的新方向。随着新兴科技高速发展，大数据分析技术与人工智能科技也正迅速融合。大数据分析技术注重数据的收集、储存、管理与展现。人工智能可在不同时期助力大数据分析起到更大的效果。

在信息收集方面，通过图像识别、语音识别、语义认知等人工智能感知手段完成了大量非结构化的信息收集工作。在数据的提取与处理上，通过人工智能技术可做到自动给数据打标记，并自动为数据归类。在信息处理上，人工智能深度学习、机器学习、认知图谱等能够提升算法模式的信息处理的有效性和准确性。信息呈现上，人工智能可视化大屏技术能够进行信息即时监测与可视化展示。大数据分析和人工智能正在实现多维度的深度结合，丰富了金融大数据分析的使用价值与应用场景。

5. 金融机构内部安全问题也越来越受到人们重视。大数据的广泛使用也给安全管理增添了新的风险。大数据拥有超高价值、无限重复、可流动等特点，正是这种特征给安全管理工作提出了全新的挑战。对于金融机构而言，随着互联网的非法入侵成倍增长，组织数据遭窃的事情也层出不穷。这就对金融机构的内部安全管控力量也提出了更高的要求。

利用大数据分析可以促使金融机构内海量的超高价值数据进行汇集，从而让数据实现了高速存取。不过，一旦发生信息泄漏就可以一次性地暴露机构内部几乎所有的大数据资产。而且数据泄漏后还可以迅速传播，以致发生了越来越严重的数据篡改和智能诈骗的情形。对于个人而言，由于金融信息的泄漏会暴露出大量的个人基本信息和生活消费信息等，而大数据分析的科技就能够很方便地大量获取这些信息并做出画像，这将导致公众更易遭遇诈骗，甚至导致损失。

第三节　金融大数据的应用场景分析

大数据分析技术的有效运用提高了金融服务业务的资源配置效率，也提高了风险控制，有效推动了中国金融服务的创新与发展。金融大数据在银行业、券商行业、保险行业、支付清算领域，以及网络金融服务领域等均获得了广泛的运用。

一、大数据在银行业中的应用

1. 商业银行信贷风险评价。在传统方式中，银行对公司客户的违约风险评价多是根据公司以往的信用状况历史数据和市场交易数据等静态数据，而这个方法的最大劣势就是没有前瞻性。由于造成公司违约的主要原因并不仅仅是公司历史的信用状况，还涉及行业的总体发展情况以及公司实际的运营状况等。而大数据分析手段的引入，使得商业银行信贷风险的评价更加趋近于实际。内外部数据人才与技术资源整合，是大数据分析商业银行信贷风险评价的前提条件。一般而言，商业银行在确定客户需求、估计客户价格、评估业务优劣、预见客户违约可能性等的过程中，既要利用商业银行内部机构已掌握的业务关键信息，又要利用外部机构已掌握的人行征信信息、业务公共评价信息、商业运营信息、个人收支消费信息、社会关系信息等。该部分策略主要目标是利用数据分析，创造更广泛的数据维度和数据鲜活化程度，并以此共同形成了商业银行的贷款风险评估资源。

信贷风险评估的步骤：

（1）以客户级大数据分析服务为基石，为存量客户建立画像，让银行可以面向各机构、各行业条线、各产品条线，进行内容全面、形态友好、灵活的客户级大数据分析，集中供给。

（2）设立专项集中的公司和个人风险名单及信息库，统一"风险客户"的评级标准，并集中支持各专业条线、各类金融服务产品及对风险客户的筛选管理等工作。

（3）统筹各专业条线、各服务环节对大数据分析增量信息的需求优先排序，对重新业务、高等级市场、高时效服务、高风险行业等进行大数据分析信息采集式更新；对存量一般、普通时效行业、较低风险行业等进行了大数据集中、批量、排序、滚动更新。

2. 供应链金融服务。对供应链融资的风险控制，是从授信主体向整个链条转移。供应链核心企业通常具备完善的资产、充裕的资本，以及高额的授信额度。但依附于核心企业的下游公司则可能需要大量融资，但借不了贷款。而供应链金融机构则可能以核心企业作为担保人，并以商品或应收账款作为质押，协助下游公司获取融资。

运用大数据分析技术，银行能够通过公司内部的融资、控制、贷款、担保等公司与法人间的关联，建立公司内部的关联图谱，便于关联公司分类和风险管理。知识图谱在通过构建数据之间的关系连接，把碎片化的数据有机地组合起来，使数据更易于被人和机器所认识和处理，从而给查询、挖掘、大数据分析等工作带来了方便。

在风控方面，我们以重点公司为重点，把供应链上的众多重要公司视为一个整体。通过交往网络分析模型，持续研究公司之间的通讯及往来数据变动状况，并利用与基线信息的比较来洞察公司异常的经济关系动向，从而判断企业的经营安全度以及为公司贷后风控提供重要参考数据。

二、大数据在证券行业中的应用

1. 股市行情预测。大数据分析能够有效拓展证券公司量化投资数据维度，也有助于公司更加精确地了解市场行情。而随着大数据分析应用、数据处理规模爆发式成长和统计分析与管理的能力显著增强，量化投资研究将获得更广泛的数据资源，形成更加丰富的量化因子，投研模式将越来越丰富。

证券企业应用大数据分析系统对海量个人投资者样本的持续性追踪监控，对个人账本资金回报率、持仓比例、资本流转状况以及对各种指数进行统计分析、加权整理，掌握了个人投资者交易情况的变动、资金信心的状况和变化、对市场形势的预测和当前的风险偏好等，从而对市场行情做出预报。

2. 证券业务有着自己的特色，与其他服务行业商品和服务的价格体现上普遍存在间接性的特征有所不同，证券业务客户的投入和收益以直观的、客观的货币形态直观地体现。受证券业务本身特性与业务监管条件的共同影响，券商行业金融服务产品和商品的设计、推广和销售方法也与其他服务行业有着较明显的区别，且专业化程度更强。

诺贝尔经济学奖获得者罗伯特席勒所设计的投资模型，迄今仍被业内沿用。在他的投资模型中，重点考察了三种变量：资本项目计划的现金流、企业资产的估值成本以及证券市场对资本价格的反应（市场情绪）。他还指出，由于市场本身就具有主观的判断因素，投资者情绪会影响投资行为，而投资行为则直接影响资产价值。但是，在大数据技术出现以前，市场情绪一直都无法进行量化。而大数据分析技术则能够获取和解析在社交网站，如微博、朋友圈、专业论坛等各种渠道上的结构化和非结构化数据，从而掌握了市场上对某个企业的观感，让市场情绪感知变为了可能。

3. 智能投顾。智能投顾服务是近年券商运用大数据分析技术手段匹配客户个性化需要的创新尝试之一，目前已然形成了财富管理新蓝海。通过智能投顾业务提供线上的投资咨询业务，可以根据客户的风险偏好、交易情况等个性化数据，并通过量化建模技术，为客户提出低门槛、低费用的个性化财富管理方案。同时智能投顾服务在对客户资料采集数据分析、投资方案的制订、实施，以及后期的管理维护等过程上都可以通过智慧管理系统自动化实现，并具备低门槛、低费用等优点，从而可以为更多的零售客户进行定制化金融服务。随着线上投顾业务的进一步完善，和未来更多基于大数据分析技术的智慧投资策略的成功运用，智慧投顾将有望在广度和深度上都把券商业务推向财富管理的崭新阶段，为未来政策上放开券商投资咨询由前台佣金收取向后端的管理费获取模式改革，做好了探索准备。

三、大数据在保险行业中的应用

1. 骗保难识别。由于赔偿直接影响保险人的收益，因此关于赔偿的管理问题历来是险企的经营重点。而赔偿中的"异常值"（即超大额赔付）是推高赔偿成本的主要驱动原因之一。由于保险公司诈骗严重侵犯了保险公司的权益，如果想要确定可疑保险公司诈骗案例，就必须进行大规模的专项研究，但通常要花费数月甚至几年的研究时间。

通过大数据分析技术手段，保险公司能够发现欺诈规律，显著提高骗保鉴别的准确率和时效性。保险公司则能够通过建立保险公司诈骗识别模型，大规模的鉴别近年来出现的所有赔付情况。经过甄别，在数万张索赔信息中挑选出了可疑的欺诈理赔。如果保险公司企业内部再针对可疑欺诈理赔信息进行调整将会显著地提升效率。另外，保险公司自身还根据企业内部、第三方以及社会渠道的信息开展了早期异常值监测，包括通过了解用户的健康状况、资产情况、索赔记录等，并适时做出干预举措，以降低先期赔付。

2. 风险定价。指保险公司对担保费率的界定是根据对某个人群的风险评估，通常针对较高风险的人群征收较高的费率，而针对较低风险人群则减少收费。这种灵活的定价方式，能够有效增加对顾客的黏性。而大数据分析也为这样的风险评估方法提供了前所未有的创新。

保险公司利用大数据挖掘技术能够有效处理现有的风险管理问题。例如，利用智能监测设备收集汽车驾驶员的行车数据，如行驶频率、车辆转速、急刹车速度和急加速频率等；利用社会媒体收集驾驶员的行为数据，例如：在网上吵架次数、性格状况等；利用医疗系统收集驾驶员的身体健康数据。以上述数据分析为出发点，假设某个人不经常驾车，而且驾驶非常小心的话，那就可以比大部分人节约 30%—40% 的费用，这将极大地增强中国保险产品的市场竞争力。

四、大数据在支付清算行业中的应用

交易欺诈识别。目前，支付业务使用非常方便，客户已经能够实现随时、随地地进行转账使用。针对盗刷和金融欺诈等案例中时有发生的现象，对支付清算公司交易欺诈识别挑战很大。

大数据技术运用于账户的基础数据、交易历史记录、位置历史、历史交易模型、正在发生行为模型等，并通过智能规则引擎完成了实时的交易反欺骗数据分析。整个技术实施过程，是通过实时收集活动日志、实时统计活动特点、实时评估欺诈等级、实时触发风控策略、将案件归并形成的闭环。

五、大数据分析在网络金融产业中的运用

1. 精准销售指在移动互联时代，顾客在消费需求与消费行为上的快速变化。第一，在消费要求上，对顾客的服务要求越来越细化，亟须更加个性化的金融服务产品。另外，在消费行为上，互联网金融很难触及消费者以及了解顾客的需要和推销产品，市场营销资源和销售时机都非常珍贵。所以，为了要减少对用户的打扰和推广成本，并提升销售转化率以应对日趋激烈的业务内部竞争，互联网金融亟须一个更加精细化的市场营销解决方案。

具体来说，银行业中精准营销的主要应用对象主要有以下三个：一是精准销售的主要目的在于找到目标顾客，从而精确确定销售目标。二是在掌握客户发现结果之后，精准营销产品的下一个特点应当是面向具体顾客，给出一套智能判断方法。三是拥有完善的服务运营系统，完成整个精准营销从顾客发现直至服务实现的各操作过程，极大地减少服务运营过程，完成精准营销的"一站式"运营。

通过大数据分析系统的模型研究分析，挖掘出潜在用户，进行可持续的市场营销策略。银行业将精准销售的技术步骤分为如下五点：

（1）客户数据集成与分析。此方法的核心概念是大数据整合

管理，即企业运用大数据分析工具打通内部数据、不同行业数据、不同经济结构数据间的隔阂，并对数据格式进行标准化管理，从而建立以企业内部为核心的"一户一条"的记录。

（2）为客户产品及场景的标签设计。基于精准营销市场的各个角度设计了不同的场景标签，该类标签比一般用户标签通常拥有较好的灵活性，以便于随着行业发展趋势和精确营销场景的变化而随意增减或变更。

（3）顾客类别初分。针对不同类别的目标顾客，精准销售模式应当提供有针对性的销售方法。因此，必须对在大数据分析平台里的每个客户做出类型的初划分工作。该部分又可借助用户画像技术所给出的划分标准，完成对用户的标签化划分工作。因此构建合理的客户类型最初划分系统，是精准销售的重要基石。

（4）客户筛选。所谓客户筛选是指企业对客户服务品质进行筛选把控，并普遍采用了大数据分析平台中的黑灰名单技术，对客户服务质量做出客观评价。原则上，白名单客人作为精准营销判定的建议客人；红黑名单客人则为无法提供服务的客人；灰名录客人则为风险提示类的客人。

（5）业务系统的平台化部署。成了精准营销的前台，并利用API入口的信息数据层、处理层、计算层以及高级服务层面，利用门户网站、App、App入口等手段实现了客户介绍、客户准入、客户跟踪管理等高级营销战略。

2. 黑产防范。网络金融服务公司追求良好服务体验，注重简单效率，精简程序等。但这一特征却很容易被不法分子利用，伪造公司登记、利用通过网络购买的个人身份信息和银行卡等进行套现，通过"多头借贷"乃至开发电脑程序骗取贷款等已经形成了一条"黑色"的产业链，对网络金融服务行业来说，诈骗风险往往超过了信用风险。

大数据分析可以协助公司了解网络银行黑产的行为特征，从业人员数量、团伙地域化分布和专业化人员的状况，从而提出针对性的措施。黑产特点包括：资金的所属地和自己的 IP 不相符；设备间的二次借款（含跨平台）的时间极短；与用户手机长时间处在相同地点的移动经过等。通过黑产分析与预防可以降低风险。

3. 消费信贷。消费信贷与传统企业贷款不同。它具有小额、分散、高频、无抵押和利率跨度大的优点。从贷款额度上，可以小到一百万元人民币；一个金融机构的每天放款总量，可以达数万至数十万笔；90% 以上的纯个人信用贷，都可以通过数据进行审核；年化收益率，从 4% 到 500% 的都有。

顾客特征是年轻人、消费观念超前、没有信贷记录。消费信贷顾客一般年纪都在 35 周岁以内；月光族，愿意透支未来。部分人甚至对行贷款消费产生了习惯性依赖；但 80%—90% 的消费客群并无行贷信用记录，导致拒绝率极高。

大数据分析必须贯彻在客户产品整个生命周期的始末。基于大数据分析的自动评估模型、自动审核体系以及催收管理系统，是现代消费信贷的重要基石。并运用了大量行为分析补充传统信用数据分析的不足。

参考文献

[1] 李杰著，邱伯华，等译．工业大数据——工业 4.0 时代的工业转型与价值创造 [M].北京：机械工业出版社，2015.

[2] 李杰，倪军，王安正．从大数据到智能制造 [M].上海：上海交通大学出版社，2016.

[3] 通用电气公司．工业互联网——打破智慧与机器的边界 [M].北京：机械工业出版社，2015.

[4] 德国联邦教育研究部，工业 4.0 工作组．德国工业 4.0 战略计划实施建议 [R].2013.

[5] 赵咏．企业投资决策与风险应对探析 [J].财经界，2022（01）.

[6] 陆柱雄．项目论证与评估在企业投资决策中的重要性 [J].全国流通经济，2021（12）.

[7] 刘震宇．试论如何通过利用财务分析优化企业投资决策 [J].财会学习，2019（36）.

[8] 徐秋芳．大数据下云会计在企业投资决策中的应用 [J].中国集体经济，2020（26）.

[9] 李有华，罗少东，吴鹏．新基建背景下国有企业投资决策机制优化研究 [J].建筑经济，2020（11）.

[10] 张志航．论企业投资决策的分析方法 [J].中国商论，2019（03）.

[11] 韩紫轩，徐鹿．大数据对企业投资决策的影响及对策 [J]
财务与会计，2019（16）．

[12] 李前进．浅析企业投资决策中两种评估方法的综合运用
[J].冶金管理，2017（11）．

[13] 谢文芳．企业投资决策中的问题及应对策略分析 [J].创
新科技，2018（06）．

[14] 陈昌意．企业投资决策的影响因素分析 [J].企业改革与
管理，2017（03）．

[15] 杜启杰．互联网时代的企业新思维 [M].北京：中国言实
出版社，2019（01）．

[16] 周朴雄．互联网企业成长与盈利模式创新研究 [M].广
州：华南理工大学出版社，2014（01）．

[17] 段效亮．企业数据治理那些事 [M].北京：机械工业出版
社，2020（05）．

[18] 许云峰．大数据技术及行业应用 [M].北京：北京邮电大
学出版社，2016（08）．

[19] 刘士军．工业 4.0 下的企业大数据 [M].北京：电子工业
出版社，2016（01）．